창세기 강해 설교 (2)

Expository Preaching on Genesis (2). From Cain / Terah (Ch. 4-11)
by Jonggil Byun, published by The Word Press, Daegu, Korea
ⓒ The Word Press 2022

All rights reserved. No part of this publication may be reproduced, stored in a retrieval system, or transmitted, in any form or by any means, electronic, mechanical, photocopying, recording, or otherwise, without the prior written permission of the publisher.

창세기 강해 설교 (2)
가인부터 데라까지 (4장~11장)

지은이 변종길
발행일 2022년 2월 14일
펴낸이 박재일
펴낸곳 말씀사
출판등록 110-92-16217
주 소 대구광역시 동구 송라로12길 15
인 쇄 성광인쇄
구입문의 말씀사 Tel. 053)759-9779, 070-7706-1200 Fax. 053)745-7997
판매처 인터넷 서점 및 전국 주요 서점

말씀사 쇼핑몰은 www.malssum.com입니다.
책 내용에 대한 문의는 저자의 다음 카페 **말씀나라**에 해 주시기 바랍니다.

ⓒ 말씀사 2022
 본 출판물의 저작권은 말씀사에 있습니다.
 이 출판물은 저작권법에 의해 보호를 받는 저작물이므로 이 출판물의 일부 또는 전부를 출판사의 사전 서면 허락 없이 복사하거나 전재하는 것을 금합니다.

파본은 바꾸어 드립니다. 책값은 뒷 표지에 있습니다.
ISBN 979-11-89814-05-2 04230 979-89-967063-9-7 04230

창세기 강해 설교 (2)

가인부터 데라까지
(4장 ~ 11장)

변종길

말씀사

머리말

창세기 강해 설교는 필자가 아주 재미있게 한 설교입니다. 제2권은 가인부터 데라까지(창 4~11장)인데, 고대 역사를 다루는 부분이라 전부터 관심이 가던 부분입니다. 물론 성경 외 자료의 부족 때문에 우리가 잘 알 수는 없지만, 성경은 사람이 이 세상을 살아가는 데 있어서 꼭 알아야 할 역사를 아주 간결하게 제시해 줍니다. 그래서 성경 원어와 개혁주의 주석가들의 도움을 받아 성경 본문을 간명하게 설명하였습니다. 학적으로 복잡하게 나아가지는 않았지만 신구약 성경 전체의 흐름과 개혁주의 신학의 테두리 안에서 우리가 알아야 할 것들을 쉽게 설명하려고 노력하였습니다.

본 설교들은 2010년과 2011년에 한국에서 행한 설교이므로 그 시대 상황에 해당되는 적용이 많이 있습니다. 하지만 설교이므로 그대로 두었습니다. 각 설교 끝에 그 설교가 행해진 날짜를 적어 두었으니 참고하시기 바랍니다. 제1권과 함께 이 두 번째 창세기 강해 설교를 통해 성경을 아는 즐거움과 은혜가 풍성하기를 기원합니다.

2022년 1월 변종길

목 차

1. 가인과 아벨 (4:1-5)   9
2. 가인의 죄 (4:5-9)   21
3. 가인에 대한 벌과 은혜 (4:9-15)   31
4. 가인의 후예 (4:16-22)   41
5. 셋의 후손들 (4:23-26)   53
6. 하나님과 동행한 에녹 (5:1-24)   65
7. 라멕의 아들 노아 (5:25-32)   76
8. 하나님의 아들들과 사람의 딸들 (6:1-8)   87
9. 의를 전파하는 노아 (6:9-12)   97
10. 노아의 방주 (6:13-22)   109
11. 노아의 홍수 (7:1-24)   120
12. 아라랏 산과 방주 (8:1-19)   130
13. 아라랏 산의 제사 (8:20-22)   140

14. 홍수 후 새 출발 (9:1-7)	153
15. 무지개 언약 (9:8-17)	163
16. 노아의 아들들 (9:18-29)	173
17. 야벳의 후손들 (10:1-5)	184
18. 함의 후손들 (10:6-7)	197
19. 처음 영걸 니므롯 (10:8-14)	211
20. 가나안의 자손들 (10:14-20)	223
21. 셈의 후손들 (10:21-25)	234
22. 욕단의 자손들 (10:26-32)	244
23. 바벨 탑 사건 (11:1-9)	255
24. 셈의 후예 (11:10-26)	268
25. 갈대아 우르를 떠난 데라 가족 (11:27-32)	261

1. 가인과 아벨 (4:1-5)

1 아담이 그의 아내 하와와 동침하매 하와가 임신하여 가인을 낳고 이르되 내가 여호와로 말미암아 득남하였다 하니라 2 그가 또 가인의 아우 아벨을 낳았는데 아벨은 양 치는 자였고 가인은 농사하는 자였더라 3 세월이 지난 후에 가인은 땅의 소산으로 제물을 삼아 여호와께 드렸고 4 아벨은 자기도 양의 첫 새끼와 그 기름으로 드렸더니 여호와께서 아벨과 그의 제물은 받으셨으나 5 가인과 그의 제물은 받지 아니하신지라 가인이 몹시 분하여 안색이 변하니

아담과 하와는 에덴동산에서 쫓겨났습니다. 하나님이 금하신 선악과를 따먹고 벌을 받아서 쫓겨났습니다. 그래서 아담과 하와는 밭을 갈고 농사지으면서 살았습니다. 이 세상에 단 둘뿐이었습니다.

그러다가 어느 날 하와가 아들을 낳았습니다. 창세기 4:1에 보면 "아담이 그 아내 하와와 동침하매 하와가 임신하여 가인을 낳고"라고 했습니다. 처음 낳은 아이였습니다. 세상에서 처음 보는 아기였습니다. 아담과 하와는 어린 시절을 겪지 않았습니다. 그들은 바로 어른으로 지음받았기 때문에 아기는 처음 봅니다. "아기는 이렇게 생겼구나. 눈

도 두 개, 귀도 두 개, 코는 하나, 입도 하나 … 우리하고 똑같이 생겼네. 다 조그만하다. 귀엽다."

그래서 하와가 말했습니다. "내가 여호와로 말미암아 득남하였다."(1하)[1] 여기의 '득남(得男)'이란 말은 참 한국적 표현입니다. 아들 선호 사상이 들어 있는데, 히브리 원문에는 '아들'이라고 되어 있지 않고 그냥 '사람'(이쉬)이라고 되어 있습니다. 남성형이니까 남자인 사람을 가리킵니다. 그러나 초점은 아들이냐 딸이냐가 아니라 '사람'이라는 데 있습니다. 하와는 '짐승'이 아니라 '사람'을 낳았다는 것입니다.

그리고는 '가인'이라고 이름 지었습니다. 정확하게 발음하면 '카인'이 됩니다(영어로는 Cain이라고 씁니다). 더 정확하게 발음하면 Qain이 됩니다. Q는 원래 목구멍에서 나오는 소리 곧 '후두음'입니다. 이 세상에 태어난 첫째 아기의 이름은 '가인'인데 그 뜻은 잘 모릅니다. 어떤 성경에 보면 본문 아래 난하주에 '얻음'이라고 되어 있는데(개역한글판, 개역개정판), 이것은 추측입니다. 히브리어 '카나'(קנה, 얻다) 동사에서 온 것으로 추측한 것입니다. 1절하에 "내가 여호와로 말미암아

---

[1] 여기서 '여호와로 말미암아'는 히브리어로 볼 때 '여호와를'로 번역할 수도 있다. 히브리어 '엣트'(את)는 일반적으로 목적어를 가리킬 때 사용된다(우리말의 '을/를'). 바로 앞의 "가인을 낳았다"고 할 때에도 가인 앞에 '엣트'가 사용되었다. 그래서 "내가 사람 곧 여호와를 얻었다"고 번역하는 것이 문장상으로 자연스러워 보인다. 그러나 이런 번역은 내용상 어려움을 초래한다. 그래서 '여호와로 말미암아'로 번역하였다. 이 번역이 불가능한 것은 아니다. 히브리어 '엣트'는 여러 의미로 사용되는데 그 중의 하나는 'cum, with'(으로)이다. 그래서 Gesenius는 창 4:1의 이 표현을 '여호와의 도움으로'(by the aid of Jehovah)라고 번역하고 있다. Cf. Gesenius, *Hebrew-Chaldee Lexicon*, s.v. את II. (2) (p.94).

득남하였다."고 되어 있는데, 이것을 직역하면 "내가 여호와의 도움으로 사람을 얻었다."가 됩니다. 여기의 '얻었다(카나)'라는 동사에서 '카인'이 왔다고 보는 것입니다.

  이것은 그럴 듯하긴 한데 추측입니다. 왜냐하면 '카나'는 히브리어이기 때문입니다. 히브리어는 후대 언어입니다. 옛날에 아담과 하와가 사용한 언어는 바벨탑 사건 이전 곧 언어가 혼잡하게 되기 이전의 언어입니다. 이 세상 최초의 언어이고 낙원의 언어입니다. 아담으로부터 시작해서 노아를 거쳐 바벨탑 사건까지는 언어가 같았습니다. 약 2천 년 동안 같은 한 언어를 사용했습니다. 그러나 바벨탑 사건 이후로 언어가 혼잡하게 되었습니다. 여러 언어가 생겨났는데, 우리에게 알려진 최초의 언어는 수메르어입니다. 그 후에 아카드어, 앗수르어, 히타이트어, 페니키아어, 아랍어, 아람어, 우가릿어, 아모리어, 이집트어, 가나안어 등이 생겨났고, 이 가나안어에서 히브리어가 나왔습니다. 이처럼 언어의 변천이 있기 때문에 '카인'의 정확한 뜻은 알 수 없습니다. 물론 '카나'의 뜻이 오랫동안 변하지 않았다면 이 해석이 가능할 수도 있습니다. 어쨌든 '카인'이란 이름은 하와가 지은 이름입니다.

  하와가 또 아들을 낳았는데 이름을 '아벨'이라 지었습니다. 히브리어로는 '하벨'(Habel)입니다. '하벨'(הָבֶל)은 헛되다는 뜻입니다.[2] 그러면 하와는 왜 둘째 아들의 이름을 '하벨'이라고 지었을까요? '헛되다'니 좀

---

2 히브리어 '하벨'(헤벨)의 원래 뜻은 '숨'(breath, breathing)인데, 여기서 '지나가는 것'(transitory), '헛된 것'(vain, empty)이라는 의미가 나왔다(Gesenius).

이상합니다. 형 가인에게 죽임을 당해서 헛되다고 지었을까요? 그러나 이것은 나중 일입니다. 하와가 아들을 낳자마자 '헛되다'라고 이름 지었다고 생각하기는 곤란합니다. 물론 하나님의 섭리 가운데 그렇게 했다고 볼 수도 있지만 아무래도 이상합니다.

여기서 우리가 생각해야 할 것은 하와가 지어준 '하벨'은 히브리어가 아니고 최초의 언어라는 사실입니다. 따라서 히브리어와 다릅니다. 물론 히브리어와 비슷할 수도 있지만 좀 다를 수도 있고 많이 다를 수도 있습니다. 그래서 '하벨'은 최초의 언어로는 다른 뜻이었을 수도 있습니다. 우리는 그 뜻을 알 수 없습니다. 그렇지만 기록된 언어는 히브리어이고 계시의 언어로 주어진 것도 히브리어입니다. 어쨌든 '아벨'(하벨)의 삶과 '헛되다'는 것은 의미상 잘 통합니다.

중요한 것은 가인과 아벨은 형제였는데 자라서 각기 다른 길을 갔다는 사실입니다. 가인과 아벨은 자라서 어른이 되었습니다. 가인은 결혼한 것 같고(cf. 17절), 아벨은 결혼하지 않은 듯합니다만 알 수 없습니다. 어쨌든 가인과 아벨은 서로 다른 길을 갔습니다. 가인은 농사를 지었습니다. 밭을 갈고 씨를 뿌리고 때가 되면 수확했습니다. 동생 아벨은 양을 쳤습니다(2절). 원문에는 '작은 가축'으로 되어 있는데, 주로 양이나 염소였을 것입니다.[3] 말하자면 아벨은 목축업자였고 가인은 농부였습니다.

그런데 어떤 일이 있었습니까? 3절에 보면 "세월이 지난 후에 가인

---

3 G. Ch. Aalders, *Genesis (Korte Verklaring)*, I, 2e dr. (Kampen: J. H. Kok, 1949), 152.

은 땅의 소산으로 제물을 삼아 여호와께 드렸고"라고 합니다. 세월이 지났습니다. 얼마나 지났는지 모릅니다. 인구가 제법 불어났을 수 있습니다. 하와가 2년에 한 명씩 아기를 낳았다면 엄청 많이 낳았을 것입니다. 아담은 930년을 살면서 자녀를 낳았다고 했으니 하와도 비슷하게 살았다고 보고, 대략 800년 동안 아기를 낳았다고 보면 약 400명 정도 낳지 않았을까 생각할 수 있습니다. 적어도 2~300명은 낳았다고 생각할 수 있습니다. 자녀가 자녀를 낳고, 자녀의 자녀가 또 자녀를 낳고… 그래서 인구는 기하급수적으로 늘어났을 것입니다.

어느 날 가인은 땅의 소산으로 제물을 삼아 하나님께 드렸습니다. 곡식과 과일, 이런 것을 하나님께 제물로 드렸습니다. 그러나 아벨은 양의 첫 새끼와 그 기름으로 제물을 삼아 하나님께 드렸습니다(4절).

그랬더니 하나님께서 아벨과 그 제물은 받으셨으나 가인과 그 제물은 받지 않으셨다고 합니다(4하, 5상). 개역한글판의 '열납(悅納)'은 기뻐 받으시는 것을 의미합니다.[4] 하나님께서 아벨과 그의 제물은 기뻐 받으셨습니다. '기뻐 받으셨다'는 것을 어떻게 알 수 있었을까요? 아마도 하늘에서 불이 내려와서 그 제물을 태우셨을 것입니다(cf. 히 11:4). 이것은 하나님이 기뻐 받으신다는 표입니다. 그러나 형 가인이 드린 제물에는 불이 안 내려왔습니다. 보리와 밀로 만든 빵, 과일들은 그대로 있었습니다. 불이 내려오기는커녕 파리떼만 득실거렸습니다.

---

4 히브리어 '샤아'(שָׁעָה)는 '보다'(to look), '돌보다'(to look around)는 뜻이다(Gesenius).

가인은 잔뜩 화가 났습니다. "아니, 이럴 수가 있습니까? 내가 드린 제물은 왜 안 받으시는 겁니까?" "사람 차별하는 거요?" "왜 동생이 드린 제물은 받으시고 내가 드린 제물은 안 받으시는 거요?" "왜 맛도 안 보십니까?" 그래서 가인은 동생 아벨에 대해 앙심을 품고 기회를 엿보다가 어느 날 동생을 쳐 죽였습니다. 최초의 살인이었습니다. 이것은 죄의 결과입니다. 아담과 하와가 선악과를 따 먹은 결과로 죄가 이 세상에 들어왔습니다. 그래서 아담의 자손들은 죄를 짓고 나쁜 행동을 하게 되었습니다.

그러면 왜 하나님은 아벨의 제사는 받으시고 가인의 제사는 안 받으셨을까요? 무엇 때문일까요? 몇 가지를 생각해 보겠습니다.

I. 가인의 제사는 피 흘림이 없었습니다.

가인이 드린 제물은 '땅의 소산'이었습니다. 곡식과 과일로 제사드렸습니다. 그러니까 피 흘림이 없었습니다. 이에 반해 아벨이 드린 제물은 양이었습니다. 짐승이었습니다. 그런데 이 짐승을 그냥 드린 게 아니고 잡아서 드렸습니다. 양의 첫 새끼를 잡아서 가죽을 벗기고 기름을 떼 내고, 고기 부분을 떼 내고 … 그래서 고기와 기름을 하나님께 제물로 드렸습니다. 그러니 아벨의 제물에는 피 흘림이 있습니다. 피 흘림이 있으니까 죄 사함이 있습니다. 레위기 17장 11절에는 "육체의 생명은 피에 있음이라. … 생명이 피에 있으므로 피가 죄를 속(贖)하느니라.”고 했습니다. 히브리서 9장 22절에 "피 흘림이 없은즉 사함이 없느니라.”고 했습니다. 그러니까 아벨의 제사는 피 흘림이 있었는데 가인의 제사는 피 흘림이 없었습니다. 그러니 하나님은 이런 제사를 기뻐 받지 않으신 것입니다.

물론 제사 중에는 곡물로 드리는 제사도 있습니다. '소제(素祭)'라고 하지요. 그러나 '소제'는 짐승을 잡아서 드리는 '속죄제' 또는 '번제'에 곁들여서 드리는 제사입니다. 속죄제가 없이 소제만 드리는 것은 곤란합니다. 특히 여기 가인과 아벨이 드린 제사는 자주 드리는 제사가 아닙니다. 아마 일 년에 한 번 또는 두 번 드리는 제사였을 것입니다. 추수 때 드린 제사입니다. 그러니 이런 중요한 제사 때에는 짐승을 잡아서 드리는 속죄제가 빠지면 안 됩니다.

가인 같은 경우는 먼저 짐승을 잡아서 드리고, 곁들여서 곡물을 드렸으면 좋았을 것입니다. 농사를 지어서 짐승이 없다는 것은 이유가 될 수 없습니다. 농사를 지어도 대개 양 몇 마리는 키웁니다. 정 없으면 동생에게 빌리든지, 곡식을 팔아서 양 한 마리를 사서 하나님께 드리면 됩니다. 그래야 피 흘림이 있고 죄 사함이 있을 것 아닙니까? 결국 가인은 피 흘림이 있어야 한다는 것을 무시한 것입니다. "까짓거 뭐, 대충 아무거나 드리면 되지 뭐?" "나는 농사짓는데 곡물로 드리면 되지~ 꼭 짐승을 잡아야 해?" "이 세상에 안 되는 게 어디 있어? 까짓거 뭐~ 대충 …" 그래서 가인은 자기 생각대로, 자기 마음대로 제사드렸습니다. 제사를 하나의 형식적인 종교 행위로 생각한 것입니다. 그러나 하나님은 그런 형식적인 제사는 안 받으십니다. 그래서 응답하지 않으신 것입니다.

II. 가인의 제사는 믿음이 없었습니다.

히브리서 11장 4절에 보면, "믿음으로 아벨은 가인보다 더 나은 제사를 하나님께 드림으로 의로운 자라 하는 증거를 얻었으니 하나님이 그 예물에 대하여 증거하심이라."고 했습니다. 아벨은 '믿음'으로 더 나은 제사를 드렸습니다. 아벨은 믿음이 있었습니다. 하나님을 믿는 믿음이 있었습니다. 이것이 중요합니다.

이에 반해 가인은 믿음이 없었습니다. 그저 형식적으로 적당히 드렸습니다. 부모가 제사드려야 한다고 하니까 적당히, 형식적으로 드렸습니다. 밀과 보리로 만든 빵과 과일을 몇 개 갖다 놓고 대충 드렸습니다. 가인은 제사드리면서 속으로 불만이 많았을 것입니다. "에이, 귀찮게 뭐 때문에 제사드린담? 부모가 제사드려야 된다고 해서 드리기는 한다만 귀찮구나. 대충 곡식과 과일로 드리고 말자." 이렇게 믿음이 없이 제사드리니 하나님이 받지 않으신 것입니다.

여러분, 오늘날도 그렇습니다. 믿음이 없이, 형식적으로 예배드리면 하나님이 받지 않으십니다. 어떤 사람은 "또 주일이야? 놀러 가고 싶은데 오늘 또 교회 가야 돼?" 부모님이 가라고 하니까 안 갈 수는 없고, 가서 대충 앉아 있다가 오자. 그래서 늦게 일어나서 어슬렁어슬렁 옵니다. 늘 지각입니다. 기도 시간에는 엎드려 자다가 설교 시간에는 딴 생각을 합니다. "오늘 낮에는 뭐하고 놀까? 저녁에는 뭘 먹을까?" 이런 잡생각으로 대충 때우는 사람의 예배는 하나님이 받지 않으십니다. 믿음이 없이 형식적으로 드리는 예배는 하나님이 받지 않으십니다.

그러나 아벨은 달랐습니다. 아벨은 무엇보다도 믿음이 있었습니다. 아벨은 양의 첫 새끼를 잡아서 가죽을 벗기고, 고기를 잘라서 하나님께 드리고, 또 기름을 하나님께 드렸습니다. 정성을 다해 하나님께 드렸습니다. 양의 첫 새끼는 태어날 때부터 골라 놓았을 것입니다. "너는 하나님께 드릴 제물이야!"

그러면, 아벨의 이런 제사법은 누구에게서 배웠을까요? 부모에게서 배웠습니다. 아담과 하와가 가르쳐 준 것입니다. 아벨은 부모가 제사 드리는 것을 보고 배웠습니다. 그리고 본 그대로 자기도 제사드렸습니다. 그러면 아담과 하와는 이런 제사법을 누구에게서 배웠을까요? 아담과 하와 이전에는 사람이 없었습니다. 아담과 하와는 하나님에게서 이 제사법을 배웠습니다. 곧, 가죽옷을 만들어 입히실 때 보고 배운 것입니다. 가죽옷을 만들어 입히신 것은 단지 좋은 옷을 만들어 주셨다는 것만이 아닙니다. 그것은 피 흘림이 있는 제사를 의미합니다. 피를 흘려 죄 사함을 얻는 제사를 의미합니다. 아벨은 어려서부터 부모에게서 이런 제사를 보고 배웠으며 부모의 말씀에 순종했습니다.

이에 반해 가인은 부모의 말씀을 안 듣고 자기 마음대로 드렸습니다. 이것이 문제입니다. 가인은 잘못된 제사를 드리기 이전에 이미 부모의 말씀을 안 들었습니다. 불순종하는 아이였습니다. 고집 세고 자기 마음대로 하는 아이였습니다. 부모가 뭐라고 하면 "알아서 할게요."라고 대답했습니다. 부모가 말씀하면 "엄마 아빠는 신경 쓰지 마세요!" "내 인생 내가 살 거니까 엄마 아빠는 신경 끄세요!" 이렇게 대답하는 아이였습니다. 아담과 하와는 첫 아이를 낳고 크게 기뻐했는데 결국 골칫덩어리였습니다. 부모 말도 안 듣고 자기 마음대로 했습니다. 믿음이 없었습니다. 제사드리는 것도 귀찮게 생각하고 제멋대로 했습니다.

오늘날도 마찬가지입니다. 자기 마음대로 제사드리는 것은 하나님이 기뻐 받지 않으십니다. 추석이라고 송편을 예쁘게 빚어 만들고 나물을 무치고 과일을 깎아서 제사드려도 하나님은 받지 않으십니다. 하나님께 드린 것도 아니고 죽은 조상에게 드린 것이니 하나님이 받으실 리가 없습니다. 죽은 조상에게 제사드리는 것은 배은망덕한 것입니다. 곡식과 과일은 하나님이 주신 것입니다. 그런데도 죽은 조상에게 제사하는 것은 엉뚱한 사람에게 감사하는 것입니다. 여러분, 식당에 가서 밥 먹고 나와서는 다른 식당에 가서 돈 내면 되겠습니까? 안 되지요. 번지수가 틀린 것입니다. 따라서 우리는 우리에게 곡식과 과일을 주신 하나님께 감사드려야 합니다.

피 없는 제사는 하나님께 드려도 받지 않으십니다. 어떤 종교에서는 아예 살생(殺生)을 금합니다. 살생을 금하니 좋은 것처럼 보이지만 그곳에는 피가 없으니 아무리 기도하고 수양하고 도를 닦아도 하나님이 받지 않으십니다. 하나님께 기도한 것도 아니고 우상에게 한 것이니 받으실 수도 없는 것입니다.

오늘날 하나님이 받으시는 제사는 오직 예수 그리스도의 피로 드리는 제사입니다. 어린양 예수 그리스도의 피로 드리는 제사입니다. 이 제사는 예수님이 이미 드렸습니다. 골고다 언덕에서 자기 몸을 제물 삼아 하나님께 드렸습니다. 단번에 영원한 제사를 하나님께 드린 것입니다. 따라서 오늘날 우리는 어린양 예수 그리스도의 피를 믿고 예수님을 통해 하나님께 나아갑니다. 곧, 예수님을 믿는 믿음으로 하나님께 나아와 예배드리는 것입니다.

그리고 아벨은 '의로운 자'였습니다. 그는 '의로운 자'라 하는 증거를 얻었습니다(히 11:4). 예수님은 아벨을 가리켜 '의인 아벨'이라고 불렀습니다(마 23:35). 아벨은 평소의 삶이 하나님 앞에서 착하고 의로웠다는 것입니다. 부모님의 말씀을 잘 듣고 순종하였습니다. 뿐만 아니라 이웃을 향하여도 착하게 살았습니다. 이렇게 평소에 의롭게 살면서 제사드리니 하나님이 기뻐 받으시고 불로 응답해 주신 것입니다. 잠언 15장 8절에 "악인의 제사는 여호와께서 미워하셔도 정직한 자의 기도는 그가 기뻐하시느니라."고 했습니다. 잠언 15장 29절에 "여호와는 악인을 멀리하시고 의인의 기도를 들으시느니라."고 했습니다. 잠언 10장 6절에는 "의인의 머리에는 복이 임한다."고 했습니다.

그러므로 사랑하는 성도 여러분,

여러분 모두, 아벨처럼 믿음으로 예배하는 자가 되시기 바랍니다.

어린양 예수 그리스도의 피를 믿는 믿음을 가지고, 하나님 앞에 나아와 정성껏 예배드리는 성도들이 되시기 바랍니다.

  그리고 여러분의 삶이 하나님 앞에서 정직하고 의로운 삶이 되어서, 하나님이 여러분의 예배를 기뻐 받으시고 여러분의 기도가 속히 응답되기를 바랍니다. 그래서 여러분의 삶을 통해 하나님이 섬김을 받으시고 영광 받으시는 성도들이 다 되시기 바랍니다. 아멘. (2010년 8월 29일 주일 오전)

2. 가인의 죄 (4:5-9)

5 가인과 그의 제물은 받지 아니하신지라 가인이 몹시 분하여 안색이 변하니 **6** 여호와께서 가인에게 이르시되 네가 분하여 함은 어찌 됨이며 안색이 변함은 어찌 됨이냐 **7** 네가 선을 행하면 어찌 낯을 들지 못하겠느냐 선을 행하지 아니하면 죄가 문에 엎드려 있느니라 죄가 너를 원하나 너는 죄를 다스릴지니라 **8** 가인이 그의 아우 아벨에게 말하고 그들이 들에 있을 때에 가인이 그의 아우 아벨을 쳐죽이니라 **9** 여호와께서 가인에게 이르시되 네 아우 아벨이 어디 있느냐 그가 이르되 내가 알지 못하나이다 내가 내 아우를 **지키는 자니이까**

가인은 아담과 하와의 첫째 아들이었습니다. 자라서 농사를 지었는데, 어느 날 땅에서 난 곡식으로 하나님께 제사를 드렸습니다. 그러나 하나님은 가인이 드린 제물은 받지 않으셨습니다. 동생 아벨이 드린 제물은 기뻐 받으셨는데, 가인이 드린 제물은 받지 않으셨습니다. 아벨은 양의 첫 새끼와 기름으로 제물을 삼아 제사를 드렸는데, 하나님은 기뻐하시고 불로 응답하셨습니다. 연기가 모락모락 위로 올라갔습니다. 그러나 가인이 드린 제물은 하나님이 거들떠보지도 않았습니다. 불은커녕 벌레들만 들끓었습니다.

가인은 엄청 화가 났습니다. 5절에 보면 "가인이 심히 분하여 안색이 변하니"라고 했습니다. 엄청 화가 났습니다. 화(火)는 불이란 뜻입니다. 불이 났다는 것입니다. 여기 히브리어 표현도 그렇습니다. 히브리어로는 '불탔다. 불이 붙었다'(burned, was kindled)로 되어 있습니다.[1] 속에 불이 나서 참을 수가 없었습니다. 가인은 화가 나서 씩씩거렸습니다.

그리고 "안색이 변했다"고 했습니다. 우리는 얼굴이 붉어졌다고 생각하기 쉽지만, 원문에는 "얼굴이 떨어졌다"고 되어 있습니다. 무슨 말일까요? 아마도 "고개를 떨구었다, 풀이 죽었다, 기가 죽었다"는 뜻일 겁니다. 기분이 확 다운되었습니다. 우울해졌습니다. 가인은 속으로 계속 말했을 것입니다. "왜 하나님이 내 제물은 안 받으시는 걸까? 왜 동생의 제물은 받으시고 내 제물은 안 받으시는 걸까? 왜 동생만 좋아하시고 나는 안 좋아하시는 걸까?" 그래서 가인은 그날 그 사건 이후로 풀이 죽어 지냈습니다. 밥맛도 없고 일하기도 싫고 만사가 귀찮고 싫어졌습니다. 오직 한 가지 생각뿐이었습니다. "왜 하나님은 내 제물은 안 받으시고 동생 제물은 받으신 것일까? 왜 동생만 좋아하고 나는 안 좋아하는 걸까?" 자기 잘못은 생각하지 않고 동생만 미워했습니다. 남 탓했습니다. "동생이 어려서부터 부모님 사랑을 독차지하고 부모님 사랑을 다 빼앗아 갔지. 자라서 이제는 하나님 사랑도 빼앗아 가네.

---

[1] 히브리어 '하라'(חָרָה)는 원래 '불타다, 불붙다'(to burn, to be kindled)라는 뜻이다 (Gesenius).

확 죽여 버릴까 …" 혼자서 성을 내고 씩씩거리고 고함지르고 야단이 었습니다.

그러자 하나님이 가인에게 찾아오셔서 말씀하셨습니다. "네가 분하여 함은 어찌 됨이며 안색이 변함은 어찌 됨이냐?"(6절) '어찌하여 화를 내느냐?' '왜 얼굴을 떨어뜨리고 풀이 죽어 지내느냐?' 하는 말입니다. 하나님은 또 말씀하셨습니다. "네가 선을 행하면 어찌 낯을 들지 못하겠느냐?"(7절) '선(善)을 행하다'는 것은 넓은 의미에서 착하게, 선하게 행동하다는 뜻입니다. 따라서 이것은 단지 제사를 잘 드리는 것만 말하지 않고 삶이 바로 되는 것 곧 평소의 삶이 착하게 되는 것을 의미합니다.

하나님은 또 말씀하셨습니다. "선을 행하지 아니하면 죄가 문에 엎드려 있느니라."(7중) '죄가 문에 엎드린다'는 것은 가까이 다가온다는 뜻입니다(마 24:33). 방 안에 들어오려고 준비하고 있다는 것입니다. 마치 뱀이 문 앞에 웅크리고 있는 것과 같습니다. 우리말 표현으로는 '코앞에 있다'고 하는데, 히브리어로는 '문에 엎드린다'고 합니다. 이 말씀의 뜻은 우리가 평소에 선하게 살지 않으면 죄가 들어온다는 뜻입니다. 따라서 우리는 적극적으로 착하게, 선하게, 올바르게 살아야 합니다. 그렇지 않으면 죄가 코앞에 와서 기다리고 있고, 그래서 자칫하면 죄에 빠지게 된다는 뜻입니다.

그러면서 하나님은 가인에게 경고의 말씀을 주셨습니다. "죄가 너를 원하나 너는 죄를 다스릴지니라."(7하) 전의 개역한글판은 "죄의 소원은 네게 있으나 너는 죄를 다스릴지니라."고 했습니다. 이것이 좀 더 자연스런 우리말입니다. '죄의 소원'은 죄를 행하고자 하는 욕구를 말합니다. 여기 '소원'이란 말은 창세기 3장 16절의 '사모한다'는 것과 같은 단어(트슈카)입니다. 여자는 하나님의 벌로 남편을 '사모하게' 되었습니다. 따라서 '죄의 소원'은 '죄를 사모함'을 말합니다. 죄를 짓고자 강렬하게 원하는 것을 말합니다. 무엇입니까? 동생을 미워하는 것입니다. 죽이고 싶은 마음입니다. "아벨을 죽여 버려야지. 확 죽여 버리자." 하는 마음입니다. 그래서 하나님은 그것을 아시고 만류하셨습니다. "죄의 소원은 네게 있으나 너는 죄를 다스릴지니라." '다스린다'는 것은 지배한다. 통제한다는 것을 의미합니다. 곧 "죄의 소원은 있지만 그 소원을 행동에 옮기지 못하도록 억제하라"는 뜻입니다.

   그런데 어떻게 되었습니까? 8절에 보면 "가인이 그 아우 아벨에게 고하니라."고 되어 있습니다. 여기의 우리말 번역은 불분명합니다. 영어 번역과 많은 번역도 불분명하게 되어 있습니다. 여기에 사본상의 문제가 있습니다. 히브리 사본에는 이 문장 다음에 빈 공간이 있습니다. 왜 그런지는 모릅니다. 사마리아 오경과 70인역과 몇몇 옛 번역들에는 이 문장 다음에 "우리가 들로 가자."가 있습니다. 그러니까 다음과 같이 되어 있습니다. "가인이 그 아우 아벨에게 말하였다. 우리가 들로 가자." 이것이 옳다고 생각됩니다. 그러면 앞뒤 연결이 잘 됩니다.
   그리고는 "그 후[2] 그들이 들에 있을 때에 가인이 그 아우 아벨을 쳐

---

[2] 이 말은 원문에 없다.

죽이니라."고 했습니다(8하). 가인은 동생을 쳐 죽였습니다. 끔찍한 일입니다. 최초의 살인입니다. 그것도 형제 살인입니다. 실수가 아니라 고의적인 살인이었습니다. 바위에서 떨어지거나 물에 빠져 죽은 게 아닙니다. 의도적으로, 계획적으로 아벨을 유인해서 죽였습니다. "들로 가자!"고 유인했습니다. "풀이 많은 좋은 들판을 내가 발견했으니 같이 가보지 않겠니?" 그래서 저 멀리 데리고 갔습니다. 그리고 아무도 보지 않는 데서 동생을 쳐서 죽였습니다. 그리고는 땅에 파묻었을 것입니다. 아무도 본 사람이 없었습니다. 증거가 없습니다. 소위 '완전범죄'를 저지른 것입니다. 아무도 몰랐습니다. 아담도 모르고 하와도 모르고 아무도 몰랐습니다.

그러나 이 세상에 완전 범죄는 없습니다. 하나님이 보셨습니다. 그래서 가인에게 물었습니다. "네 아우 아벨이 어디 있느냐?" 가인은 퉁명스럽게 대답했습니다. "내가 알지 못하나이다. 내가 내 아우를 지키는 자니이까?"(9절) "내가 알지 못하나이다."는 것은 거짓말입니다. 자기가 죽여 놓고서 모른다고 말했습니다. 가인은 도로 하나님께 대어들었습니다. "내가 내 아우를 지키는 자니이까?" 내가 동생을 늘 따라 다니면서 지키는 자입니까? 내가 동생 보디가드입니까? 이렇게 대들었습니다. 하나님께 불만을 표시한 것입니다.

그러면, 이런 끔찍한 가인의 범죄는 왜 생겼을까요? 어떻게 해서 동생을 죽이는 끔찍한 죄를 지었을까요? 그것은 근본적으로 아담과 하와가 선악과를 따먹은 결과입니다. 하나님께 죄를 짓고 나니 그 죄가 자식들에게 유전되었습니다. 그래서 아담의 후손들은 악한 본성을 가지고 태어납니다. 본성이 부패한 상태로 태어납니다.

여러분, 사람의 본성이 선하냐 악하냐 하는 논쟁이 있습니다. 맹자(孟子)는 '성선설(性善說)'을 주장했습니다. 사람은 본디 선한데 자라면서 때가 묻어서 악하게 된다고 했습니다. 따라서 교육을 잘하면 착하게 될 수 있다고 주장했습니다. 그러나 순자(荀子)는 "아니다. 사람은 본디 악하다."고 주장했습니다. '성악설(性惡說)'입니다. 이 둘 중에서 어느 것이 옳을까요? '성악설'이 옳습니다. 순자의 주장이 옳습니다. 사람의 본성은 악합니다. 옛날에는 아이들은 착하다고 생각했는데, 요즘 보면 아이들이 어려서부터 악해요. 부모 말씀을 안 듣고 뺀질뺀질합니다. 딴짓하고, 부모에게 대어 들고 신경질 내고 합니다. 물론 하나님이 사람을 처음 지었을 때에는 선했습니다. 아담과 하와는 원래 선했습니다. 성선설이 맞지요. 그러나 아담과 하와가 선악과를 따먹고 난 후부터 악해졌습니다. 그래서 그 후로는 성악설이 맞습니다. 악한 본성, 부패한 본성을 가지고 태어난 가인은 부모의 말씀을 안 듣고 엇길로 나가고, 걸핏하면 성내고 대어 들었습니다.

그런데 문제는 "죄를 다스릴 능력이 없다"는 것입니다. 하나님은 가인에게 "죄의 소원은 네게 있으나 너는 죄를 다스릴지니라."고 하셨지만, 가인은 이 말씀이 옳은 줄 알면서도 '죄를 다스릴 능력'이 없었습니다. 이게 문제였습니다. 가인은 나름대로 죄를 다스리려고 노력했을 것입니다. "내가 이러면 안 되지. 그래도 동생인데 … 한 부모 밑에 태어났는데 동생을 해치면 안 되지. 내가 참아야 돼." 그래서 솟아오르는 분노를 참으려고 애를 썼을 것입니다. 그렇지만 돌아서면 또 분(憤)이 났습니다. 속에서 불이 났습니다. "그래도 미워 죽겠어. 저 동생만 없으면… 아무도 모르게 해치워 버리자." 가인은 결국 죄에게 지고 말았습니다. 죄를 다스릴 능력이 없었던 것입니다. 이것이 바로 타락한 인간의 비극입니다.

그래서 인간은 죄를 지으면 안 되는 줄 알면서도 죄를 짓습니다. 어느 유행가에 "안 되는 줄 알면서 왜 그랬을까?"라는 가사가 있는데, 이처럼 알면서도 행치 않는 것이 죄입니다. 이것이 우리 인간의 모습입니다. 무엇이 옳은지, 어떻게 살아야 하는지는 어려서부터 잘 알고 있습니다. 그래서 어릴 때 도덕 시험을 치면 공부 안 해도 100점 맞습니다. 그러나 실제 생활은 안 좋습니다. 알면서도 행치 않는 것, 그것이 바로 죄입니다.

그러면 우리가 이런 죄를 극복하기 위해서는 어떻게 해야 할까요? 몇 가지 생각해 보겠습니다.

I. 예수님을 믿어야 합니다.

죄에 빠진 인간이 죄에서 벗어나는 길은 예수님을 믿는 것밖에 없습니다. 아무리 애를 써도 안 되기 때문에 예수님을 믿고 죄 용서를 받아야 합니다. 무슨 종교나 철학이나 도덕 운동으로는 안 됩니다. 석가도 성공 못했고, 공자도 성공 못했고, 이슬람도 성공 못했습니다. 무슨 '도

덕재무장 운동'(MRA)이나 'oo ooo 선생을 본받자!'는 것 등은 아무리 해도 안 됩니다. 다 실패했습니다. 사람이 아무리 노력해도 죄를 이길 수 없습니다. 마음속에 일어나는 죄의 소원은 다스릴 수가 없습니다.

그것은 우리의 본성이 부패했기 때문입니다. 아담의 후손은 본성이 부패한 상태로 태어납니다. 아기는 엄마 젖이 잘 안 나오면 젖꼭지를 깨물어 버립니다. 본성이 악해서 그렇습니다. 따라서 이런 악한 본성에서 구원받으려면 하나님이 보내신 독생자 예수님을 믿는 수밖에 없습니다. 그래서 우리 죄를 용서받아야만 천국에 들어갈 수 있습니다. 다른 길은 없습니다. 오직 흠 없고 점 없는 어린 양 같은 그리스도의 보배로운 피로만 구원받는 줄로 믿습니다.

II. 하나님의 말씀을 가까이해야 합니다.

이렇게 구원받은 우리가 이 세상을 살아갈 때에도 죄가 계속 우리를 괴롭힙니다. 우리를 유혹하고 나쁜 행동에 빠지게 하려고 꾑니다. 그러면 우리가 어떻게 하면 이런 유혹을 이길 수 있을까요? 죄를 다스릴 수 있을까요?

그러기 위해 우리는 하나님의 말씀을 가까이해야 합니다. 시편 119편 9절에 "청년이 무엇으로 그의 행실을 깨끗하게 하리이까? 주의 말씀만 지킬 따름이니이다."고 했습니다. 11절에는 "내가 주께 범죄하지 아니하려 하여 주의 말씀을 내 마음에 두었나이다."고 했습니다. 따라서 우리는 하나님의 말씀을 가까이해야 합니다. 자고 일어나면 성경을 펴서 읽고 기도하십시오. 늦게 일어나는 사람은 자기 전에 성경을 읽으십시오. 성경을 펴서 몇 장을 읽고 잠자리에 드시기 바랍니다. 아니면, 저녁 먹고 나서 성경을 읽으십시오. 그러면 머리가 맑아져서 저녁에 공부가 잘됩니다.

여호수아서 1장 8절에 보면, "이 율법 책을 네 입에서 떠나지 말게 하며 주야로 그것을 묵상하여 그 안에 기록된 대로 다 지켜 행하라. 그리하면 네 길이 평탄하게 될 것이며 네가 형통하리라."고 했습니다. '주야로 묵상하라'는 것은 성경을 읽고 그 뜻을 늘 생각하라는 것입니다. 그래서 그 말씀을 지켜 행하면 형통하게 된다는 것입니다. 그러므로 우리 모두 성경 말씀을 읽고 듣고 지켜 행하는 일에 열심을 내시기 바랍니다.

III. 기도해야 합니다.

죄는 우리가 다스리기 어렵기 때문에 하나님께 도움을 청해야 합니다. 특히 마음에 불이 날 때, 분노가 치밀어 오를 때 우리는 기도해야 합니다. 분노를 다스리게 해 달라고, 분노의 불이 꺼지게 해 달라고 기도해야 합니다. 미운 마음, 악한 마음이 없어지게 해 달라고 기도해야 합니다. 우리가 기도하면 성령이 우리 마음을 주장하십니다. 그러면 우리 마음이 깨끗해지고 평안해집니다. 그러면 우리 마음에 있는 죄의 소원이 가라앉게 됩니다.

갈라디아서 5장 16절에 보면 "내가 너희에게 이르노니 너희는 성령을 좇아 행하라. 그리하면 육체의 욕심을 이루지 아니하리라."고 했습니다. '육체의 욕심'은 곧 '죄의 소원'입니다. 우리 마음속에 일어나는 죄의 소원입니다. 이런 것을 다스리려면 성령을 좇아 행해야 합니다.

그러면 어떻게 하면 성령을 좇아 행할 수 있을까요? 기도하면 됩니다. 기도하면 성령이 우리를 지배하시고 우리를 다스리십니다. 그러면 우리 안에 있는 죄의 소원, 육체의 욕심이 가라앉고 물러가게 되는 것입니다.

사랑하는 성도 여러분,

여러분 모두, 하나님의 말씀을 가까이하고 기도함으로 말미암아 여러분 마음속에 있는 죄의 소원을 다스리시기 바랍니다. 악한 생각, 나쁜 마음, 마음속에 일어나는 분노와 미움을 성령의 능력으로 다스리고 승리하는 여러분이 되시기 바랍니다.

가인처럼 죄의 소원에 져서 끔찍한 죄를 저지르는 악한 자가 되지 말고, 죄를 다스리고 선을 행하고 사랑을 실천하는 여러분이 되시기 바랍니다. 그래서 이 세상에 사는 날 동안 하나님을 잘 섬기고 선한 일에 힘쓰는 성도들이 다 되시기 바랍니다. 아멘. (2010년 9월 5일 주일 오전)

3. 가인에 대한 벌과 은혜 (4:9-15)

9 여호와께서 가인에게 이르시되 네 아우 아벨이 어디 있느냐 그가 이르되 내가 알지 못하나이다 내가 내 아우를 지키는 자니이까 10 이르시되 네가 무엇을 하였느냐 네 아우의 핏소리가 땅에서부터 내게 호소하느니라 11 땅이 그 입을 벌려 네 손에서부터 네 아우의 피를 받았은즉 네가 땅에서 저주를 받으리니 12 네가 밭을 갈아도 땅이 다시는 그 효력을 네게 주지 아니할 것이요 너는 땅에서 피하며 유리하는 자가 되리라 13 가인이 여호와께 아뢰되 내 죄벌이 지기가 너무 무거우니이다 14 주께서 오늘 이 지면에서 나를 쫓아내시온즉 내가 주의 낯을 뵈옵지 못하리니 내가 땅에서 피하며 유리하는 자가 될지라 무릇 나를 만나는 자마다 나를 죽이겠나이다 15 여호와께서 그에게 이르시되 그렇지 아니하다 가인을 죽이는 자는 벌을 칠 배나 받으리라 하시고 가인에게 표를 주사 그를 만나는 모든 사람에게서 죽임을 면하게 하시니라

가인은 동생 아벨을 죽였습니다. 들로 데리고 가서 아무도 없는 데서 쳐죽였습니다. 왜 죽였습니까? 동생 아벨이 드린 제사는 하나님이 받으시고 가인이 드린 제사는 받지 않으셨기 때문입니다. 아벨은 양

의 첫 새끼와 기름으로 하나님께 제사드렸습니다. 믿음으로 정성껏 드렸습니다. 그리고 평소에 하나님을 잘 믿고 바르게 살았습니다. 그러나 가인은 믿음이 없었으며 제멋대로 살다가 땅의 소산으로 대충 드렸습니다. 그러자 하나님은 아벨의 제사는 받으시고 가인의 제사는 받지 않으셨습니다. 아벨이 드린 제물 위에는 (아마도) 하늘에서 불이 내렸는데 반해, 가인이 드린 제물 위에는 그런 것이 없었습니다.

그러자 가인은 화가 났습니다. 화가 잔뜩 나서 씩씩거렸습니다. 자기 잘못은 생각 안 하고 남 탓했습니다. 분을 참지 못하고 동생 아벨을 죽여 버리려고 했습니다. 그러다가 어느 날 가인은 아벨을 들로 데리고 가서 아무도 없는 데서 쳐죽였습니다. 가인은 속으로 "아무도 못 봤다. 완전 범죄다."라고 생각했을 것입니다.

그러나 여러분, 완전 범죄는 없습니다. 하나님이 보셨습니다. 하나님이 다 보시고 가인에게 말씀하셨습니다. "네 아우 아벨이 어디 있느냐?"(9상) 그러자 가인은 퉁명스럽게 대답했습니다. "내가 알지 못하나이다. 내가 내 아우를 지키는 자니이까?"(9하) 도로 하나님께 대어든 것입니다. "내가 뭐 동생 보디가드입니까?"라는 말입니다.

그러자 하나님이 말씀하셨습니다. "네가 무엇을 하였느냐? 네 아우의 핏소리가 땅에서부터 내게 호소하느니라."(10절) 하나님은 다 알고 계셨습니다. 아무도 본 사람이 없었지만 하나님은 보셨습니다. "네 아우의 핏소리가 땅에서부터 내게 호소하고 있다. 죄 없이 억울하게 죽은 아벨의 핏소리가 땅에서부터 호소하고 있다." 여기서 '호소한다'(차

아크)는 것은 부르짖는다(cry out)는 뜻입니다.¹ 하나님은 억울하게 죽은 사람을 꼭 기억하신다는 뜻입니다. 핏소리가 계속해서 하나님께 호소하고 있습니다.

여러분, 억울하게 죽은 사람의 피는 호소합니다. 억울함을 풀어 달라고 계속해서 하나님께 호소합니다. 예수님이 말씀하셨습니다. "그러므로 의인 아벨의 피로부터 성전과 제단 사이에서 너희가 죽인 바라갸의 아들 사가랴의 피까지 땅 위에서 흘린 의로운 피가 다 너희에게 돌아가리라."(마 23:35) 의인 아벨은 억울하게 죽었습니다. 하나님을 바로 믿는 믿음 때문에 시기를 당해 죽었습니다. 이스라엘의 선지자들도 억울하게 많이 죽었습니다. 이사야, 예레미야, 사가랴 등은 하나님의 말씀을 전하다가 백성의 미움을 받아 죽었습니다. 그런데 그들이 흘린 의로운 피가 이스라엘 백성에게로 다 돌아간다는 말씀입니다. 이 말씀대로 예루살렘은 주후 70년에 로마 군대에 의해 멸망하였습니다. 그때 백만 명 이상이 죽었다고 합니다. 칼에 죽고 굶주려 죽고 전염병에 죽고, 매장할 곳이 없도록 많은 사람이 죽었습니다. 이것은 무죄한 피를 많이 흘린 것에 대한 하나님의 벌입니다.

특별히 하나님의 아들 예수님이 흘린 피는 계속 하나님께 호소하고 있습니다. "내가 무죄한 피를 흘렸습니다. 이것은 나를 믿는 자들을 위

---

1 이스라엘 백성이 홍해를 건넌 후 마라에 도착했을 때 겨우 물을 발견했으나 물이 써서 마실 수가 없었다. 이때 "모세가 여호와께 부르짖었더니" 여호와께서 한 나무를 가리키셨다. 그래서 모세가 그것을 물에 던지니 물이 달아졌다고 한다(출 15:25). 여기의 '부르짖다'는 단어도 '차아크'(צָעַק)이다.

해 흘린 피입니다." 이렇게 하나님께 호소하고 있습니다. 그래서 마귀가 와서 우리를 가리켜 "이 사람은 죄를 지었습니다. 죄가 있어서 천국에 들어갈 수 없습니다."고 고소할 때 예수님의 피가 하나님께 호소합니다. "아닙니다. 이 사람의 죄를 위해 내가 피를 흘렸습니다. 내가 피를 흘려 그 사람의 죗값을 다 치렀습니다." 그래서 하나님은 이 예수님의 피를 보시고 우리를 용서하시는 것입니다. 예수님의 피가 호소하기 때문에 우리는 죄 용서 받고 천국에 들어가는 줄로 믿습니다. 이와 마찬가지로 억울하게 죽은 아벨의 피가 하나님께 호소합니다. 아벨은 죽었지만 그가 흘린 피가 계속해서 하나님께 호소하고 있는 것입니다.

그래서 하나님은 가인에게 찾아오셔서 그 죄에 대한 책임을 물으셨습니다. "땅이 그 입을 벌려 네 손에서부터 네 아우의 피를 받았은즉 네가 땅에서 저주를 받으리니 네가 밭을 갈아도 땅이 다시는 그 효력을 네게 주지 아니할 것이요 너는 땅에서 피하며 유리하는 자가 되리라."(11-12절) 땅이 입을 벌려 아우 아벨의 피를 받았습니다. 그래서 가인은 땅에서 저주를 받을 것이라는 말씀입니다. '저주'는 아주 무서운 말입니다. 창세기 3장에 '저주'란 말이 두 번 나옵니다. '뱀'이 저주를 받아 배로 기어 다닐 것이라고 했습니다(14절). 그리고 '땅'이 저주를 받아 가시덤불과 엉겅퀴를 낼 것이라고 했습니다(17절). 그런데 이제 '가인'이 땅에서 저주를 받았습니다. 그래서 "네가 밭 갈아도 땅이 다시는 그 효력을 네게 주지 아니할 것이다."고 했습니다(12절). 사람이 죄를 지으면 땅이 효력을 내지 아니합니다. 작물이 잘 자라지 않습니다.

　사람이 죄를 지으면 땅이 그 효력을 주지 않습니다(cf. 창 3:17-18). 땅도 하나님이 지으신 것입니다. 하나님이 땅을 주관하십니다. 또 하늘이 문을 닫아서 비를 내리지 않으십니다. 아니면 엄청 많이 주어서 홍수가 나게 하십니다. 그래서 악한 사람은 잘되지 않습니다. 아무리 애를 써도 농사가 잘되지 않습니다.

　하나님은 가인에게 또 벌을 내리셨습니다. "너는 땅에서 피하며 유리(遊離)하는 자가 되리라."(12절) 이 땅에서 떠나 떠도는 자가 될 것이라는 말씀입니다. 가인이 살고 있던 '이 땅'은 아마도 에덴동산 동쪽일 것입니다. 에덴동산만큼 좋은 곳은 아니지만 그래도 괜찮은 땅이었습니다. 그런데 거기서 쫓겨나서 떠돌아다니는 자가 될 것이라는 말씀입니다.

　그러자 가인은 어떤 반응을 보였습니까? 13절에 보면 "가인이 여호와께 아뢰되 내 죄벌이 지기가 너무 무거우니이다." 벌이 너무 무거워서 견딜 수 없다고 불평했습니다. 이것을 보면, 가인은 자기 죄를 회개하지 않았다는 것을 알 수 있습니다. 진정으로 회개한 사람은 벌을 달게 받습니다. 오히려 "죽을 죄를 지었는데 목숨을 살려 주시니 감사합니다."라고 말합니다. 그러나 회개하지 않는 사람은 벌이 무겁다고 불평합니다. 예를 들어, 어린아이가 잘못해서 엄마에게 벌을 받습니다. 하라는 숙제는 안 하고 내내 집에서 뛰놀다가 쨍그랑 유리창을 깨버렸습니다. 엄마가 화가 나서 "너 이리 와. 종아리 걷어. 종아리 열 대 맞아."라고 하면서 종아리를 때립니다. 그러면 아이가 "아야! 아프단 말이야. 살살 때리지 않고 왜 세게 때려? 안 아프게 때려."라고 말합니다. 또는 "다섯 대만 때리지 왜 열 대 때려?"라고 대어 듭니다. 자기가 지은 죄는 생각 안 하고 자기 아픈 것만 말합니다. "왜 때려?" 하면서 대어 듭니다. 이것은 "회개하지 않았다"는 것을 의미합니다. 자기 잘못을 뉘우치지 않았다는 것을 뜻합니다. 여기 가인이 그렇습니다. 자기 동생을 죽여 놓고서도 자기 죄를 회개하지 않습니다. 도리어 벌이 무겁다고 불평합니다. "내 죄벌이 너무 무거워 견딜 수 없나이다." 자기 죄를 뉘우치는 것은 없습니다. 정말로 회개했다면 "하나님, 제가 죽을 죄를 지었습니다. 저는 죽어도 할 말이 없습니다." 이렇게 대답했을 것입니다.

그러나 가인은 회개하지 않고 계속해서 자기 처지만 말합니다. "주께서 오늘 이 지면에서 나를 쫓아내시온즉 내가 주의 낯을 뵈옵지 못하리니 내가 땅에서 피하며 유리하는 자가 될지라. 무릇 나를 만나는 자마다 나를 죽이겠나이다."(14절) 가인이 이제 이 땅을 떠나가면 "주의 낯을 뵈옵지 못할 것"이라고 말합니다. 하나님에게서 멀어져서 하나님의 보호를 받지 못하게 된다는 말입니다. "무릇 나를 만나는 자마다 나를 죽이겠나이다."고 말합니다. 자기 죽을 것을 걱정하고 있습니다. 남의 생명은 쉽게 빼앗아 놓고 자기 생명은 걱정하고 있습니다. 이것이 죄인의 모습입니다.

'무릇 만나는 자마다'란 말을 보면, 당시에 인구가 좀 퍼졌다 하는 것을 알 수 있습니다. 하와가 계속 자녀를 생산하고, 그 자녀들이 결혼하여 자녀를 생산하고, 그래서 인구가 기하급수적으로 늘어났습니다. 그래서 가인은 앞으로 자기를 만나는 자가 자기를 죽일까 봐 걱정하고 있습니다.

그러나 하나님은 가인에게 은혜를 베푸셨습니다. 15절에 보면, "그렇지 아니하다. 가인을 죽이는 자는 벌을 7배나 받으리라 하시고 가인에게 표를 주사 그를 만나는 모든 사람에게 죽임을 면하게 하시니라."고 합니다. 이것은 하나님의 은혜를 말합니다. 하나님은 은혜로우셔서 가인에게도 은혜를 베푸셨습니다. 살인자 가인에게도 은혜를 베푸시고 죽임을 당하지 않도록 해 주셨습니다. 하나님은 참으로 너그러우시다 하는 것을 알 수 있습니다. 죄인에게도 은혜를 베푸시고 살아가도록 보호하십니다. 비록 구원의 은혜는 아니지만, 천국에 들어가게 해 주는 은혜는 아니지만, 그래도 이 세상에서 먹고 살며 한평생 살도록 하는 은혜를 주십니다.

이런 은혜를 우리는 '일반 은혜'(common grace)라고 부릅니다. 모든 사람에게 골고루 주시는 은혜입니다. 하나님을 믿는 자에게 주시는 구원의 은혜를 '특별 은혜'라고 합니다. 이에 반해 모든 사람에게 골고루 주시는 은혜를 '일반 은혜' 또는 '공통 은혜'라고 합니다. 예수님은 "하나님이 그 해를 악인과 선인에게 비추시며 비를 의로운 자와 불의한 자에게 내려 주심이라."고 하셨습니다(마 5:45). 하나님은 햇빛과 비를 의로운 자와 불의한 자에게 골고루 내려 주십니다. 그래서 악한 자들도 농사를 지어서 먹고살게 하십니다. 하나님을 믿지 않는 악한 자라고 비도 안 주시고 햇빛도 안 주시고 하시지는 않습니다. 하나님은 믿지 않는 자들에게도 먹을 것을 주시고 먹고살게 하십니다. 이것이 하나님의 은혜입니다. 일반 은혜입니다. 하나님은 가인에게 이런 일반 은혜를 주셨습니다. 한편으로 벌을 내리시면서도 다른 한편으로는 은혜를 내려 주셨습니다.

그러면 하나님은 왜 이렇게 죄인에게도 은혜를 내리시는 것일까요? 왜 악한 죄인, 나쁜 사람에게도 은혜를 베푸시는 것일까요? 왜 살려 주시고 은혜를 베푸시는 것일까요? 여러분에게 있는 아들딸이 이쁠 때도 있지만, 어떤 때는 말도 안 듣고 속 썩이고, 하라는 공부는 안 하고 내내 놀기만 하고, 나가서 사고치고 돌아오고 하면, 마음 같아서는 확 때려서 쫓아 내버리고 싶지만, 그래도 참고 밥해 주고, 라면 끓여 주고, 떡볶이 해 주는 이유가 무엇일까요? 왜 문제 많은 자녀에게 은혜를 베푸는 것일까요?

그것은 회개하고 돌아오기를 바라기 때문입니다. 언젠가는 자기 잘못을 깨닫고 뉘우치고 돌아오기를 바라기 때문에 참고 기다리는 것입니다. 하나님이 가인에게 은혜를 베푸신 것도, 당장 죽이지 않으시고 살려 두시고 은혜를 베푸신 것도 그가 회개하고 돌아오도록 기다리시기 때문입니다. 로마서 2장 4절에 "혹 네가 하나님의 인자하심이 너를 인도하여 회개하게 하심을 알지 못하여 그의 인자하심과 용납하심과 길이 참으심이 풍성함을 멸시하느냐?"고 했습니다. 하나님의 인자하심이 믿지 않는 자를 인도하여 회개하게 하십니다. 하나님은 우리가 회개하고 돌아오도록 은혜를 베푸시고 기다리십니다. 집 나간 둘째 아들 탕자가 돌아오도록 기다리는 아버지의 마음과 같습니다. "오늘은 돌아오려나? 내일은 돌아오려나?" 마음 졸이며 언덕에 올라가서 멀리 바라보고 있는 아버지의 마음과 같습니다.

　사랑하는 성도 여러분,

　오늘날 우리가 살아 있는 것은 하나님의 은혜 때문입니다. 하나님이 법대로 갚으셨다면 우리는 벌써 다 죽고 없었을 것입니다. 오늘 이 자리에 나오지도 못하였을 것입니다. 하나님을 경배하지도 않고 섬기지도 않고, 충성됨이 없고 성실함이 없고, 하나님이 하라는 것은 안 하고 하지 말라는 것은 하고, 성경 읽으라고 하면 텔레비전 보고, 기도하라고 하면 누워 자고, 공부하라고 하면 놀고, 책 읽으라고 하면 만화책 보고, 이런 불충하고 불순종하는 우리를 살려 주시고 먹을 것을 주시고 좋은 것을 주시는 것은 전적으로 하나님의 은혜입니다. 하나님이 우리를 사랑하셔서 회개하고 돌아오기를 기다리시기 때문입니다. 또 교회에 나와서 늘 말씀을 듣기는 하지만 실제로는 자기 생각대로 하는 사람이라도 하나님이 벌하지 않으시는 이유는, 언젠가는 깨닫고 하나님을 잘 섬기는 일꾼이 되도록 기다리시기 때문입니다.

　시편 94편에서는 이렇게 말합니다. "여호와께서 내게 도움이 되지 아니하셨더라면 내 영혼이 벌써 적막 속에 잠겼으리로다."(17절) "여호와여, 나의 발이 미끄러진다고 말할 때에 주의 인자하심이 나를 붙

드셨사오며 내 속에 근심이 많을 때에 주의 위안이 내 영혼을 즐겁게 하시나이다."(18-19절)

사랑하는 성도 여러분,

이처럼 우리를 붙들어 주시고 은혜 베푸시는 하나님을 바라보며 하나님께 감사하고 하나님을 잘 섬기는 성도들이 되시기 바랍니다. 죄인에게 베푸시는 은혜, 죽어 마땅한 우리에게 베푸시는 하나님의 은혜를 힘입어 더욱 하나님을 사랑하고 섬기는 성도들이 되시기 바랍니다. 그래서 늘 감사하며 은혜로우신 하나님을 찬송하고, 기쁨으로 하나님을 섬기는 성도들이 다 되시기 바랍니다. 아멘. (2010년 9월 12일 주일 오전)

4. 가인의 후예 (4:16-22)

16 가인이 여호와 앞을 떠나서 에덴 동쪽 놋 땅에 거주하더니 17 아내와 동침하매 그가 임신하여 에녹을 낳은지라 가인이 성을 쌓고 그의 아들의 이름으로 성을 이름하여 에녹이라 하니라 18 에녹이 이랏을 낳고 이랏은 므후야엘을 낳고 므후야엘은 므드사엘을 낳고 므드사엘은 라멕을 낳았더라 19 라멕이 두 아내를 맞이하였으니 하나의 이름은 아다요 하나의 이름은 씰라였더라 20 아다는 야발을 낳았으니 그는 장막에 거주하며 가축을 치는 자의 조상이 되었고 21 그의 아우의 이름은 유발이니 그는 수금과 퉁소를 잡는 모든 자의 조상이 되었으며 22 씰라는 두발가인을 낳았으니 그는 구리와 쇠로 여러 가지 기구를 만드는 자요 두발가인의 누이는 나아마였더라

가인은 동생 아벨을 죽인 후 하나님께 벌을 받아 살던 땅에서 쫓겨났습니다. 가인은 원래 에덴동산 동쪽에 살았는데 거기서 쫓겨나서 또다시 동쪽으로 간 것입니다. 그래서 에덴 동쪽 '놋'(Nod) 땅에 거하였는데, '놋' 땅이 어디 있었는지는 알 수 없습니다.[1] 아마도 오늘날 터키

---

1 어떤 사람은 '놋'(Nod)이라는 이름에 '도망치다'를 의미하는 히브리어 동사의 글자들이 나타난다는 이유로 '놋'을 '도망자' 가인의 땅으로 보기도 한다. 그러나

동부 또는 아르메니아의 어딘가에 있었을 것입니다. 어쨌든 에덴동산 동쪽에 있었습니다. 중요한 것은 하나님을 떠나갔다는 사실입니다. 하나님과 대화하고 교제하던 땅에서 완전히 떠나갔습니다.

17절에 보면 "아내와 동침하니 그가 임신하여 에녹을 낳은지라."고 합니다. 이것을 보면 가인에게 아내가 있었다 하는 것을 알 수 있습니다. 가인은 쫓겨나기 전에 이미 결혼했던 것 같습니다(Aalders). 그래서 같이 농사짓고 살았을 것입니다. 가인의 아내는 물론 아담과 하와의 딸들 중 하나였을 것입니다.[2] 당시에는 다른 집안의 여자들이 없었습니다. 그래서 처음에는 남매끼리 결혼하는 게 자연스러웠습니다. 당연했다고 할 수 있습니다. 오늘날에는 물론 가까운 친척끼리는 결혼하면 안 됩니다. 법적으로도 허용이 안 되고, 또 유전적으로도 문제가 있습니다. 장애인, 기형아, 질병 있는 아이가 나올 가능성이 크다고 합니다. 그러나 인류가 처음 생겨서 퍼질 때에는 이런 유전적 문제가 없었을 것입니다. 하나님이 유전적으로 문제없도록 프로그래밍해 놓았을 것입니다.

어쨌든 가인은 아내와 동침하여 아들을 낳았는데, 이름을 '에녹'이라 지었습니다. 원래 발음은 '하노흐'(Hanoch)인데, 이것이 '에

언어 혼란 이전의 시기의 이름에 대해 우리는 알 수 없다(Aalders, *Genesis*, I, 163).

2 Cf. W. H. Gispen, *Genesis (Commentaar op het Oude Testament)*, I (Kampen: J. H. Kok, 1974), 184.

녹'(Enoch)이 되었습니다.³ 우리가 잘 알고 있는 '에녹' 곧 300년 동안 하나님과 동행한 에녹과는 다른 사람입니다.

가인이 또 성(城)을 쌓고 그 아들의 이름으로 성을 이름하여 '에녹'이라 하였습니다(17절). 성(城)이란 돌로 성벽을 쌓아서 도적이나 강도, 외적이 쳐들어오지 못하도록 막은 것을 의미합니다. 아마도 에녹이 태어나서 몇십 년이 지난 것 같습니다. 에녹의 동생들이 계속 태어나서 식구가 많아졌습니다. 아마도 열 명 이상, 어쩌면 수십 명이 되었는지도 모릅니다. 그래서 온 식구가 힘을 모아서 성을 쌓고 그 안에서 살았습니다.

18절 이하에 보면, 가인의 후손들 이름이 나옵니다. 에녹이 '이랏'을 낳았고, 이랏은 '므후야엘'을 낳았고, 므후야엘은 '므드사엘'을 낳았고, 므드사엘은 '라멕'을 낳았습니다. 에녹의 생애에 대해서는 다른 기록이 없습니다. 그 후손들도 마찬가지입니다. 별 특별한 것이 없었습니다. 그래서 성경은 다른 것들은 생략하고 누구를 낳았다는 것 하나만 기록하고 있습니다. 그 외에도 아들딸들을 많이 낳았겠지만 대표적으로 한 명만 기록했습니다. 아마도 장남이었을 것입니다. 이들도 다 몇백 년을 살면서 날마다 먹고 자고 했을 것입니다. 처음에는 대개 800살 이상, 900살 이상 살았습니다. 근 천년을 살았는데도 특별히 의미

---

3 히브리어로 하노흐(חֲנוֹךְ)는 '시작'(initiated, initiating)이라는 뜻을 가지고 있다(Gesenius).

있는 일은 없었습니다.

지난번에 중국을 다녀온 기행문을 쓰라고 하니까, 어떤 학생은 "아침 몇 시에 일어났다. 아침에 밥 먹었다. 놀러 가서 점심때 냉면 먹었다. 저녁에는 오리고기 먹었다. 저녁 먹고 나서 시내 나가서 또 양고기 맛있게 먹었다."라고 썼습니다. 내내 먹는 이야기입니다. 여러분, 먹는 것은 특별한 일이 아닙니다. 물론 그 학생에게는 특별한 일이었을 수 있지만, 일반적으로 먹고 자고 노는 것은 특별히 기록할 만한 가치가 없습니다. 종이가 아깝습니다. 그래서 일기나 기행문에는 특별히 의미 있는 것들 중심으로 써야 합니다.

여기 가인의 후손들을 보니까 각각 천년 가까이 살았지만 특별히 기록할 만한 가치 있는 일들은 없었습니다. 그래서 빨리 빨리 넘어갑니다. 후손이 끊어지지 않고 이어진다는 데 의미가 있습니다.

그런데 라멕에게 와서 의미 있는 일들이 있었습니다. 19절에 보면 "라멕이 두 아내를 취하였으니 하나의 이름은 아다요 하나의 이름은 씰라며"라고 말합니다. 라멕은 안 좋은 방향으로 유명했습니다. 라멕은 아주 포악한 사람이요 욕심꾸러기였습니다. 그래서 안 좋은 사람으로 성경에 기록되었습니다.

라멕은 두 아내를 취한 첫 사람이었습니다. 그 전에는 다 한 사람이 한 아내씩 취하였습니다. 이런 것을 '일부일처제'(monogamy)라고 합니다. 그런데 라멕은 두 아내를 취했습니다. 그래서 라멕은 '일부다처제'(polygamy)의 조상이 되었습니다. 라멕은 두 아내를 취하였는데,

하나의 이름은 '아다'요 다른 하나의 이름은 '씰라'였다고 합니다. 히브리어로 '아다'는 장식품, '씰라'는 그림자라는 뜻입니다.[4] 그러나 이때는 아직 히브리어가 생겨나지도 않았으니까 그 정확한 뜻은 알 수 없습니다. 이때는 아직 언어가 나뉘기 전의 시절이었습니다.

그런데 또 중요한 일이 있었습니다. "아다는 야발을 낳았으니 그는 장막에 거하여 육축 치는 자의 조상이 되었다."고 합니다(20절). '야발'은 육축 치는 자의 조상이 되었습니다.[5] 여기서 '육축'(미크네)이란 가축을 뜻합니다.[6] 소나 양 같은 큰 짐승들을 의미합니다. 물론 아벨도 양을 치는 자이었습니다만, 양이나 염소 같은 작은 짐승들을 들에서 조금 쳤을 뿐입니다. 그러나 야발은 장막에 거하면서 가축을 쳤습니다. 양과 소들을 집에 붙들어 매어 놓고 대규모로 길렀습니다. 이런 점에서 야발은 장막에 거하면서 가축 치는 자의 조상이 되었습니다.

야발의 동생은 '유발'[7]이었는데 "그는 수금과 퉁소를 잡는 모든 자의

---

4 Aalders, *Genesis*, I, 165.

5 '야발'(יָבָל)은 히브리어로 '강, 시내'(river, stream)란 뜻이다(Gesenius). 그러나 앞에서도 말한 것처럼 언어 혼란 이전의 이름에 대해 히브리어에서 설명하는 것은 어렵다고 보기도 한다(Aalders). 그는 '야발'의 뜻을 '싹', '유랑자' 또는 '목자'로 보기도 하고 '시내'도 가능하다고 본다(*Genesis*, I, 165).

6 '미크네'(מִקְנֶה)는 원래 '얻다, 획득하다'는 뜻의 동사 '카나'에서 온 것으로 '재산, 부'(possession, wealth)를 의미하며 당시에는 거의 전적으로 '가축'(cattle)이었다(Gesenius).

7 '유발'(יוּבָל)의 뜻은 '흐르다'(to flow)는 뜻의 동사 '야발'(יָבָל)에서 온 것으로 '강, 시내'라는 의미를 가지고 있다(Gesenius). 즉, 두 형제는 같은 어근에서 온

조상이 되었다."고 합니다(21절). '수금(竪琴)'은 현악기인데 줄이 있어서 튕기면서 소리를 냅니다. '퉁소(洞簫)'는 관악기로서 입으로 불어서 소리 내는 악기입니다. 이런 악기를 처음으로 만들어서 사용한 사람은 유발이었습니다. 그래서 유발은 이런 악기들을 연주한 자들의 조상이 되었습니다.

라멕의 다른 아내인 '씰라'는 '두발가인'을 낳았는데, 그는 동철(銅鐵)로 각양 날카로운 기계를 만드는 자였습니다(22절). 그래서 두발가인은 기계 문명의 아버지가 되었습니다.[8] 그는 구리와 철을 다룰 줄 알았습니다.[9] 구리와 철을 함유하고 있는 원광석을 녹여서 구리와 철을 뽑아내고, 그것을 부어서 낫이나 칼의 모양을 만들고, 그것을 쳐서 날카롭게 만들었습니다. 이렇게 만든 낫이나 호미는 농사짓고 집 짓는 데 사용되었습니다. 칼이나 창은 사람을 죽이는 데 사용되었을 것입니다.

이런 날카로운 무기가 있으니까 주위 사람들은 벌벌 떨었을 것입니다. 칼을 차고 다니면서 "까불면 죽여 버린다."고 하면 사람들은 벌벌 떨었을 것입니다. 예를 들어 두 사람이 서로 시비가 붙었다고 합시다.

같은 뜻의 이름을 가지고 있음을 알 수 있다. 그러나 '유발'의 뜻을 '소리', '나팔' 또는 '시내'로 보기도 한다(Aalders, *Genesis*, I, 165).

8 '두발가인'(Tubal-Kain)에 대해, 먼저 '두발'은 성경에 나타나는 '두발' 족(창 10:2; 대상 1:5; 사 66:19; 겔 27:13; 32:26; 38:2-3; 39:1)과 관련시키기도 하고 '가인'은 '대장장이'(the smith)와 연결시키기도 하고 또는 '가인' 족의 사람으로 보기도 한다(Aalders, *Genesis*, I, 166).

9 어떤 사람은 청동기와 철기가 동시에 사용되는 것은 고고학자들의 연대 구분과 맞지 않다고 본다. 그러나 청동기 시대와 철기 시대의 구분은 그렇게 명확한 것이 아니며 동시에 사용된 경우들이 많다고 한다(Aalders, *Genesis*, I, 167).

전에는 "야, 자꾸 까불면 때려 죽인다."고 하면 사람들은 겁을 내지 않았습니다. "체, 누구는 가만히 있을 줄 알고? 한번 붙어 볼래?" 하면서 대어 들었습니다. 그런데 이제는 "야, 까불면 목을 베어 버린다. 목이 달아나고 싶냐?"고 하면, 사람들은 벌벌 떱니다. 이처럼 기계의 발명은 인류 사회를 공포 사회로 만들었습니다. 한편으로는 농사짓는 데 큰 도움이 되었습니다만, 다른 한편으로는 사람을 죽이고 정복하는 데 사용되었습니다. 공포 사회, 무력이 지배하는 사회가 되고 말았습니다.

그러면 오늘 본문에서 우리는 무엇을 알 수 있습니까? 가인의 후예들에게서 우리는 어떤 교훈을 배울 수 있습니까? 한마디로 죄와 악이 번져 갔다는 것입니다. 하나님을 떠나간 가인에게서 태어난 후손들은 더욱 죄를 짓고 악하여졌습니다. 죄가 점점 심해져 갔습니다.

먼저 가인은 하나님을 떠나간 후에 성(城)을 쌓고 살았습니다. 최초로 성을 쌓았는데, 이것은 무엇을 의미할까요? 가인은 하나님을 떠나가니 두려웠습니다. 누가 와서 죽일까 봐 겁이 났습니다. 이처럼 하나님의 보호하심을 떠나가면 두려움이 찾아옵니다. 생명에 대한 두려움이 엄습합니다. 그래서 성을 쌓았습니다. 강도가 들어오지 못하게, 외적이 침입하지 못하도록 성을 쌓았습니다. 따라서 성을 쌓았다는 것은 스스로 자기를 보호한다는 의미입니다. 하나님을 떠나가니 하나님의 보호를 받지 못하게 되어서 스스로 보호막을 만든다는 것을 의미합니다.

오늘날 사람들도 마찬가지입니다. 하나님을 떠나간 사람들은 두려움이 있습니다. 겉으로는 용감한 것 같아도 속으로는 겁이 많습니다.

그래서 각종 보호 장치를 스스로 개발하게 되었습니다. 예를 들면 '보험'(insurance)이란 게 있습니다. 하나님을 믿지 않는 사람들은 보험을 많이 듭니다. "암에 걸리면 어쩌나?" 그래서 암보험에 듭니다. "치매에 걸리면 어쩌나?" 그래서 치매 보험에 듭니다. "나이 들어 병에 걸렸는데 돌봐줄 사람이 없으면 어떡하나?" 그래서 무슨 요양 보험에 듭니다. 물론 기본적인 보험, 예를 들면 자동차 보험, 화재 보험, 건강 보험 같은 것은 우리가 들어야 합니다. 그리고 적당하게 보험을 들면 어려울 때 큰 도움이 될 수도 있습니다. 그러나 어떤 사람들은 너무 많이 들어요. 하나님을 믿지 못하니 두려워서 그렇습니다.

현대인들은 또 재산을 의지합니다. "돈이 있어야 되겠다. 믿을 것은 돈뿐이다." 그래서 지나치게 돈을 의지합니다. 그래서 돈 때문에 서로 싸우고 다투고 야단입니다. 하나님을 믿지 않으니 근본적으로 불안합니다. 두려움이 있습니다. 미래에 대한 공포가 찾아옵니다. 저는 이것을 '가인의 불안'이라고 이름 짓고 싶습니다. 가인은 자기를 보호하기 위해 성(城)을 쌓았는데, '에녹 성'이라고 이름 지었습니다. '에녹 성'은 바로 현대인들이 자기를 보호하기 위해 만든 인간중심적 문명을 대표하는 것입니다.

유발이 만든 '수금'과 '통소'도 마찬가지입니다. 라멕의 아들 유발은 수금과 통소를 만들어서 악기를 연주했습니다. 어떤 면에서는 음악의 아버지, 악기의 아버지입니다. 그러면 왜 이런 악기를 발명했을까요? 하나님 없이 사는 인생이 너무 괴로웠기 때문입니다. "인생 사는 것이 너무 괴롭다. 하루 종일 밭에서 김을 맸더니 허리가 부서지는 것 같다." 그래서 악기를 만들어서 연주했습니다. 하나님을 떠나간 인생이 스스로 자기를 위로하려고, 스스로 즐기려고 만든 것이 음악입니다. 오늘날 유행가, 대중가요의 기원은 따지자면 유발에게 있다고 말할 수도 있을 것입니다. 이런 것들은 하나님을 떠난 인간이 스스로 즐기려고 만든 것입니다.

물론 이런 악기들을 가지고 하나님을 찬송할 수도 있습니다. 모세의 누나 미리암은 홍해를 건넌 후에 작은 북을 가지고 춤추며 하나님을 찬송했습니다. 다윗은 수금을 가지고 하나님을 찬송했습니다. 시편 150편에 보면, "나팔 소리로 찬양하며 비파와 수금으로 찬양할지어다. 소고(탬버린)치며 춤추어 찬양하며, 현악과 퉁소로 찬양할지어다. 큰 소리 나는 제금(심벌즈)으로 찬양하며, 높은 소리 나는 제금으로 찬양할지어다."라고 했습니다. 그래서 하나님을 찬양하는 찬송가와 복음 성가는 좋은 것이고, 또 클래식 음악 중에 바흐와 핸델 등의 종교음악은 좋은 것입니다. 그러나 오늘날의 음악은 대부분 자기 스스로를 위로하고 즐기기 위한 것입니다. 바로 가인의 후예인 유발이 그 조상입니다.

두발가인이 기계를 만든 것도 마찬가지입니다. 가인의 후손들은 밭 갈고 농사짓는 게 너무 힘들었습니다. 하나님의 벌을 받아서 땅에서는 자꾸만 엉겅퀴와 가시덤불이 나옵니다. 이걸 손으로 뽑아내려니 너무 힘들었어요. 손가락으로 흙을 파고 뿌리를 뽑고 … 너무 힘들었습니다. 그래서 날카로운 기계를 만들었습니다. 하나님이 내린 저주를 벗어나기 위해 인간 스스로 애쓴 것입니다. "얼굴에 땀이 흘러야 식물을 먹으리라."고 하셨는데, 이런 고생을 벗어나기 위한 인간적인 노력의 일환으로 기계를 발명한 것입니다.

오늘날 현대 기계 문명도 본질적으로 이와 같습니다. 여러분의 집에 있는 '세탁기'는 빨래하는 고생을 덜어 줍니다. 세탁기가 없으면 방망이로 두들기고 손으로 헹구고 … 빨래하는 것도 일입니다. '전기밥솥'도 밥하는 일을 덜어 줍니다. 불을 안 때어도 되고 참 편리합니다. 더 중요한 것으로 '수도'가 있습니다. 꼭지만 틀면 물이 콸콸 나옵니다. 전에는 우물에 가서 물을 길어 와야 했어요. 여인들이 머리에 물동이를 이고 다녔는데, 머리가 빠개질 듯합니다. 목이 눌려서 목이 짧아졌습니다. 또 '도시가스'도 얼마나 편한지 모릅니다. 전에는 산에 가서 나무를 해 와야 했습니다. 도끼로 나무를 찍고 낫으로 가지를 쳐서 지게에 지고 산을 내려와야 했습니다. 남편이 없는 여인네들은 머리에 가득 이고 내려왔습니다. 그런데 지금은 가스 꼭지만 틀면 가스가 나와서 밥도 하고 국도 끓이고 계란 프라이도 합니다. 삶이 참 편해졌습니다. 하나님을 떠난 인간이 자기 스스로의 힘으로 고통을 벗어나려는 노력이 대단한 성과를 거두고 있습니다.

그러나 가인의 후예들은 근본적으로 하나님 없이 살아갑니다. 하나님을 떠나서 자기중심적으로 살아갑니다. 자기 생각대로, 자기 마음대로 삽니다. 그러니 마음에 근본적으로 평안이 없고 만족이 없고 즐거움이 없습니다. 하나님을 예배하지 않으니 만족이 없습니다. 늘 불안합니다. 그리고 사람이 점점 포악해지고 잔인해졌습니다. 칼과 창을 만들어서 사람을 죽이고 잔인하게 복수했습니다. 이것이 바로 하나님을 떠나간 가인의 후손들의 모습입니다.

하나님을 떠나니 두려워서 자기 스스로 보호막을 만들고 스스로 즐기고 있습니다. 자기 스스로 성을 쌓았지만 이것은 안전하지 않습니다. 언제 누가 쳐들어와서 죽이고 빼앗을지 모릅니다. 역사가 이것을 증명합니다. 계속 쳐들어와서 죽이고 빼앗았습니다. 그래서 인간이 쌓은 성은 결국 무너지고 맙니다.

이사야 48장 22절은 "여호와께서 말씀하시되 악인에게는 평강이 없다 하셨느니라."고 합니다. 여러분, 악인에게는 평강이 없습니다. 하나님을 떠나가면 평강이 없습니다. 아무리 성을 쌓고 악기를 연주해도 평강이 없습니다. 오직 하나님께로 돌아올 때에만 참된 평강이 있습니다. 예수님이 말씀하셨습니다. "평안을 너희에게 끼치노니 곧 나의 평안을 너희에게 주노라. 내가 너희에게 주는 것은 세상이 주는 것과 같지 아니하니라."(요 14:27)

사랑하는 성도 여러분,

이 세상에는 평안이 없습니다. 하나님을 떠나가면 그 어디에도 평안이 없습니다. 만족이 없습니다. 즐거움이 없습니다. 오직 우리를 지으신 하나님께 나올 때에만 참 평안이 있는 줄로 믿습니다.

여러분 모두, 우리를 지으신 하나님을 믿고 경배하는 자들이 되시기 바랍니다. 하나님을 믿고 경배하면, 하나님이 여러분을 지키시고 보호해 주실 것입니다. "여호와는 너를 지키시는 이시라. 여호와께서 네 오른쪽에서 네 그늘이 되시나니 낮의 해가 너를 상하게 하지 아니하며 밤의 달도 너를 해치지 아니하리로다. 여호와께서 너를 지켜 모든 환난을 면하게 하시며 또 네 영혼을 지키시리로다."고 했습니다(시 121:6-7). 하나님은 가인이 쌓은 에녹 성보다 몇십 배, 몇백 배 더 든든한 성으로 여러분을 지켜 주실 것입니다. 여러분 모두, 우리를 지키시고 보호해 주시는 하나님을 믿고 경배하는 자들이 다 되시기 바랍니다. 아멘. (2010년 9월 19일 주일 오전)

5. 셋의 후손들 (4:23-26)

23 라멕이 아내들에게 이르되 아다와 씰라여 내 목소리를 들으라 라멕의 아내들이여 내 말을 들으라 나의 상처로 말미암아 내가 사람을 죽였고 나의 상함으로 말미암아 소년을 죽였도다 **24** 가인을 위하여는 벌이 칠 배일진대 라멕을 위하여는 벌이 칠십칠 배이리로다 하였더라 **25** 아담이 다시 자기 아내와 동침하매 그가 아들을 낳아 그의 이름을 셋이라 하였으니 이는 하나님이 내게 가인이 죽인 아벨 대신에 다른 씨를 주셨다 함이며 **26** 셋도 아들을 낳고 그의 이름을 에노스라 하였으며 그 때에 사람들이 비로소 여호와의 이름을 불렀더라

아담과 하와는 에덴동산에서 쫓겨난 후에 자녀를 많이 생산하였습니다. 900년 이상을 살면서 자녀를 낳았으니 아마도 수백 명은 낳았을 것입니다. 그래서 '하와'는 생명이란 뜻입니다. 모든 산 자의 어미 곧 생명의 어머니란 뜻입니다. 하와가 낳은 첫째 아들은 가인인데 그는 불순종하는 아이였습니다. 부모의 말씀을 안 듣고 하나님을 믿는 믿음이 없었습니다. 그는 동생 아벨을 죽이고 하나님께 벌을 받아 쫓겨났습니다. 그래서 가인은 에덴 동편 놋 땅에 성(城)을 쌓고 살았습니다.

이 가인에게서 후손들이 태어나서 번성하였는데 다 악한 자들이었습니다. 하나님을 모르고 예배하지도 않고 자기 마음대로 살았습니다. 그저 먹고 자고 결혼해서 아이를 낳고, 그냥 의미 없이 살았습니다. 죄 가운데 태어나서 한평생 죄를 짓고 살다가 죄 가운데 죽었습니다.

　이 죄는 가인의 5대손인 라멕에 와서 정점에 이르렀습니다. 라멕은 욕심이 많고 포악한 사람이었습니다. 그는 두 아내를 취했는데 '아다'와 '씰라'였습니다. 아다에게서 난 '유발'은 수금과 퉁소를 잡는 자의 조상이 되었습니다. 마음에 즐거움이 없으니까 스스로 즐기려고 악기를 만들어 연주하였습니다. 또 다른 아내인 씰라에게서 난 아들 '두발가인'은 동철로 각양 날카로운 기계를 만들었습니다. 구리와 철을 녹여서 각종 기계를 만든 것입니다. 예를 들면 낫, 호미, 쟁기를 만들고 또 칼과 창 등을 만들었습니다. 두발가인은 이런 기계를 만들어서 아버지 라멕에게 드렸을 것입니다. "아버지, 제가 만들었습니다. 이 칼을 한번 써 보십시오."

　그러자 라멕은 칼을 차고 다니면서 사람들을 위협했을 것입니다. "너희들, 내 말 안 듣고 까불면 죽여 버린다. 목을 베어 버린다." 그러자 사람들은 벌벌 떨었습니다. "네, 네, 형님. 시키는 대로 하겠습니다." "그럼 양 한 마리 가져와! 구워 먹게." "예, 예. 얼른 갖다 드리겠습니다." 그다음 날 라멕은 또 말했습니다. "송아지 한 마리 끌고 와! 오늘은 송아지 고기가 먹고 싶다." 그러자 사람들은 머리를 긁으면서 머뭇거렸습니다. "그건 좀 …" 라멕이 버럭 화를 내었습니다. "뭐야? 죽고 싶어? 머리가 달아나고 싶어?" "아뇨. 곧 끌고 오겠습니다." 그래서 라멕은 온갖 횡포를 부리고 닥치는 대로 사람을 해쳤습니다.

23절에 보면, 라멕이 얼마나 강포한 자였는지 스스로 떠벌린 게 나옵니다. "아다와 씰라여, 내 소리를 들으라. 라멕의 아내들이여, 내 말을 들으라. 나의 창상을 인하여 내가 사람을 죽였고, 나의 상함을 인하여 소년을 죽였도다." '창상(創傷)'은 상처를 말합니다. 예를 들어, 라멕이 길을 가다가 어떤 사람과 부딪혀서 자기 몸에 상처가 났다고 합시다. 그러면 라멕은 당장 칼을 빼서 그 사람을 죽였습니다. 그리고 '상함'이란 다친 것을 말합니다. 아이들이 길에서 놀다가 돌을 던졌는데, 길 가던 라멕의 이마에 맞았다고 합시다. 그러면 라멕은 당장 칼을 빼서 그 아이를 죽여 버렸습니다. 아이라고 봐주는 것이 없었습니다. 참 잔인하지요? 라멕은 극악무도한 사람이었습니다.

라멕은 자기의 이런 포악함을 자기 아내들에게 자랑했습니다. "오늘은 내가 누구를 죽여 버렸어. 달랑 목을 베어 버렸지." 깡패가 자기 무용담을 자랑하듯이 말했습니다. 24절에 보면 이렇게 말합니다. "가인을 위하여는 벌이 7배일진대 라멕을 위하여는 벌이 77배이리로다." 곧, 잔인한 복수, 피의 복수를 자랑하고 있습니다.

이렇게 악이 지배하는 세상에서 적은 숫자이지만 착한 사람들이 있었습니다. 누구일까요? 바로 셋의 후손들입니다. 25절에 보면, "아담이 다시 자기 아내와 동침하매 그가 아들을 낳아 그의 이름을 셋이라 하였으니 이는 하나님이 내게 가인이 죽인 아벨 대신에 다른 씨를 주셨다 함이며"라고 말합니다. 아담과 하와는 아들 아벨이 죽자 너무나 큰 슬픔에 잠겼습니다. 특히 하와는 먹지도 않고 말도 안 하고 한숨만 푹푹 쉬며 슬퍼했을 것입니다. 그러자 하나님이 하와를 위로하셨습니다. 죽은 아벨 대신에 다른 아들을 주셨습니다. 그래서 하와는 아들을 낳고 그 이름을 '셋'이라 지었습니다.

'셋'이 무슨 뜻일까요? 히브리어로 '셋'(Shēt)은 '두다'는 뜻입니다.1 영어의 'set'에 해당합니다. 물론 이때는 아직 히브리어가 생기기 전입니다. 언어가 나뉘기 전 곧 최초의 언어 시절입니다. 그래서 그때 '셋' 이 무슨 뜻이었는지는 알 수 없지만 아마도 히브리어와 비슷했던 것 같습니다. 왜냐하면 25절 하에 "이는 하나님이 내게 가인의 죽인 아벨 대신에 다른 씨를 주셨다 함이며"라고 말하고 있기 때문입니다. 대신에 다른 씨를 주셨다, 대체했다, 그 자리에 두었다는 것은 히브리어 '셋'과 뜻이 통합니다.

아벨 대신에 태어난 셋은 무럭무럭 자라서 결혼하여 105세에 아들을 낳았습니다. 셋은 그 아들의 이름을 '에노스'라고 지었습니다. 히브리어로 '에노스'(Enosh)는 '사람'이란 뜻입니다. 대개는 집합적으로 '인류'란 뜻으로 많이 사용되고 있습니다.2 물론 아담과 하와가 살던 시대에 '에노스'가 무슨 뜻이었는지는 알 수 없습니다. 그때에는 아직 히브

---

1 히브리어 '셋'(שֵׁת)은 분사로 정확한 뜻은 '둠'(placing, setting)이다. 그 동사는 '쉬트'(שִׁית)로서 '두다'(to place, to set)이다. 무엇 대신에 두셨다는 뜻이다(Gesenius).

2 '에노스'(אֱנוֹשׁ)는 '사람'(a man)이란 뜻인데 집합적으로 '전 인류'(the whole human race)에 대해 많이 사용된다(Gesenius).

리어가 없었고 히브리 민족도 생겨나기 전입니다. 물론 히브리어와 최초의 언어 사이의 차이는 그리 크지 않은 것 같아 보입니다만 확실히 알 수는 없습니다.

그런데 중요한 것이 있습니다. 아주 중요한 것인데 26절 끝에 나옵니다. "그때에 사람들이 비로소 여호와의 이름을 불렀더라." 여기서 '그때에'란 것은 셋과 에노스 때를 말합니다. '여호와의 이름을 불렀다'는 것은 공적 예배를 시작했다는 뜻으로 보기도 합니다(시 79:6; 116:17; 렘 10:25; 습 3:9). 3 물론 그 전에도 가인과 아벨은 하나님께 제사를 드렸습니다. 아마 일년에 한 두 차례 드렸겠지요. 추수를 하고 나서 하나님께 제사를 드렸는데, 그때 하나님의 이름을 불렀을 것입니다. 아담과 하와도 하나님께 제사를 드렸을 것입니다. 그러나 규칙적으로, 정기적으로 공적 예배를 드린 것은 셋 때에 와서였을 것입니다. 공적 예배뿐만 아니라 개인적으로도 여호와 하나님의 이름을 부르고 기도하는 것도 이 말의 의미에 포함된다고 볼 수 있을 것입니다.

셋은 죽은 형 아벨의 신앙을 이어받았습니다. 하나님을 믿는 믿음 때문에 죽임당한 아벨을 생각하며 더욱 하나님을 잘 믿고 섬겼습니다. 이것이 여호와의 이름을 부르는 것으로 나타났습니다. 매달 초에 하나님께 제사를 드렸는지, 아니면 매일 하나님께 기도를 드렸는지는 알 수 없습니다. 어쨌든 추수를 하고 나면 하나님께 제사를 드리고 감사 드렸을 것입니다. 온 식구가 모여서 하나님께 감사의 예배를 드리고

---

3 Aalders, *Genesis*, I, 171.

함께 음식을 함께 나눠 먹었을 것입니다. 뿐만 아니라 날마다의 삶 속에서도 하나님의 이름을 부르며 기도하는 삶을 살았을 것입니다.

어쨌든 셋의 후손들은 하나님을 섬기는 사람들이었습니다. 믿음으로 사는 사람들이었습니다. 이에 반해 가인의 후손들은 문화를 건설하고, 스스로 즐기고, 강포하게 사람들을 해치고 죽였습니다. 자기 힘을 의지하고 자기 마음대로 살았습니다. 그러나 셋의 후손들은 적은 무리였지만 여호와 하나님의 이름을 부르면서 믿음으로 살았습니다.

오늘날 이 세상에는 이처럼 두 종류의 사람들이 있습니다. 인종과 민족과 언어와 피부는 달라도 두 종류의 사람들이 있습니다. 무엇입니까? 곧, 하나님을 섬기는 사람들과 하나님을 섬기지 않는 사람들입니다.

지난 주간에는 추석 명절이라고 많은 사람들이 고향으로 갔습니다. 여기에는 두 종류의 사람들이 있습니다. 한 종류는 하나님께 감사드리는 사람들입니다. 하나님께서 풍성한 곡식과 과일을 주셔서 감사하다고 하나님께 감사드리는 사람입니다. 다른 한 종류는 하나님께 감사하지 않고 죽은 조상에게 감사하는 사람들입니다. 또는 귀신이나 무슨 우상에게 감사하는 사람들입니다. 또는 아무 감사도 안 하고 자기 혼자 먹고 마시는 사람들도 있습니다. 또 열심히 놀기만 하는 사람들도 있습니다. 연휴를 한껏 즐기는 사람들입니다.

여러분, 추석은 원래 우리에게 곡식과 과일을 주신 하나님께 감사하는 절기입니다. 우리 조상들은 옛날에 원래 '하늘'에 감사하고 제사드렸습니다. 물론 '하늘'은 인격적 하나님이 아니고 성경의 하나님이 아닙니다. 하지만 우리 조상들은 가을에 추수하고 나서 하늘에 감사드렸습니다. 그리고 나서 같이 음식을 나눠 먹고 춤을 추고 노래 불렀습니다. 우리 민족은 하늘에 계신 하나님을 '한울님'이라고 불렀습니다. 대개는 그냥 '하늘'이라고 불렀습니다. 옛날 수메르인들은 하늘을 '안'(AN)이라고 했는데, 이것은 또한 하나님(신)을 뜻하기도 합니다. 아카드어로 '아누'(ANU)는 하늘의 신을 뜻합니다.[4] 그리고 '님'(NIM) 또는 '닌'(NIM)은 수메르어로 '주(主)' 또는 높은 사람을 부르는 말입니다.[5]

우리나라에는 '고인돌'이 4만 개 이상 분포되어 있습니다. 그 중에서도 약 2만 개가 전남에 있습니다.[6] 전북 고창에는 4백여 개가 한 곳에 밀집되어 있는데 유네스코(UNESCO) 문화유산으로 지정되었습니다. 많은 사람들은 고인돌이 '무덤'이라고 생각합니다만 고인돌에는 뼈가 거의 발견되지 않습니다. 몇 군데에서만 예외적으로 사람 뼈가 발견되었습니다만, 대부분의 경우에는 사람 뼈가 발견되지 않습니다. 대신에 돌도끼, 화살촉, 항아리, 옥 등이 발견되고 있으며 숫돌이 발견된 경우도 있습니다. 아무것도 발견되지 않는 것도 많습니다.

그래서 고인돌은 원래 하늘에 제사드리는 '제단'이었는데, 세월이 지나면서 후에 이것이 '무덤'으로 사용되었다고 생각할 수 있습니다. 서

---

[4] L. A. Waddell, *A Sumer Aryan Dictionary*, Part I (London: Luzac & Co., 1927), s. v. AN.

[5] Cf. L. A. Waddell, *Makers of Civilization in Race and History* (1929), 541 n. 2, 596.

[6] 이영문, 『고인돌 이야기』 (서울: 다지리, 2007), 40.

양의 성당이 그 좋은 예입니다. 성당은 원래 예배드리는 곳입니다. 그런데 그 성의 귀족이 죽으면 성당의 바닥을 파고 거기에 묻었습니다. 일반인은 공동묘지에 묻히고 귀족은 성당 밑바닥에 묻혔습니다. 그래서 역사가 오랜 유럽의 성당들은 그 바닥이 거의 다 무덤입니다. 죽어서도 하나님 가까이 있고 싶다는 소원 때문에 그렇게 한 것입니다. 그러면 우리나라에서 옛날에 하나님께 제일 가까운 장소는 어디였을까요? 바로 하늘에 제사드리는 '제단'이었을 것입니다. 바로 고인돌 곧 지석단(支石壇)입니다. 그러니 지방의 권세 있는 자, 유력한 자가 죽으면 고인돌 밑에 묻히기를 원했을 것입니다. 하늘에 제일 가까운 곳, 하늘과 통하는 곳인 고인돌 밑에 묻히기를 원했을 것입니다. 아니면 무덤을 고인돌처럼 만들었을 수도 있습니다. 물론 이것은 어디까지나 추측이고 정확한 것은 알 수 없습니다.

어쨌든 '고인돌'이 원래 '제단'이었다는 것은 분명해 보입니다. 특히 '북방식 고인돌'은 세로로 세운 '굄돌' 위에 넓적한 '판돌'을 얹었는데, 이것은 제사드리기 위한 것입니다. 강화도에 있는 고인돌은 거대한 판돌을 가지고 있는데, 여기서 제사를 드렸다고 생각됩니다.[7] 우리나라의 어떤 고인돌 주위에는 양사방으로 돌아가면서 '도랑'을 파놓았는데(溝라 함), 이것은 이 제단이 있는 곳은 거룩한 곳이니 함부로 들어오지 말라는 뜻으로 생각됩니다.

고인돌에 대한 고대 기록으로 우리나라에서는 고려 시대 이규보의 『동국이상국집(東國李相國集)』에 처음 나옵니다. "다음 날 금마군(현

---

[7] Cf. 이영문, 『고인돌 이야기』, 195-196.

전북 익산)으로 향하려 할 때 이른바 지석(支石)이란 것을 구경하였다. 지석이란 것은 세속에 전하기를 옛날 성인이 고여 놓은 것이라 하는데, 과연 신기한 기술로 이상하다."[8] 더 오래된 기록은 중국의『후한서(後漢書)』에 나오는데, 주후 1세기 반고(班固)가 지은 책입니다. "漢 소제 원봉 3년(B.C. 78년) 정월에 태산의 내무산 남쪽에 수천 명의 성 성하는 소리가 들려 사람들이 이를 자세히 살펴보니 대석(大石)이 세워져 있었다. 이는 높이가 5척이요, 둘레가 48보이고, 깊이가 8척으로 대석(덮개돌)의 밑에는 3개의 돌이 받치고 있는데, 이 대석 주변에 수천의 백조가 모이고 있다."[9] 태산은 중국 산동에 있는 산인데, 거기에 3개의 돌이 큰 덮개돌을 받치고 있었다고 합니다. 4개가 아니라 3개입니다. 앞면이 열려 있습니다. 그래서 이것은 무덤이 아니라 제단임을 말해 줍니다. '성성하는 소리'가 들렸다는 것은 사람들이 모여서 제사 의식을 하고 있었다는 것을 의미하는 것으로 생각됩니다.

물론 옛날의 우리 조상들이 정말로 성경의 하나님을 바로 알고 제사 드렸다고 볼 수는 없습니다. 단군신화도 신화적 요소들로 가득 차 있습니다. 그래서 믿을 수 없습니다. 그리고 삼국시대가 되면 벌써 제천의식과 함께 각종 귀신에게도 제사드렸다고 합니다. 하지만 하늘에 제사드렸다는 것은 눈에 보이는 우상이 없어서 좋습니다. 유교의 제사에 비하면 상대적으로 나은 것입니다.

---

8 이규보, 東國李相國集 권이십삼, 남행월일기(A.D. 1200년, 高麗神宗 三年 金承安 五年). Cf. 이영문,『고인돌 이야기』(서울: 다지리, 2007), 60.

9 Cf. 이영문,『고인돌 이야기』, 59.

그리고 고조선 시대의 사람들은 순박하였다고 합니다. 공자의 7대 손인 공빈(孔斌)이 쓴 『동이열전(東夷列傳)』에서 말하기를, 고조선 사람들은 순박(淳朴)하고 후덕(厚德)하였다고 합니다. "길을 가는 이들이 서로 양보하고, 음식을 먹는 이들이 먹는 것을 서로 양보하며, 남녀가 따로 거처해 함부로 섞이지 않으니 가히 동방예의지국(東方禮義之國)이라 할 수 있었다."고 했습니다. 그래서 옛날의 공자가 말하기를 "구이(九夷)에 가서 살고 싶다."고 했습니다. 여기서 '구이'는 아홉 오랑캐를 뜻하는데, 아홉 부족이 연합하여 세운 고조선을 말합니다. 그러자 혹자가 말하기를, "누추한데 어찌 거기 가서 살려 하십니까?" 하자, 공자가 대답하기를 "군자가 살고 있는데 어찌 누추하다 하겠느냐?"라고 했습니다(『論語』, 자한 편). 여기서 '군자(君子)'란 유교에서 이상적인 사람, 완전한 사람을 의미합니다.

그래서 우리 민족은 예부터 흰옷 입기를 좋아했는데 이것은 정결, 순결을 의미합니다. 옛날의 할머니들은 늘 걸레로 방과 마루를 닦았습니다. 물걸레로 닦고 또 닦아서 늘 깨끗하게 지냈습니다. 그래서 우리나라 집의 방은 깨끗합니다. 방에 들어올 때에는 신을 벗고 들어왔습니다. 그러나 서양 사람들은 신을 신고 방에 들어옵니다. 중국 사람들도 마찬가지로 신을 신고 들어와서 생활합니다. 그러나 우리나라 사람들은 신을 벗고 방에 들어갑니다. 방바닥은 장판 종이로 도배하고 칠을 해서 깨끗합니다. 그런데도 물걸레로 닦고 또 닦아서 늘 깨끗하게 하고 살았습니다. 물론 하나님을 몰랐기 때문에 여러 우상들을 섬겼습니다.

삼국 시대에 '불교'가 들어오고 나서 우상숭배가 더욱 심해졌습니다. 부처에게 빌고 온갖 우상들을 만들어 섬겼습니다. 학교 교과서에는 그때부터 우리 민족이 철학을 알게 되었다고 쓰고 있으나, 사실은 우상숭배와 헛된 사상에 빠진 것입니다. 그래서 국력이 약해지고 말았습니다. 물론 그 전에 이미 북쪽에서 샤머니즘이 들어와서 굿을 하고 미신이 많이 퍼졌습니다. 조선 시대에는 중국에서 유교(儒敎)가 들어오고 나서 죽은 조상에게 제사 지내게 되었습니다. 처음에는 귀족들만 지냈는데 점점 평민들도 제사를 지내게 되었습니다. 그러니 죽은 조상에게 제사 지내는 것은 우리나라 고유의 풍속이 아닙니다. 명절이 되면 방송에서, 차례 지내는 것은 우리나라 고유의 풍속이라고 말하는데 이것은 사실이 아닙니다. 차례(조상에게 차만 올리는 간단한 제사)는 조선 시대에 중국에서 들어온 것이며 잘못된 우상숭배입니다.

이번 추석 명절에 시골에 가서 이리저리 둘러보니 참 감사한 것은 시골 곳곳에 교회당이 들어 서 있어요. 시골 깊숙한 골짜기 곳곳에 교회당이 있습니다. 이 교회당이야말로 하늘의 하나님께 예배드리는 곳입니다. 우리나라 곳곳에 교회당이 들어서 있습니다. 그래서 주일마다 하늘의 하나님께 감사드리고 찬양드리고 예배드리고 있습니다. 옛날에 우리 조상들이 몰랐던 하나님을 우리가 이제는 바로 알고, 옛날에 우리 조상들이 몰랐던 하나님의 아들 예수님을 이제 분명히 알고 찬송하고 있습니다.

이런 신앙의 전통은 곧 셋의 후손들의 전통입니다. 셋의 후손들은 비록 약하고 적은 무리였지만, 여호와 하나님의 이름을 부르고 예배드렸습니다. 순교자 아벨의 신앙을 본받아 정성껏 하나님께 제사드리고 하나님을 예배하며 살았습니다.

따라서 오늘날 우리도 이러한 셋의 신앙을 본받아서 정성껏 하나님을 예배하며 살아야 하겠습니다. 가인의 후손들처럼 문화적인 발전은 없었지만 하나님의 이름을 부르며 살았던 셋의 후손을 본받아 믿음으로 살아가는 여러분들이 되시기 바랍니다.

그래서 항상 하나님께 감사하며, 하나님을 예배하고 잘 섬겨서, 온 세상에 하나님의 이름을 널리 전하는 하나님의 백성이 다 되시기 바랍니다. 아멘. (2010년 9월 26일 주일 오전)

6. 하나님과 동행한 에녹 (5:1-24)

1 이것은 아담의 계보를 적은 책이니라 하나님이 사람을 창조하실 때에 하나님의 모양대로 지으시되 2 남자와 여자를 창조하셨고 그들이 창조되던 날에 하나님이 그들에게 복을 주시고 그들의 이름을 사람이라 일컬으셨더라 3 아담은 백삼십 세에 자기의 모양 곧 자기의 형상과 같은 아들을 낳아 이름을 셋이라 하였고 4 아담은 셋을 낳은 후 팔백 년을 지내며 자녀들을 낳았으며 5 그는 구백삼십 세를 살고 죽었더라 6 셋은 백오 세에 에노스를 낳았고 7 에노스를 낳은 후 팔백칠 년을 지내며 자녀들을 낳았으며 8 그는 구백십이 세를 살고 죽었더라 9 에노스는 구십 세에 게난을 낳았고 10 게난을 낳은 후 팔백십오 년을 지내며 자녀들을 낳았으며 11 그는 구백오 세를 살고 죽었더라 12 게난은 칠십 세에 마할랄렐을 낳았고 13 마할랄렐을 낳은 후 팔백사십 년을 지내며 자녀들을 낳았으며 14 그는 구백십 세를 살고 죽었더라 15 마할랄렐은 육십오 세에 야렛을 낳았고 16 야렛을 낳은 후 팔백삼십 년을 지내며 자녀를 낳았으며 17 그는 팔백구십오 세를 살고 죽었더라 18 야렛은 백육십이 세에 에녹을 낳았고 19 에녹을 낳은 후 팔백 년을 지내며 자녀들을 낳았으며 20 그는 구백육십이 세를 살고 죽었더라 21 에녹은 육십오 세에 므두셀라를 낳았고 22 므두셀라를 낳은 후 삼백 년을 하나님과 동행하며 자녀들을 낳았으며 23 그는 삼백육십오 세를 살았더라 24 에녹이 하나님과 동행하더니 하

나님이 그를 데려가시므로 세상에 있지 아니하였더라

　창세기 5장에 들어오면 아담 자손의 계보가 기록되어 있습니다. 원문에는 '아담 자손의 책'이라고 되어 있습니다. 사람이 어떻게 지음받았고, 누구를 낳고 낳았는가 하는 것이 기록되어 있습니다. 참으로 대단한 족보 책입니다.

　그러면 사람은 어떻게 생겨났을까요? 최초의 인간은 어떻게 존재하게 되었을까요? 원숭이가 진화한 것이 아닙니다. 침팬지가 진화한 것이 아닙니다. 하나님이 사람을 지으셨습니다. 원숭이는 아직도 원숭이입니다. 원숭이는 아직도 나무를 기어 다니며 열매를 따먹습니다. 아메바 벌레는 아직도 아메바입니다.

　하나님이 사람을 지으셨는데 '하나님의 형상대로' 지으셨습니다. 이것은 창세기 1장 26절에 이미 나왔습니다. 하나님의 형상대로 지었다는 것은 하나님을 닮게, 하나님과 비슷하게 지었다는 말입니다. 어떤 점에서 하나님을 닮았는지는 알기 어렵습니다만, 하여튼 사람은 하나님과 닮은 존재입니다. 특히 영적인 존재입니다. 다른 동물들은 영혼이 없는데 사람은 영혼이 있습니다. 그래서 사람은 하나님을 찾고 예배하는 존재입니다. 즉, 종교가 있습니다.

　2절에 보면, 하나님이 "남자와 여자를 창조하셨다."고 합니다. 그래서 사람은 남자와 여자의 구별이 있습니다. 양성(兩性) 존재입니다.

여러분, 남자와 여자의 구별이 없는 존재도 있습니다. 어떤 것입니까? 아메바 같은 벌레, 독감 바이러스 같은 균들입니다. 이런 것들은 남성과 여성의 구별이 없이 자꾸만 자기 복제를 해서 번식합니다. 그래서 이런 벌레들은 '사랑'이란 것을 모릅니다. "사랑이 뭐야? 우린 그런 거 몰라."

그러나 대부분의 생물은 남성과 여성의 구별이 있습니다. 특히 고등동물은 다 암수의 구별이 있습니다. 그래서 나름대로 '사랑'이 있습니다. 사람도 당연히 남녀의 구별이 있습니다. 하나님이 그렇게 지으셨습니다. 따라서 남자와 여자의 구별이 있는 것은 하나님의 뜻입니다. 그래서 나이가 들면 자기 짝을 찾아갑니다. 짝을 못 찾으면 자녀를 낳지 못합니다. 좋은 짝을 찾으려면 열심히 공부해야 하고 열심히 기도하고 노력해야 합니다.

2절 중간에 보면 "하나님이 그들에게 복을 주시고 그들의 이름을 사람이라 일컬으셨더라."고 합니다. 하나님은 아담과 하와에게 복을 주셨습니다. 그래서 사람은 복 받은 존재입니다. 따라서 우리는 사람으로 태어난 것을 감사해야 합니다. 개나 돼지로 태어나지 않고 지렁이로 태어나지 않은 것을 감사해야 합니다.

하나님은 그들의 이름을 '사람'이라 일컬으셨습니다. 히브리어로 '아담'은 사람이란 뜻입니다. 그러니까 '아담'은 최초의 사람 아담을 뜻하기도 하고 일반적인 의미에서 '사람'을 뜻하기도 합니다. 좀 어렵게 말하면, 아담은 고유명사도 되고 보통명사도 됩니다. 여러분, 학문이란 뭘까요? 쉬운 것을 어렵게 말하는 것입니다. 그래서 학자는 어려운 말을 많이 씁니다. 어려운 한자 용어와 영어, 라틴어를 사용합니다. 그래서 일반인들은 이해하기 어렵습니다. 그러면 반대로 어려운 것을 쉽게 말하는 게 뭘까요? 설교입니다. 설교는 어려운 진리를 쉽게 풀어서 설명하는 것입니다. 쉬운 말씀을 어렵게 말하는 것은 잘못된 설교입니다.

그런데 아담이 130세에 아들을 낳았다고 합니다. 물론 아담이 직접 낳은 게 아니고 아내 하와가 낳았습니다. 그런데 왜 아담이 낳았다고 한 것일까요? 좀 이상하지요? 히브리 원문에는 '낳았다'라고 되어 있지 않고 '낳게 했다'라고 되어 있습니다. 즉, 사역형(使役形)으로 되어 있습니다.[1] 그래서 정확하게 번역하면 "아담이 아들을 낳게 했다."가 됩니다. 그래서 여기의 '낳게 했다'는 말은 사실 '누구의 아버지가 되었다'는 뜻이 됩니다.

여기에 보면, 130세에 셋을 낳았다고 합니다. 아담과 하와는 물론 그전에도 아들딸들을 많이 낳았습니다. 가인과 아벨을 낳았고 그 외에도 많은 자녀를 낳았을 것입니다. 우리가 생각할 것은 아담과 하와는 '어른'으로 지음받았다는 사실입니다. 그러니까 바로 아이를 낳을 수 있는 존재로 지음받았습니다. 따라서 아담이 130세가 되기까지 적어도 100년 이상 자녀를 낳았을 것입니다. 2년에 한 명씩 낳았다면 50명 정도는 낳았을 것입니다.

---

1 '낳다'의 히브리어는 '얄라드'(יָלַד)인데 그 사역형(히필, 낳게 하다)은 '홀리드'(הוֹלִיד)이다.

그러나 여기에 '셋'의 이름만 기록되어 있습니다. 죽은 아벨 대신에 주신 아들 '셋'의 이름만 기록되어 있습니다. 이것을 보면, 창세기 5장의 족보는 아담의 모든 자녀의 이름을 다 기록한 것이 아니라 셋의 후손들만 기록한 것임을 알 수 있습니다. 가인의 족보는 창세기 4장에 이미 기록되었습니다. 창세기 5장에서는 믿음이 있는 경건한 자손인 '셋의 자손들' 족보를 기록해 주고 있습니다. 여호와 하나님의 이름을 부르는 경건한 자손들이 어떻게 이어졌는가? 특히 노아 홍수 때까지 어떻게 믿음의 후손들이 이어졌는가를 간단히 기록하고 있습니다.

아담이 '셋'을 낳을 때 자기 모양 곧 자기 형상과 같은 아들을 낳았다고 합니다. '셋'은 아담을 닮았다고 합니다. 유전적으로 닮도록 되어 있는데, 아담과 하와가 그런 과학적인 사실은 몰랐겠지만 자기를 닮은 아들을 낳아서 인류가 계속 이어진다는 것을 알 수 있습니다.

4절에 보면 "아담이 셋을 낳은 후 800년을 지내며 자녀들을 낳았다."고 합니다. 그러니 아담과 하와는 아들들과 딸들 수백 명을 낳았을 것입니다. 이것은 처음에 인류가 빨리 번성하는 데 큰 기여를 했을 것입니다. 5절에 보면 "그가 930세를 살고 죽었더라."고 합니다. 아담은 930세를 살았으니 오래 살았습니다. 하와가 얼마나 오래 살았는지는 안 나와 있습니다만 비슷하게 살았다고 생각할 수 있습니다. 아담은 죽을 때에 감회가 깊었을 것입니다. 처음에는 에덴동산에 자기 혼자뿐이었는데, 조금 있다가 하와가 만들어지고, 그다음에 자녀들을 생산하기 시작했습니다. 아내 하와가 직접 낳은 자식만 해도 아마 수백 명이 될 것입니다. 자식들이 낳은 자식들이 아마 수천 명쯤 될 것입니다. 자식들의 자식들이 낳은 자식들이 어쩌면 수만 명이 될 것입니다. 이런 식으로 인구가 자꾸 늘어나서 아담이 죽을 때에는 이 세상의 인구가 수만 명 아니면 수십만 명이 되었을 것입니다. 정확히는 알 수 없으나 하여튼 인구가 많이 번성하여 지구상에 퍼졌을 것입니다. 그러나 인류의 시조 아담도 결국 죽었습니다. 선악을 알게 하는 나무의 실과를 따 먹은 죄 때문에 결국 죽었고, 물론 죽어서 천국에 갔을 것입니다.

아담 후의 족보에 대해서는 간단 간단히 기록되어 있습니다. 6-7절에 "셋은 105세에 에노스를 낳았고 에노스를 낳은 후 807년을 지내며 자녀들을 낳았으며, 그가 912년을 살고 죽었더라."고 합니다. 그다음에 8-11절에 보면 "에노스는 90세에 게난을 낳았고, 게난을 낳은 후 815년을 지내며 자녀들을 낳았으며, 그가 905세를 살고 죽었더라."고 합니다. '에노스'는 90세에 '게난'을 낳았으니 결혼을 좀 일찍 했습니다. 당시에는 100세 못 되어 결혼하면 일찍 한 것입니다.

12-14절에 보면 "게난은 70세에 마할랄렐을 낳았고, 마할랄렐을 낳은 후 840년을 지내며 자녀들을 낳았으며, 그가 910세를 살고 죽었더라."고 합니다. 70세에 마할랄렐을 낳았으니 결혼을 일찍 한 것을 알 수 있지요? 결혼 연령이 점점 낮아집니다.

그다음에 15-17절에 보면 "마할랄렐은 65세에 야렛을 낳았고, 야렛을 낳은 후 830년을 지내며 자녀들을 낳았으며, 그가 895세를 살고 죽었더라."고 합니다. 결혼 연령이 자꾸 낮아집니다. 수명도 조금씩 짧아지는 것을 볼 수 있습니다. '마할랄렐'은 895세에 죽었습니다. '아담'이 930세, '셋'이 912세, '에노스'가 905세, '게난'이 910세를 산 것에 비하면 수명이 약간 짧아졌음을 알 수 있습니다. 처음으로 900세 이하로 내려갔습니다.

 18-20절에 보면 "야렛은 162세에 에녹을 낳았고, 에녹을 낳은 후 800년을 지내며 자녀들을 낳았으며, 그가 962세를 살고 죽었더라."고 합니다. '야렛'은 162세에 '에녹'을 낳았습니다. 만일 이 '에녹'이 첫째 아들이었다면 결혼을 상당히 늦게 했다는 것을 알 수 있습니다. 그래서 그런지 '야렛'은 오래 살았습니다. 962세를 살았으니 아담보다 더 오래 살았습니다. 물론 결혼을 늦게 한다고 해서 꼭 오래 사는 것은 아니지만, 통계적으로 약간의 상관관계가 있는 것 같습니다. 요즈음 결혼 연령이 약간씩 늦어지는데, 이것은 인간의 수명이 늘어나는 것과 관련이 있는 것 같습니다. 사람이 몇십년 전에 비해 더 오래 사니까 결혼 연령도 조금씩 늦어집니다. 그러나 너무 늦으면 자녀 출산과 관련하여 문제가 많습니다. 출산이 잘 안 되고 기형아, 장애아가 나올 확률이 높아지고 문제가 많습니다. 특히 여성의 경우에 나이와 출산은 직접적으로 관계되는데 혼기를 놓치지 않는 게 중요합니다.

 그런데 '야렛'이 162세에 낳은 '에녹'은 특별했습니다. 21-23절에 보면 "에녹은 65세에 므두셀라를 낳았고, 므두셀라를 낳은 후 300년을 하나님과 동행하며 자녀들을 낳았으며, 그가 365세를 살았더라."고 합니다. 우선 65세에 '므두셀라'를 낳았다는 것은 특별하지 않습니다. 당시로서는 60세 전후가 결혼 적령기였던 것 같습니다. 그런데 "그가 므두셀라를 낳은 후 300년을 하나님과 동행했다."는 것이 특별합니다. '하나님과 동행했다'는 것은 참으로 귀하고 특별한 것입니다. '동행한다'는 것은 같이 걷는다는 뜻입니다.[2] '같이 걷는다'는 것은 교제한다, 사귄다는 것을 뜻합니다. 어떤 남자가 어떤 여자와 늘 같이 걸어 다니면 교제한다, 사귄다 하는 뜻입니다.

그런데 누구와 같이 걸어 다니느냐 하는 것이 중요합니다. 공부 잘하는 학생과 같이 다니면 그 사람은 공부 잘하는 학생입니다. 아니면 최소한 공부 잘하려고 애쓰는 학생입니다. 그런데 늘 노는 아이와 같이 다니면 그 사람은 같이 노는 학생입니다. 보나 마나 뻔합니다. 잠언 13장 20절에 보면 "지혜로운 자와 동행하면 지혜를 얻고 미련한 자와 사귀면 해를 받느니라."고 합니다. 그래서 미련한 자, 어리석은 자와는 사귀지 않도록 해야 합니다. 지혜로운 자, 착한 사람과 같이 다녀야 나도 지혜로워지고 착해집니다. 그래서 누구와 같이 다니느냐 하는 것이 중요합니다.

그러면 에녹은 누구와 동행했습니까? 22절에 보면 '하나님과 동행했다'고 합니다. 하나님과 동행했다는 것이 참 특별합니다. 눈에 보이지 않는 하나님과 어떻게 동행할 수 있을까요? 어떻게 하나님과 같이 걸어 다니고 교제할 수 있을까요? 히브리서 11장 5절에는 에녹이 "하

---

2 '동행(同行)하다'의 히브리어는 '히트할레흐'(הִתְהַלֶּךְ)로서 '할라흐'(הָלַךְ, 가다)의 히트파엘(Hithpael) 형이다. 히트파엘 형은 '재귀태(再歸態)'로서 '자신을 위해 가다'(go for oneself), '살다'(live)는 의미가 된다(Gesenius).

나님을 기쁘시게 했다."고 말합니다. 여기서 '하나님을 기쁘시게 했다'는 것은 의역입니다만(70인역의 번역을 따른 것임), '하나님과 동행했다'는 것을 적절히 설명하고 있습니다. 에녹은 하나님을 기쁘시게 하는 삶을 살았습니다. 그래서 하나님은 에녹을 일찍 데려가셨습니다. 365세에 데려가셨습니다.

그러면 에녹이 일찍 죽었단 말입니까? 당시에는 대개 900살 이상 살았는데, 적어도 800살 이상은 살았는데, 365세에 데려가셨다니 일찍 죽은 것이 아니냐고 생각할 수 있습니다. 그러나 아닙니다. 에녹은 일찍 죽은 게 아니고, 죽지 않고 하나님께로 갔습니다. 히브리서 11장 5절에 보면 "믿음으로 에녹은 죽음을 보지 않고 옮겨졌으니 하나님이 그를 옮기심으로 다시 보이지 아니하였느니라."고 합니다. 죽지 않고 하늘나라로 옮기었다는 것은 엄청난 사건입니다. 왜 그렇습니까? 아담의 범죄 이후로 사람들은 다 죽었습니다. "선악을 알게 하는 나무의 열매는 먹지 말라. 네가 먹는 날에는 반드시 죽으리라."(창 2:17)고 하신 하나님의 말씀대로 아담의 후손들은 다 죽었습니다. 몇 세를 살고 '죽었더라', '죽었더라', '죽었더라'는 것은 하나님의 말씀이 옳다는 것을 증거합니다.

그러나 에녹은 죽지 않았습니다. 죽지 않고 하늘로 옮겨졌습니다. 이것은 하나님의 특별한 은혜를 의미합니다. 예외입니다. 이런 예외는 한 번 더 있습니다. 누구입니까? 엘리야입니다. 엘리야는 회오리바람을 타고 하늘로 올라갔습니다. 회오리바람이 불어서 하늘로 취함을 받았습니다. 이 두 사람 외에는 다 죽었습니다. 예수님도 죽으셨다가 사흘만에 다시 살아나셨습니다. 우리 죄를 위해 죽으셨다가 하나님의 능력으로 다시 살아나셨습니다. 모세도 죽었습니다. 모세는 죽어서 모압 땅에서 장사 지낸 바 되었습니다. 그런데 그 묘가 어디 있는지 아는 사람이 없다고 합니다(신 34:5-6). 어쨌든 모세도 죽었습니다.

그런데 에녹은 죽지 않고 하늘로 옮겨졌습니다. 그야말로 특채입니다. 왜일까요? 하나님과 동행했기 때문입니다. 에녹은 300년 동안 하나님과 동행했습니다. 너무나도 하나님을 사랑하고 하나님을 기쁘시게 해 드리고 하나님과 교제하는 삶을 살았기 때문에 하나님은 그를 특별히 사랑하셔서 죽음을 맛보지 않고 하늘나라로 데려가셨습니다.

그러면 에녹은 어떻게 300년 동안 하나님과 동행하는 삶을 살았을까요? 비결이 무엇일까요? 어떤 사람은 이렇게 생각합니다. "어휴, 나는 결혼해서 아이 낳고 아이 키운다고 그렇게 열심을 못 내요." "결혼도 안 하고 혼자 살면 주를 위해 열심 낼 텐데 … 밤낮 주야로 기도할 텐데 … 결혼하니까 남편(아내) 있고 자식들 있고 복잡한 게 많아서 열심을 못 내요." 이렇게 말합니다.

그러나 여러분, 꼭 그렇지도 않습니다. 에녹은 결혼해서 자녀를 낳았습니다. 65세에 므두셀라를 낳았습니다. 그리고 22절에 보면 "므두셀라를 낳은 후 300년을 하나님과 동행하며 자녀를 낳았다."고 말합니다. 에녹은 하나님과 동행하면서 자녀를 낳았습니다. 자식을 낳아 키우면서도 하나님과 동행할 수 있다는 것을 보여 줍니다. 정상적인 생활을 하면서도 하나님을 사랑하고 하나님을 잘 섬길 수 있다 하는 것을 보여 줍니다.

사랑하는 성도 여러분,

여러분이 살고 있는 현재 그 자리에서 하나님과 동행하는 삶을 사시기 바랍니다. "나중에 넓은 집, 좋은 집으로 옮기면 그때 하나님을 잘 섬기겠다."고 하지 마십시오. 지금 있는 집에서 하나님을 잘 믿고 잘 섬기시기 바랍니다. "나중에 자식들 다 크고 나면 그때 열심히 기도하고 교회 봉사 잘하겠다."고 미루지 마십시오. 지금 있는 형편, 지금 있는 상태에서 하나님을 잘 섬기시기 바랍니다.

우리 학생들 같으면 "나중에 대학에 들어가면 그때 교회 잘 다닐게." 이렇게 하지 마십시오. 여러분이 지금 학교에 다니고 있을 때, 바쁘고 힘든 지금 하나님을 잘 예배하고 잘 섬기시기 바랍니다.

여러분 모두, 지금 이 형편에서 하나님을 사랑하고 하나님을 잘 섬기는 자들이 되시기 바랍니다. 그러면 하나님이 우리를 기뻐하시고 특별한 은혜를 베풀어 주실 것입니다. 여러분 모두, 에녹처럼 하나님과 동행하는 삶을 사는 성도들이 다 되시기 바랍니다. 아멘. (2010년 10월 3일 주일 오전)

7. 라멕의 아들 노아 (5:25-32)

25 므두셀라는 백팔십칠 세에 라멕을 낳았고 26 라멕을 낳은 후 칠백팔십이 년을 지내며 자녀를 낳았으며 27 그는 구백육십구 세를 살고 죽었더 28 라멕은 백팔십이 세에 아들을 낳고 29 이름을 노아라 하여 이르되 여호와께서 땅을 저주하시므로 수고롭게 일하는 우리를 이 아들이 안위하리라 하였더라 30 라멕은 노아를 낳은 후 오백구십오 년을 지내며 자녀들을 낳았으며 31 그는 칠백칠십칠 세를 살고 죽었더라 32 노아는 오백 세 된 후에 셈과 함과 야벳을 낳았더라

지난 시간에 우리는 에녹에 대해 살펴보았습니다. 에녹은 300년 동안 하나님과 동행하였습니다. 300년 동안 하나님과 교제하고 하나님을 기쁘시게 해 드렸습니다. 그래서 하나님은 그를 특별히 사랑하셔서 죽음을 보지 아니하고 하나님께로 가게 해 주셨습니다. 이것은 특별한 은혜입니다. 아프지 않고 고통 없이 찬송하면서 천국에 가는 것은 큰 은혜입니다. 그런데 에녹은 혼자 산속에 들어가서 기도하며 산 것이 아닙니다. 평범하게 결혼해서 자녀를 낳으면서 살았습니다. 정상적인 생활 가운데서 하나님과 동행했습니다.

그런 에녹이 65세에 아들을 낳았는데 이름을 '므두셀라'라고 지었습니다. 히브리어로 '므두셀라'는 '투창(投槍)의 사람' 곧 '창 던지는 사람'이란 뜻입니다.[1] 그러나 '므두셀라'는 히브리어가 아닙니다. 히브리어는 아직 생겨나지도 않았습니다. 그래서 다른 뜻일 수도 있습니다.

그런데 이 므두셀라가 187세에 라멕을 낳았다고 합니다. 아주 늦게 낳았지요? 결혼을 늦게 했는지, 아니면 결혼은 일찍 했는데 아기가 없었는지, 아니면 그 전에 다른 자녀들을 낳았는지 알 수 없습니다. 그런데 므두셀라는 오래 살았습니다. 187세에 라멕을 낳은 후에 782년을 더 살았다고 합니다. 그래서 총 969년을 살았습니다. 아담이 930세를 살았으니 아담보다 39세를 더 살았습니다. 세계 최장수 기록을 세웠습니다. 이 기록은 여태까지 깨어지지 않았습니다.

그런데 므두셀라의 나이를 계산해 보면 홍수가 나던 해에 죽었다 하는 것을 알 수 있습니다. 므두셀라는 187세에 라멕을 낳았고, 라멕은 182세에 노아를 낳았습니다. 그러니까 노아가 태어날 때 할아버지 므두셀라의 나이는 369세였습니다. 그리고 노아의 나이 600세에 대홍수가 났습니다. 그래서 369에 600을 더하면 969이 됩니다. 곧, 므두셀라의 나이와 같습니다. 따라서 므두셀라는 대홍수가 나던 해에, 아마도 홍수 직전에 죽었다는 것을 알 수 있습니다. 므두셀라의 아들 '라멕'은 물론 가인의 후손 중에 나오는 강포한 자 '라멕'과는 다른 사람입니다. 두 아내를 취한 강포한 자 '라멕'은 가인의 후손이고, 여기 므두셀라의 아들 '라멕'은 셋의 후손으로 경건한 자손에 속합니다.

---

[1] "man of a dart"(Gesenius).

이 라멕은 28절에 보면, 182세에 아들을 낳고 이름을 '노아'라 하였습니다. 182세에 아들을 낳았으니 결혼을 늦게 했다는 것을 알 수 있습니다. 아니면 결혼은 일찍 했는데 아이가 빨리 생기지 않았을 수도 있습니다. 어쨌든 조금 늦은 나이에 아들을 낳았습니다. 그리고 그 이름을 '노아'라고 지었습니다.

왜 이름을 '노아'라 지었는지 29절에 그 설명이 나옵니다. "여호와께서 땅을 저주하시므로 수고로이 일하는 우리를 이 아들이 안위하리라." 아담이 범죄함으로 말미암아 하나님이 땅을 저주하셨습니다. "땅이 가시덤불과 엉겅퀴를 낼 것이라. … 네가 얼굴에 땀이 흘러야 식물을 먹고 필경은 흙으로 돌아가리니"(창 3:18-19 개역한글판) 그래서 그 후로 인간은 고생하게 되었습니다. 먹고 사는 것 자체가 고생이었습니다. 농사가 잘 안 되었습니다. 곡식을 심으면 가시와 엉겅퀴가 무성하게 자랐습니다. 그래서 사람들은 수고로이 일했습니다. 일이 고통이요 괴로움이었음을 알 수 있습니다.

어떤 사람들은 당시 사람들이 900살 이상 살았으니 좋겠다고 생각하겠지만, 그 900여년의 세월은 수고와 고생의 시간이었습니다. 900년 이상 힘들게 농사짓고 고생한다고 생각해 보세요. 따라서 오래 사는 게 꼭 좋은 것만은 아닙니다. 시편 90편 10절에 보면 모세는 이렇게 말합니다. "우리의 연수가 70이요 강건하면 80이라도 그 연수의 자랑은 수고와 슬픔뿐이니 신속히 가니 우리가 날아가나이다."

그래서 라멕은 아들을 낳고 이름을 '노아'라 지었습니다. '노아'란 이름의 뜻은 히브리어로 '안식, 쉼'(rest)입니다.[2] 그러나 '노아'란 말은 히브리어가 아닙니다. 히브리 민족은 아직 생겨나지도 않았고 히브리어가 존재하지도 않았습니다. '노아'란 말은 홍수 이전의 언어입니다. 아직 전 세계의 언어는 하나였습니다. 아담과 하와가 쓰던 언어 그대로였습니다. 이 최초의 언어에서 '노아'가 무슨 뜻이었는지는 알 수가 없습니다. 그래도 후대의 히브리어와 좀 비슷하지 않았을까 추측해 볼 수는 있지만 확실히 말할 수는 없습니다.

그런데 이 '노아'의 뜻을 알게 해 주는 힌트가 있습니다. 바로 29절의 설명입니다. "여호와께서 이 땅을 저주하시므로 수고로이 일하는 우리를 이 아들이 안위하시리라." 여기 보면 '노아'란 이름의 뜻은 '안위(安慰)하다'는 것과 관계됨을 알 수 있습니다. 그래서 '노아'란 이름의 뜻은 최초의 언어에서 '위로'가 아닐까 추측해 봅니다.

어쨌든 노아의 출생은 중요하고 온 인류 역사에 아주 큰 의미가 있습니다. 왜냐하면 노아가 600살 되던 해에 지구상에 큰 홍수가 났기 때문입니다. 그래서 노아 가족 8명만 제외하고 다 죽었습니다. 32절에 보면 "노아가 500세 된 후에 셈과 함과 야벳을 낳았더라."고 되어 있습니다. 좀 늦게 얻은 아들들입니다. 아주 늦은 것은 아니고 중년에 얻은 아들들입니다. 노아와 세 아들 그리고 그들의 아내들, 이렇게 8명만 구원받고 나머지는 다 죽었습니다. 그때 이 지구상의 인구가 얼마

---

[2] '노아흐'는 명사로서 '쉼, 안식'(rest)이란 뜻이며, 동사는 '누아흐'로서 '쉬다, 안식하다'는 뜻이다(Gesenius).

나 되었는지는 모릅니다. 수만 명이었는지 수십만 명이었는지, 아니면 수백만 명이었는지 계산하기 어렵습니다. 왜냐하면 질병과 전쟁 등 변수가 많기 때문입니다.

노아가 태어난 것은 아담이 지음받은 후 1,056년째였습니다.[3] 노아 600세에 홍수가 났으니까 아담 창조 후 1,656년에 대홍수가 났습니다. 그런데 아담은 930세에 죽었으니까, 아담이 죽은 후 126년이 지나서 노아가 태어났다는 것을 알 수 있습니다. 그런데 노아는 그의 아버지 라멕이 182세에 낳았으니까 라멕의 나이 56세 때에 아담이 죽었다는 것을 알 수 있습니다. 즉, 아담은 노아의 아버지 라멕 때까지 살아 있었다는 것을 알 수 있습니다. 아담은 그의 자손 9대손인 라멕 때까지 살았습니다. 달리 말하면, 노아는 아담이 죽고 나서 태어난 첫 세대입니다. 성경에 기록된 것으로 보면 그렇습니다. 그러나 혹 그 족보 사이에 우리가 알지 못하는 공백이 있다면 이야기는 달라집니다. 하지만 성경의 기록에 보면 공백이 들어갈 여지는 없어 보입니다. 이 문제는 하나님이 아실 터이니 하나님께 맡기기로 합시다.

이 노아 때에 대홍수가 일어나서 지구상의 사람들이 다 죽었습니다. 그러나 아담은 이 홍수를 보지 않고 죽었습니다. 이것은 노아의 아버지 라멕도 마찬가지입니다. 본문 30절에 "라멕이 노아를 낳은 후 595년을 지내며 자녀를 낳았다."고 되어 있습니다. 노아가 600세 되던 해에

---

3 이 계산은 물론 창세기의 족보 기록에 있어서 공백이 없었다는 것을 전제로 한다. 연대 계산에 있어서 공백이나 무슨 특별한 일이 있었다면 그 기간은 더 길어질 것이다.

홍수가 났으니, 라멕은 홍수가 나기 5년 전에 죽었다는 것을 알 수 있습니다. 라멕은 그 아버지 므두셀라보다 5년 먼저 죽었습니다. 참극을 보기 5년 전에 죽었으니 행복하게 죽었다는 것을 알 수 있습니다.

그러면 여러분, 왜 홍수가 일어났을까요? 왜 노아 때에 대홍수가 나서 전 세계 사람들이 다 죽게 되었을까요? 그것은 당시에 사람들의 죄가 너무 많아서 그렇습니다. 창세기 6장 5-7절에 보면 "여호와께서 사람의 죄악이 세상에 관영함과 그 마음의 생각의 모든 계획이 항상 악할 뿐임을 보시고 … 지면에서 쓸어버리자."고 하셨습니다. 그래서 큰 홍수를 일으키셔서 사람들이 다 물에 빠져 죽게 하셨습니다. 노아와 세 아들, 그리고 노아의 아내와 세 아들의 아내들, 이렇게 여덟 사람만 남기고 다 쓸어버리셨습니다. 아담부터 노아까지 10대가 낳아서 퍼뜨린 자손들이 수십만 명인지 수백만 명인지는 모르지만 다 소용없게 되었습니다. 1,600여년 동안의 노력이 헛수고가 되고 말았습니다.

여기서 우리는 무엇을 알 수 있습니까? 어떤 교훈을 얻을 수 있을까요? 그것은 하나님은 무리의 다수를 기뻐하지 아니하신다는 사실입니다. 하나님은 숫자가 많다고 해서 기뻐하시는 것이 아닙니다. 숫자가 아무리 많아도 하나님을 경배하지 않고 악을 행하면 하나님이 기뻐하지 않으십니다.

가인의 후손들은 숫자가 많았습니다. 자녀들을 낳고 키우고 번성하였습니다. 또 성(城)을 쌓고 장막에서 가축을 키우고 악기를 만들어 연주하고 각종 기계를 만들었습니다. 소위 문명과 문화가 발전했습니다. 예술이 발전하고 과학 기술이 발전했습니다. 그렇지만 하나님이 보실 땐 소용없었습니다. 하나님을 예배하지도 않고 섬기지도 않고 죄악을 행하니 하나님이 다 쓸데없다고 여기시고 쓸어버리신 것입니다.

오늘날 사람들은 과학기술 개발에 열심입니다. 밤낮으로 연구하고 있습니다. 반도체를 만들고 텔레비전을 만들고 휴대폰을 만들고 있습니다. 전 세계는 지금 경제 전쟁, 기술 전쟁을 벌이고 있습니다. 우리나라의 OO전자는 아차 하는 순간에 스마트 폰 개발에 한 발 늦었습니다. 그래서 지금 OO전자가 휘청거리고 있습니다. 얼마 전에 회장이 책임을 지고 물러났습니다. 잠시 방심하는 사이에 한 발 뒤지고 그것이 엄청난 결과를 가지고 오고 말았습니다.

앞으로 반도체도 아차 하면 흔들릴 수 있습니다. 중국이 무섭게 따라옵니다. 엄청난 연구 인력과 자본을 투입해서 따라옵니다. 예를 들면, 하이브리드 카와 전기 자동차 개발에 투입되는 연구 인력이 우리나라는 1,000명이 채 안 됩니다. 그러나 중국은 3~4만명이 매달려 연구하고 있다고 합니다. 우리나라의 30~40배입니다. 그러니 게임이 안 됩니다. 중국에서는 벌써 몇 년 전부터 전기 자동차를 시판하고 있습니다. 그러나 우리나라는 아직 멀었습니다. 관용으로 몇백 대를 시험 생산하고 있습니다만, 상용차 판매는 아직 멀었습니다.

앞으로 우리나라는 과학기술로는 중국과 경쟁하기 어려울 것입니다. 연구 인력의 차이 때문입니다. 결국 인구 차이 때문입니다. 앞으로 한 10년 이내에 제조업의 거의 모든 분야에서 중국에 뒤지게 될 가능성이 있습니다. 반도체, 텔레비전, 휴대폰, 자동차, 조선업 등 거의 모든 분야에서 우리를 앞지를 가능성이 있습니다. 그래서 우리나라는 인구 숫자가 큰 변수로 작용하지 않는 서비스, 문화, 예술, 관광, 언어, 교육 분야로 방향 전환을 해야 하지 않겠나 생각합니다. 하여튼 인구로는 중국을 못 당합니다.

그러나 중요한 것은 무리의 다수를 하나님은 기뻐하지 않으신다는 사실입니다. 아무리 숫자가 많아도 하나님을 경배하지 않고 죄악이 많으면 하나님은 그 무리를 기뻐하지 않으십니다. 소용없습니다. 오직 하나님을 경배하고 하나님을 잘 섬기는 사람들을 하나님이 기뻐하십니다. 노아 당시에 수많은 사람들이 있었지만, 하나님은 노아 가족 여덟 명만 기뻐하시고 구원하신 것처럼 오늘날도 하나님은 자기를 경배하는 사람들을 기뻐하십니다.

여러분, 오늘은 주일입니다. 그런데 주일이 되어도 교회로 나오지 않고 예배드리지도 않고 저기 OO삼거리의 '홍OO 축제' 하는 데 가서 놀고 있는 사람들, 아니면 집에서 텔레비전을 보고 있는 사람들, 또는 내내 잠만 자고 있는 사람들, 아니면 야구장, 축구장에 가서 고함지르고 있는 사람들, 이들의 수가 아무리 많아도 하나님은 그들 무리의 다수를 기뻐하지 않으십니다.

고린도전서 10장 5절에 "그러나 그들의 다수를 하나님이 기뻐하지 아니하셨으므로 그들이 광야에서 멸망을 받았느니라."고 합니다. 이스라엘 백성은 하나님의 능력으로 애굽에서 나왔지만, 광야에 있을 때 늘 불평하고 원망하고 하나님 말씀에 불순종하다가 하나님의 진노를 받아 광야에서 다 엎드러져 죽었습니다. 그래서 그들은 약속의 땅 가나안 땅에 들어가지 못했습니다. 오직 하나님의 말씀을 온전히 좇은 여호수아와 갈렙만 들어갔습니다. 하나님은 무리의 다수를 기뻐하지 않으신다는 것을 알 수 있습니다.

오늘날도 그렇습니다. 오늘날 사람들은 크다, 많다는 것을 자랑합니다. 서울에는 큰 교회들이 많고 사람들도 많이 모입니다. 몇천 명, 몇만 명이 모이는 교회도 있고, 심지어 몇십만 명이 모이는 교회도 있습니다. 참 대단합니다. 그러나 다른 한편으로 그들이 많이 모이기는 하지만, '만일' 그들이 하나님의 말씀을 지키지 않고 죄악을 행한다면 하나님은 기뻐하지 않으십니다. 그저 인간적으로 모여서 종교의식을 행하고 교제하고, 그저 인간의 감정만 돋우어서 자기를 위해 찬양하고 미신적으로 기도하고 한다면, 그런 것은 하나님은 기뻐하지 않으십니다. 따라서 하나님의 말씀을 잘 지켜 행하는 것이 중요합니다. 참 마음으로 하나님을 경배하고 하나님을 사랑하고 하나님 앞에서 정직히 행하는 것이 중요합니다.

노아 당시에도 사람들이 많이 있었습니다. 그런데 하나님을 경배하고 섬기는 사람이 어떻게 여덟 명밖에 없었는지 참 이해가 안 됩니다. 셋의 자손들은 처음에는 여호와의 이름을 부르고 잘 섬기는 것 같더니만 노아 때 와서는 다 떠나갔습니다. 세상 사람들과 어울려서 세상 사람들처럼 죄짓고 살았습니다. 다 하나님을 떠나가고 세상적으로 살았습니다.

노아가 120년 동안 방주를 만들면서 장차 홍수가 있을 것을 사람들에게 말했습니다. "하나님이 큰 홍수를 내리셔서 온 세상 사람들을 다 멸하실 거라고 내게 말씀하셨소. 그러니 여러분들도 미리 방주를 만들어서 대비를 하시오." 그런데 당시 사람들은 한 명도 노아의 말에 귀를 기울이지 않았습니다. "뭐, 홍수라고? 이렇게 햇볕이 쨍쨍 내리쬐는데 무슨 홍수여? 자다가 봉창 두드리는 소리 하지 마시오." 그리고는 노아를 가리켜 "저 영감 미쳤어."라고 욕했습니다. 그들은 여전히 죄짓고 살았습니다. 그러니까 노아는 120년 동안 한 명도 전도하지 못했습니다. 이것은 그만큼 당시 사람들이 악했다는 것을 말합니다. 죄악이 온 세상에 관영하였습니다. 그러나 하나님은 무리의 다수를 기뻐하지 아니하시고, 하나님을 섬기는 의로운 노아를 기뻐하시고 그와 그의 가족 여덟 명만 구원하셨습니다.

따라서 오늘날 우리도 이러한 노아를 본받아서 믿음으로 살도록 해야 하겠습니다. 우리 교회는 작아도 우리가 하나님을 잘 믿고 섬기면 하나님이 기뻐하십니다. 하나님의 말씀을 무시하고 죄짓기를 대수롭지 않게 여기는 몇천 명, 몇만 명의 교회보다 더 기뻐하실 수도 있습니다. 그런데 따지고 보면 우리 교회가 작은 것도 아닙니다. 노아의 방주교회는 총 여덟 명이었습니다. 거기에 비하면 우리 교회는 큰 교회입니다. 노아의 방주교회에 비하면 상당히 큰 교회입니다.

어쨌든 중요한 것은 하나님을 잘 믿고 경배하는 것입니다. 하나님 앞에 정직하게 바로 서는 것입니다. 노아는 '의인'이요 '당세에 완전한 자'라고 하였습니다. 그는 '하나님과 동행'하였습니다(창 6:9). 오늘날 우리도 노아처럼 하나님 앞에 바로 행하고 하나님과 동행하면, 하나님이 우리를 기뻐하시고 큰 은혜 내려 주실 줄 믿습니다. 나아가서 우리가 드리는 기도 때문에 하나님께서 우리나라를 붙들어 주시고 복 주셔서 우리나라가 크게 발전하게 될 줄로 믿습니다.

사랑하는 성도 여러분,

여러분 모두, 노아처럼 하나님을 사랑하고 하나님과 동행하며 하나님을 잘 섬기는 성도들이 되시기 바랍니다. 그래서 하나님이 여러분을 기뻐하시고 여러분 때문에 우리나라가 복을 받고 발전하게 되기를 바랍니다. 여러분 모두, 노아처럼 하나님과 동행하여서 하나님이 기뻐하시는 성도들이 다 되시기 바랍니다. 아멘. (2010년 10월 10일 주일 오전)

8. 하나님의 아들들과 사람의 딸들(6:1-8)

1 사람이 땅 위에 번성하기 시작할 때에 그들에게서 딸들이 나니 2 하나님의 아들들이 사람의 딸들의 아름다움을 보고 자기들이 좋아하는 모든 여자를 아내로 삼는지라 3 여호와께서 이르시되 나의 영이 영원히 사람과 함께 하지 아니하리니 이는 그들이 육신이 됨이라 그러나 그들의 날은 백이십 년이 되리라 하시니라 4 당시에 땅에는 네피림이 있었고 그 후에도 하나님의 아들들이 사람의 딸들에게로 들어와 자식을 낳았으니 그들은 용사라 고대에 명성이 있는 사람들이었더라 5 여호와께서 사람의 죄악이 세상에 가득함과 그의 마음으로 생각하는 모든 계획이 항상 악할 뿐임을 보시고 6 땅 위에 사람 지으셨음을 한탄하사 마음에 근심하시고 7 이르시되 내가 창조한 사람을 내가 지면에서 쓸어버리되 사람으로부터 가축과 기는 것과 공중의 새까지 그리하리니 이는 내가 그것들을 지었음을 한탄함이니라 하시니라 8 그러나 노아는 여호와께 은혜를 입었더라

역사가들은 이 세상 역사를 크게 두 시기로 구분합니다. 곧, 선사(先史) 시대와 역사(歷史) 시대입니다. 문자(文子)에 의한 기록이 없는 시대를 '선사 시대'라 부르고, 기록이 있는 시대를 '역사 시대'라 부릅니

다. 그러나 이것은 역사가들이 연구 자료에 기초해서 나눈 것이고, 중요한 사건을 중심으로 나누면 우리는 다르게 나눌 수 있습니다. 곧, 노아 홍수 전과 노아 홍수 후로 나눌 수 있습니다. 노아 홍수가 큰 분수령이 됩니다. 왜냐하면 노아 홍수 때 이 세상 사람들이 노아 가족 여덟 명만 빼고 다 죽었기 때문입니다. 노아 홍수 후에 세상 역사는 새로 시작되었습니다. 그래서 노아 홍수 전의 세상을 성경은 '옛 세상'이라고 부릅니다(벧후 2:5).

그러면 하나님은 왜 옛 세상에 홍수를 내리셨을까요? 그것은 당시 사람들의 죄악이 관영(貫盈)[1]하였기 때문입니다. 본문 5절에 보면 "여호와께서 사람의 죄악이 세상에 관영함과 그 마음의 생각의 모든 계획이 항상 악할 뿐임을 보시고"라고 합니다(개역한글판). 죄악이 온 세상에 가득하였습니다(개역개정판). 생각하는 것이 늘 악한 것뿐이었습니다. 늘 남을 속이고 물건을 빼앗고, 거짓말하고 나쁜 짓 하고 등 늘 악한 것을 생각하고 악한 것을 행하였습니다. 그래서 베드로는 "경건치 아니한 자들의 세상에 홍수를 내리셨다"고 합니다(벧후 2:5).

그러면 왜 이렇게 사람들이 악하게 되었을까요? 어떻게 해서 이렇게 악하게 되었을까요? 그 첫 시작은 물론 '아담의 범죄' 때문입니다. 아담과 하와가 선악과를 따 먹은 것이 근본 원인입니다. 그래서 그 후로 태어난 사람들은 다 본성이 부패하고 타락하였습니다. 그러나 아담의

---

1 '관영(貫盈)하다'의 우리말 뜻은 '가득 차다'이다(표준국어대사전). 히브리어로는 '랍바'(רַבָּה)로서 '라브'(רַב)의 여성형이다. 그 뜻은 '많다'(much, great)이다(Gesenius).

자손들 중에는 '경건한 자들'이 조금 있었습니다. 누구입니까? 셋의 자손들입니다. 죽은 아벨 대신에 태어난 셋은 경건하였습니다. 셋의 자손들은 여호와의 이름을 불렀습니다. 하나님을 예배하고 섬겼습니다. 그렇게 해서 천년 이상을 내려왔습니다. 그러나 이 셋의 자손들마저 하나님을 떠나가고 죄악에 빠지게 되었습니다. 하나님을 잊어버리고 세상적으로 살았습니다.

창세기 6장은 이런 타락에 대해 말하고 있습니다. 1절에 보면 "사람이 번성하기 시작할 때에 그들에게서 딸들이 나니"라고 합니다. 딸들은 아들들과 같은 비율로 태어났을 것입니다. 이것은 자연스런 현상입니다. 2절에 보면 "하나님의 아들들이 사람의 딸들의 아름다움을 보고 자기들의 좋아하는 모든 자로 아내를 삼는지라."고 합니다. 여기서 '하나님의 아들들'은 누구입니까? 어떤 사람들은 '천사들'을 가리킨다고 주장합니다. 유대인들과 현대 신학자들이 주로 이렇게 봅니다. 천사들이 사람 곧 여자를 취하여 아내로 삼았다는 것입니다. 그러나 천사가 사람과 결혼한다는 것은 불가능합니다. 천사는 남성과 여성의 구별이 없습니다. 그래서 천사는 결혼하지 않고 아기를 낳지 않습니다. 예수님이 말씀하셨습니다. "부활 때에는 장가도 아니 가고 시집도 아니 가고 하늘에 있는 천사들과 같으니라."(마 22:30) 하늘에 있는 천사들은 장가도 안 가고 시집도 안 갑니다. 결혼도 안 하고 자식도 낳지 않습니다. 따라서 결혼하고 자식을 낳는 것은 사람들이 이 세상에 있는 동안에만 가능합니다. 천국에 가면 더 이상 결혼도 없고 자녀 생산도 없습니다. 따라서 천국에 가면 더 이상 결혼식장에 갈 일도 없고 축의금 낼 일도 없을 것입니다.

따라서 '하나님의 아들들'은 천사들이 아니라 경건한 자손들을 가리킵니다.[2] 신명기 32장 5절에 보면, 모세가 타락한 이스라엘을 향하여 이렇게 말합니다. "그들이 여호와를 향하여 악을 행하니 하나님의 자녀가 아니요 흠이 있는 사곡한 종류로다." 여기서 '하나님의 자녀'는 원어로 '그의 아들들'이라고 되어 있는데 곧 '하나님의 아들들'입니다. 참된 이스라엘 백성, 경건한 이스라엘 자손을 가리킵니다. 호세아서 1장 10절의 '하나님의 아들들'과 시편 73편 15절의 '주의 아들들'도 같은 의미입니다. 따라서 여기 창세기 6장 1절의 '하나님의 아들들'은 경건한 셋의 자손들을 가리킵니다. 곧, 하나님을 믿는 자들을 가리킵니다. 그렇다면 '사람의 딸들'은 하나님을 믿지 않는 여자들 곧 불경건한 세상 여자들을 가리킵니다.

하나님의 아들들이 사람의 딸들을 취하여 아내로 삼았습니다. 왜냐고요? 아름다우니까요. 2절에 보면 "사람의 딸들의 아름다움을 보고"라고 했습니다. 아름답다는 것이 아내 선택의 기준이었습니다. 제일 중요한 기준이 되었습니다. 물론 여기서 아름답다는 것은 외적 아름다움, 육체의 아름다움을 뜻합니다.[3]

여러분, 홍수 전의 여자들은 얼마나 아름다웠겠습니까? 하나님이 처

---

2 Cf. John Murray, *Principles of Conduct* (Grand Rapids: Eerdmans, 1957), 243-49; 또한 Aalders, *Genesis*, I, 198f.를 보라.

3 '아름답다'에 대한 히브리어 원어는 '토브'(טוב)로서 넓은 의미에서 '좋다'는 뜻이다.

음에 지은 하와는 완벽하게 아름다웠을 것입니다. 하와는 완전한 여자로 지음받았습니다. 퍼펙트 미인이었습니다. 성형 미인이 아니라 자연 미인이었습니다. 화장품도 안 바른 절대 미인이었습니다. 물론 아담도 완전한 남자, 퍼펙트 미남이었습니다. 그런 아담과 하와에게서 태어난 아들딸들은 처음에 매우 아름다웠을 것입니다. 그때는 아직 유전인자가 많이 변형되지 않았을 것입니다. 그래서 믿음 없는 가인의 딸들도 엄청 아름다웠을 것입니다.

그런데 셋의 후손들 곧 경건한 자손들도 이 여자들의 아름다움 앞에는 맥을 못 추었습니다. 그래서 그만 그들의 외적 아름다움에 끌려서 그들을 취하여 아내로 삼았습니다. 그래서 그들에게서 태어난 자녀들은 믿음이 없었습니다. 믿음이 없는 여자, 불경건한 엄마에게서 태어난 자녀들은 믿음이 없습니다. 하나님을 모르고 하나님께 예배드리지도 않고 기도도 드리지 않았습니다. 그래서 당시 사람들은 하나님을 잊어버리게 되었습니다. 하나님을 배반하고 타락하였습니다. 그래서 경건한 자손들의 씨가 말라버렸습니다. 여호와의 이름을 부르던 소리가 점점 작아지고 말았습니다. 결국에는 노아 가정만 남았습니다. 여덟 명만 하나님의 이름을 부르고 하나님께 제사드렸으며, 나머지는 다 하나님을 떠나갔습니다.

믿지 않는 여자와 결혼하는 것 곧 불신 결혼이 얼마나 무서운 결과를 가져오는가 하는 것을 알 수 있습니다. 고린도후서 6장 14절에 "너희는 믿지 않는 자와 멍에를 같이 하지 말라."고 하였습니다. 따라서 남자가 결혼할 때에는 믿음이 있는 여자와 결혼하는 것이 중요합니다.

그래야 자녀들이 믿음을 가지게 됩니다. 그저 외적인 아름다움에 빠져 믿음 없는 여자와 결혼하면 그에게서 태어나는 자녀들은 믿음 없는 자들이 되고 맙니다. 그래서 주일이 되어도 교회에 가지 않고, 엄마와 함께 마트에 돌아다니고, 화장품 가게에 따라가게 될 것입니다.

홍수 전에는 아름다운 여자들이 아주 많았습니다. 그래서 경건한 하나님의 자녀들도 그들의 아름다움에 다 넘어가고 말았습니다. 그러자 하나님은 깊이 탄식하셨습니다. 6절에 보면 "땅 위에 사람 지으셨음을 한탄하사 마음에 근심하시고"라고 했습니다. '어찌 사람들이 한결같이 악한 것만 생각하고 나쁜 짓만 하는가? 하나님을 경외하고 하나님을 예배하는 자가 어찌 그리도 없는가?' 그래서 하나님은 중대 결심을 하셨습니다. "내가 창조한 사람을 내가 지면에서 쓸어버리되 사람으로부터 가축과 기는 것과 공중의 새까지 그리하리니 이는 내가 그것들을 지었음을 한탄함이니라."(7절)

그래서 하나님은 말씀하셨습니다. "나의 영이 영원히 사람과 함께 하지 아니하리니 이는 그들이 육신이 됨이라. 그러나 그들의 날은 120년이 되리라."(3절) 하나님께서 성령을 거두어 가시겠다고 하셨습니다.[4] 다 죽게 하시겠다는 뜻입니다. 그리고 '120년'의 시한을 주셨습니다. 이것은 사람의 수명이 120살이 된다는 뜻이 아니라, 그때부터 120년 후에 홍수를 내리시겠다는 말입니다.

---

[4] 여기서 '영'(개역한글판: '신')은 히브리어로 '루아흐'(רוּחַ)인데 '나의 영'이라 했으니 하나님의 영 곧 성령을 가리킨다.

또 4절에 보면 "당시에 땅에는 네피림이 있었고 그 후에도 하나님의 아들들이 사람의 딸들에게로 들어와 자식을 낳았으니 그들은 용사라. 고대에 명성이 있는 사람들이었더라." '네피림'은 누구일까요? '네피림'은 '떨어지다, 타락하다'는 히브리 동사 '나팔'에게서 온 명사로서 '타락자들'을 뜻한다고 주장하기도 하지만, 어원이 불분명한 단어입니다.[5] 옛날의 70인역 성경에서는 '기간테스'($\gamma\acute{\iota}\gamma\alpha\nu\tau\epsilon\varsigma$)로 번역하였습니다. 거인(giants)이라는 뜻입니다. 곧, 노아 홍수 전에 키가 큰 거인들이 있었다는 것입니다. 물론 노아 홍수 후에도 있었습니다. 다윗 시대에 블레셋에 골리앗이 있었는데 키가 여섯 규빗 한 뼘이었다고 합니다(삼상 17:4). 약 3미터가 되는 거인이었습니다. 또 가나안 땅에도 거인들이 있었다고 합니다(민 13:33). 그들은 네피림 후손 아낙 자손 대장부들이라고 합니다.

왜 이런 거인들이 있었는지는 알 수 없습니다만, 조금 생각해 볼 수는 있습니다. 우선 홍수 전에는 환경오염이 없었습니다. 자연환경이 깨끗했습니다. 그리고 유전인자의 손상도 별로 없었을 것입니다. 또 오래 살았습니다. 보통 8~900살 이상 살았으니 백 살까지는 청년이라

---

5 '네피림'이란 단어는 이곳과 민 13:33(두 번)에 나온다. Gispen은 민 13:33 주석 중에서 '네피림'(느필림)이 '나팔'(떨어지다)이라는 히브리어 동사에서 왔다고 보는 견해는 불가능함을 König를 인용하면서 말한다. König는 이 단어가 아랍어 fâla(큰, 강한 또는 탁월한, 뛰어난)에서 왔거나 앗시리아어 pûlu(강하다, 힘있다)에서 왔다고 본다. Gispen은, 어원은 불분명하지만 '거인'이란 번역은 문맥에 잘 맞다고 본다. Cf. W. H. Gispen, *Het boek Numeri*, I (Kampen: J. H. Kok, 1959), 220-221.

고 보아야겠지요. 그래서 백 살까지 자라면 많이 자랐을 것입니다. 적어도 80살 또는 60살까지는 계속 자랐을 것입니다. 그러니 어떤 사람은 키가 굉장히 컸을 것입니다.

이처럼 키가 크고 힘센 사람들은 싸움도 잘하고 사냥도 잘하고 일도 잘했을 것입니다. 그러나 하나님을 경배하지는 않았습니다. 하나님께 감사하지도 않고 기도하지도 않았습니다. 오늘날에도 그런 사람들이 많습니다. 우유 먹고 자란 아이들, 피자 먹고 치킨 먹고 햄버거 먹고 아이스크림 먹고 자란 아이들은 키도 크고 힘도 셉니다. 그렇지만 하나님을 예배하지도 않고 찬송하지도 않고 하나님 없이 제멋대로 자라는 아이들이 많습니다. 하나님은 이런 아이들을 기뻐하지 않습니다. 아무리 키가 크고 힘이 세어도 하나님을 모르고 예배하지 않는 사람들을 하나님은 기뻐하지 않습니다.

노아 당시에 이런 거인들, 네피림 자손들이 있었습니다. 그러나 하나님은 이들을 기뻐하지 않으시고 다 쓸어버리셨습니다. 빗자루로 마당 쓸듯이 큰 홍수로 다 쓸어버리셨습니다. 오늘날에도 그렇습니다. 아무리 키가 크고 힘이 세어도, 주일 날 교회에 오지도 않고 예배도 안 드리고 하나님 없이 지내면 하나님이 기뻐하지 않으십니다. 또 아무리 공부 잘하고, 반에서 1등하고 전교 1등 해도 하나님 없이 살면 하나님이 기뻐하지 않으십니다. "다 필요 없어! 다 소용없어!"라고 하십니다. 또 아무리 텔레비전을 잘 만들고 휴대폰을 잘 만들어도 하나님을 예배하지 않으면 소용없습니다. 아무리 과학기술이 발달하고 문명이 발달해도 하나님을 알지 못하고 죄악이 많으면 하나님이 심판하십니다.

따라서 하나님을 알고 경배하는 것이 중요합니다. 전도서 12장 13절에 보면 "일의 결국을 다 들었으니 하나님을 경외하고 그 명령을 지킬지어다. 이것이 사람의 본분이니라."고 말합니다. 하나님을 경외하고 그의 명령을 지키는 것, 이것이 우리 사람이 할 일이라는 것입니다. 베드로는 이렇게 말합니다. "옛 세상을 용서하지 아니하시고 오직 의를 전파하는 노아와 그 일곱 식구를 보존하시고 경건하지 아니한 자들의 세상에 홍수를 내리셨으며"(벧후 2:5). 하나님은 경건치 아니한 자들의 세상에 홍수를 내리셨습니다.

오늘날 세상도 그러합니다. 하나님은 마지막 날에 불로써 온 세상을 심판하실 것입니다. 옛 세상은 물로 심판하셨습니다. 그때는 겨우 여덟 명만 구원받았습니다. 현 세상은 마지막 날에 불로 심판하실 것입니다. 그때에는 하나님을 믿는 자들만 구원받을 것입니다. 나머지는 다 멸망하고 말 것입니다. 그 중에는 키 큰 사람, 힘센 사람도 있을 것이고 또 얼굴 예쁜 사람, 운동 잘하는 사람도 있을 것입니다. 그러나 누구든지 하나님을 예배하지 않는 자는 다 불로 심판받아 멸망하고 말 것입니다.

그러므로 사랑하는 성도 여러분,

오늘날 우리는 죄악 많은 이 세상에서 살아 계신 하나님을 바라보고 믿음으로 살아야 하겠습니다. 베드로는 이렇게 말합니다. "거룩한 행실과 경건함으로 하나님의 날이 임하기를 바라보고 간절히 사모하라."(벧후 3:11-12) 죄악이 관영한 옛 세상을 심판하신 하나님께서 죄악으로 물든 오늘날 이 세상도 심판하실 것입니다. 따라서 장차 망할 세상을 살아가는 우리가 이 세상에 사는 동안에 제일 힘써야 할 것은 하나님을 믿고 하나님을 예배하고 섬기는 것입니다.

그래서 죄악 많은 이 세상에서 하나님의 이름을 부르고 하나님을 영화롭게 하며, 하나님을 잘 섬기는 성도들이 되시기 바랍니다. 여러분 모두, 하나님을 믿는 빛의 자녀들로서 이 어두운 세상을 밝히는 성도들이 다 되시기 바랍니다. 아멘. (2010년 10월 17일 주일 오전)

9. 의를 전파하는 노아 (6:9-12)

9 이것이 노아의 족보니라 노아는 의인이요 당대에 완전한 자라 그는 하나님과 동행하였으며 10 세 아들을 낳았으니 셈과 함과 야벳이라 11 그때에 온 땅이 하나님 앞에 부패하여 포악함이 땅에 가득한지라 12 하나님이 보신즉 땅이 부패하였으니 이는 땅에서 모든 혈육 있는 자의 행위가 부패함이었더라

노아 홍수는 아주 큰 사건이었습니다. 노아가 600세 되던 해에 큰 홍수가 나서 노아와 그 식구 여덟 명만 살고 나머지는 다 물에 빠져 죽었습니다. 노아 홍수 이야기는 온 세계에 널리 퍼져 있습니다만, 성경 이야기와는 조금 다르게 나타납니다.[1]

그러면 왜 하나님이 세상에 홍수를 내리셨을까요? 그것은 사람들에게 죄가 많아서 그렇습니다. 당시 사람들은 너무 악하였습니다. 늘 생각하는 것이 나쁜 짓 하는 것이었습니다. 이웃 사람을 속이고 괴롭히고, 남의 물건 훔치고 빼앗고, 툭하면 사람을 때리고 죽이고 했습니다.

---

1 박윤선,『성경주석 창세기 출애굽기』(서울: 영음사, 1981), 140f. 참조.

참 악했습니다. 하나님을 믿고 바로 사는 사람이 너무 없었습니다.

그런 가운데서도 한 사람은 의로웠습니다. 딱 한 사람 있었는데 바로 '노아'였습니다. 원래 발음은 '노아흐'인데 라멕의 아들이었습니다. 본문 9절에 보면 "노아는 의인이요 당세에 완전한 자라. 그가 하나님과 동행하였으며"라고 합니다. '의인'(이쉬 찻디크)이라는 것은 의로운 사람이라는 뜻입니다. 노아는 당시 사람들과는 구별되는 의로운 사람이었습니다. 이것은 물론 노아에게 죄가 전혀 없었다는 의미는 아닙니다. 전혀 실수가 없고 잘못이 없고 100% 완전하다는 의미는 아닙니다. 그러나 노아는 특별히 나무랄 데가 없었습니다. "당세에 완전한 자라"는 것도 하나님 앞에서 조금의 죄도, 부족함도 없다는 뜻은 아닙니다. '완전하다'(타밈)는 것은 온전하다, 흠이 없다는 뜻입니다. 마치 하나님께 드리는 양이나 소를 드릴 때 흠이 없는 온전한 것을 드려야 하는 것처럼, 노아는 하나님 앞에서 흠이 없는 사람이었습니다.

그리고 "하나님과 동행하였다"는 것은 하나님과 교제하는 삶을 살았다는 뜻입니다.[2] 이것은 노아의 신앙을 말합니다. 노아는 하나님을 믿고, 하나님을 사랑하고, 하나님과의 깊은 교제 가운데 살았습니다. 노아는 날마다 기도하고 하나님께 감사드렸습니다. 곡식을 수확하면 먼저 하나님께 감사의 제물을 바치고, 그리고 이웃 사람들과 나눠 먹고 또 불쌍한 사람이 있으면 도와주고, 손님이 오면 자기 집에 재워 주고

---

[2] 에녹이 '하나님과 동행하였다'고 할 때(창 5:22)와 같은 히브리 표현을 여기에 사용하고 있다. 칠십인역은 창 5:22에서와 마찬가지로 "하나님을 기쁘시게 하였다"고 번역하였다.

했을 것입니다. 이처럼 노아는 하나님 앞에서와 사람 앞에서 나무랄 데 없는 사람이었습니다.

하나님이 하늘에서 땅을 굽어 살펴보니 노아 한 사람만 의인이었습니다. 나머지는 다 악하였습니다. 그래서 하나님은 탄식하셨습니다. "쓸만한 사람이 한 사람밖에 없군. 나머지는 다 소용없어." 그래서 하나님은 세상을 홍수로 다 쓸어버리겠다고 작정하셨습니다. "이 땅을 깨끗이 쓸어버리고 새로 시작해야겠다. 120년의 시한을 주마. 120년 후에 내가 땅에 큰 홍수를 내리겠다."

그런데 10절에 보면 "그가 세 아들을 낳았으니 셈과 함과 야벳이라."고 합니다. 노아는 세 아들 곧 셈과 함과 야벳을 낳았습니다. 그런데 언제 이 아들들을 낳았을까요? 창세기 5장 32절에 보면 노아가 500세 된 후에[3] 세 아들을 낳았다고 합니다. 정확하게 말하면 첫아들 셈은 노아의 나이 502세에 낳았습니다. 창세기 11장 10절에 보면, 셈이 100세가 된 것은 홍수 후 2년이라고 합니다. 홍수는 노아의 나이 600세에 있었으므로(창 7:6), 셈은 노아가 502세 되었을 때 태어났다는 것을 알 수 있습니다. 함과 야벳은 그 몇 년 후겠지요. 그러니 노아는 홍수가 나기 약 90여년 전에 세 아들을 낳았다고 생각할 수 있습니다.

그러면 여기서 우리가 생각할 것이 있습니다. 노아는 왜 이렇게 자

---

3 히브리 원문에 의하면 "노아는 500세가 되었다. 그리고 셈과 함과 야벳을 낳았다(얻었다)."고 되어 있어서 "500세가 된 후에"라기보다도 "500세에"로 번역하는 것이 더 좋아 보인다. KJV는 히브리 원문을 직역하였다.

녀를 늦게 낳았을까요? 왜 500살이 넘어서 자녀를 낳았을까요? 노아는 그때까지 자녀를 낳지 않고 무엇 했을까요? 물론 자녀를 낳고 싶어도 아기가 생기지 않을 수도 있습니다. 결혼은 정상적으로 일찍 했는데 아이가 생기지 않았을 수도 있습니다. 그러나 당시에는 특별한 질병이나 환경오염도 없었을 것이고 유전인자의 문제도 없었을 것인데, 그런 것은 생각하기 어렵습니다. 그래서 다른 가능성으로 노아는 그때까지 결혼하지 않고 총각으로 지냈다는 것입니다. 500살까지 결혼하지 않고 혼자 지냈을 수도 있습니다.

만일 그렇다면 노아는 무엇 하고 지냈을까요? 혼자서 무엇 하며 살았을까요? 베드로후서 2장 5절에 보면 "옛 세상을 용서하지 아니하시고 오직 의를 전파하는 노아와 그 일곱 식구를 보존하시고 경건하지 아니한 자들의 세상에 홍수를 내리셨으며"라고 합니다. '의를 전파하는 노아'는 원문에 의하면 '의의 전파자 노아'(노아 곧 의의 전파자)입니다. 노아는 '의인'이었을 뿐 아니라 또한 '의를 전파하는 자'였습니다. 사람들에게 의롭게 살도록 권고하였습니다. 하나님을 믿고 하나님 앞에서 바로 살도록 전파하였습니다. 그러니 노아는 요즘 말로 하면 '전도사(傳道師)'입니다. 의를 전파하는 전도사였습니다. 말하자면 '전의사(傳義師)'라고 할 수 있습니다. '의'를 전파하는 것은 '하나님'을 전파하는 것과 밀접한 관계에 있습니다. 하나님을 믿고 하나님 앞에서 바로 사는 것이 곧 의롭게 사는 것입니다.

그러니까 이렇게 생각할 수 있습니다. 물론 이것은 가정입니다만 한 번 생각해 봅시다. 노아는 어려서부터 경건했으며 젊어서부터 의(義)

를 전파했습니다. 말하자면 사람들에게 하나님을 믿고 바로 살 것을 전하는 전도사 역할을 했습니다. 당시 세상이 너무나 악하고 하나님을 모르기 때문에 사람들에게 하나님을 전하는 일에 몰두하였습니다. 말하자면 전도 사명에 불탔습니다. 그래서 그는 결혼도 하지 않고 계속 전도했을 것입니다. "결혼해서 내 혼자 잘 사는 게 뭐 중요한가? 하나님을 모르는 자들에게 하나님을 전하고 바로 살도록 지도하는 게 더 중요하지." 그래서 노아는 사도 바울처럼 결혼하지 않고 혼자 지내면서 늘 하나님을 전했을 것입니다. 불쌍한 영혼들을 건지고자 하는 열정이 충만했습니다.

이렇게 노아는 결혼도 하지 않고 총각 전도사로 의를 전파했습니다. 그러나 당시 사람들은 워낙 악해서 노아의 말에 귀를 기울이지 않았습니다. 콧방귀만 뀌었습니다. 심지어 비웃고 조롱하였습니다. 그래서 노아가 400여년간 전도했지만 한 명도 전도하지 못했습니다. 한 명도 노아의 말을 듣고 회개하지 않았습니다. 당시 사람들은 장가가고 시집가고 세상적으로 사느라고 하나님에 대해서는 전혀 관심이 없었습니다. 농사지어서 수확하면 하나님께 감사의 제물을 드리지도 않고 자기들끼리만 다 먹었습니다.

노아의 나이 480살이 되었을 때 하나님은 노아에게 말씀하였습니다. "이 세상 사람들이 너무 악하니 내가 이 세상 사람들을 다 쓸어버리겠다. 120년 후에 다 쓸어버리겠다."(창 6:3-7) 이 말씀을 듣고 나서 노아는 깊은 생각에 잠겼을 것입니다. "홍수로 이 세상 사람들이 다 죽고 나면 어떻게 되나? 이 땅에는 아무도 없게 될 것이고, 설령 나 혼자 살아남는다고 해도 나는 혼자 있으니 아기를 못 낳을 터이니 결국 이 땅에는 사람들이 아무도 없게 될 거야."

그래서 노아는 중대 결심을 했습니다. 그는 결혼해야겠다고 결심했습니다. 그래서 노아는 나이 480이 넘어서, 어쩌면 500살이 다 되어서 한 여성을 찾았습니다. 그리고 그 여성을 열심히 전도해서 약 500살쯤에 결혼했다고 생각할 수 있습니다. 최초의 전도 열매는 자기 아내였습니다. 그래서 노아의 나이 502세에 첫아들 셈을 낳고, 그 후에 함과 야벳(또는 야벳과 함)을 낳았습니다. 그리고 이 세 아들을 신앙으로 잘 길렀습니다. 그리고 이 세 아들에게 아내를 얻어 주었는데, 이 며느리들을 신앙으로 잘 지도했습니다. 그러니 노아는 결혼하면서 자기 아내 한 명을 전도하고, 아들 셋을 낳아서 전도하고, 그리고 며느리 셋을 전도했습니다. 그래서 총 7명 전도에 성공했습니다. 600년 동안 7명을 전도한 것입니다.

말하자면 노아는 전도 전략을 바꾸었다고 할 수 있습니다. 480세에 하나님으로부터 이 세상을 홍수로 멸하시겠다는 말씀을 듣고 나서는 이래서는 안 되겠다고 생각했습니다. "내가 400여년 동안 전도했는데 한 명도 전도하지 못했구나. 이러다가 이 세상에 인간의 씨가 마르겠다. 인류가 멸종 위기에 처하게 되겠다." 그래서 노아는 전도 전략을 크게 수정했습니다. 180도 바꿨는데, 그것은 곧 결혼해서 자녀를 낳아 전도하는 것입니다. 곧, 출산 전도 전략입니다. 이렇게 노아가 전도 전략을 바꾸고 나서 성공을 거두었습니다. 곧, 자기 아내와 세 아들, 세 며느리, 그리고 자기를 포함해서 총 여덟 명의 믿음 있는 자를 확보하게 되었습니다. 이 여덟 명을 통해 인류의 종족을 보존할 수 있었던 것입니다.

　사랑하는 성도 여러분,

　오늘날 우리나라도 노아 당시의 세상과 비슷하게 닮아 갑니다. 물론 노아 때만큼 완악하지는 않지만 그래도 요즈음 전도의 문이 많이 닫혔습니다. 요즘 사람들은 완악해서 좀처럼 하나님께로 나오지 않고 하나님의 말씀을 듣지도 않습니다. 사람들은 점점 강포해져서 툭하면 사람을 죽이고 토막 내고 불태웁니다. 돈을 위해서라면 온갖 나쁜 짓을 서슴지 않고 행합니다. 요즘은 교회당을 지어 놓아도 사람들이 잘 안 온다고 합니다. 주차장이 넓어야 하고 각종 재미있는 프로그램이 많아야 된다고 합니다. 그래서 몇몇 유명한 교회들만 잘 되고, 나머지는 다 그저 그렇습니다. 그래서 한국의 교회는 정체 상태가 계속되고 있습니다.
　그러면 이러한 시대에, 이런 완악한 세상에서 우리는 어떻게 해야 할 것인가? 어떤 전도 전략을 써야 할 것인가에 대해 몇 가지 생각해 보겠습니다.

　우선 첫째로, 노아에게서 배울 수 있는 것은 출산 전도 전략입니다. 안 믿는 사람을 새로 전도하기는 어렵기 때문에, 교회 다니는 젊은이들이 결혼해서 자녀를 많이 낳는 것입니다. 이것이 제일 확실한 전도 방법입니다. 가톨릭교회는 오래전부터 이 방법을 사용하고 있습니다.

가톨릭교회가 낙태를 반대하는 것은 생명을 사랑해서 그런 것처럼 보이지만, 실제로는 전도 전략 때문에 그렇습니다. 이슬람도 자녀를 많이 낳는 전도 방법을 사용하고 있습니다.

그래서 젊은 청년들은 특별한 이유가 없는 한 다 결혼해야 합니다. 그리고 결혼하면 적어도 세 명 이상씩 낳아야 합니다. 사실 세 명은 너무 적습니다. 네 명 이상 낳아야 전도가 좀 되는데, 다섯 명 이상 낳으면 전도상을 줘야 합니다. 그런데 자식을 많이 낳아 기르는 게 힘듭니다. 낳기도 힘들지만 기르는 게 더 힘듭니다. 신체적으로, 시간적으로 수고가 너무 많습니다. 또 경제적으로 돈이 너무 많이 듭니다. 물론 요즘은 정부에서 육아보조금을 조금 준다고 하지만 많이 부족합니다. 독일이나 네덜란드 수준으로 올려야 하는데, 육아보조금뿐만 아니라 대학 졸업 때까지 학비를 정부가 대 주어야 합니다. 그러나 우리나라는 아직 정부 보조금이 많이 부족하기 때문에 결국 여러분이 스스로 벌어서 키워야 합니다. 그러기 위해서는 좋은 직장을 얻어야 하고, 그러기 위해서는 학생 시절에 열심히 공부해야 합니다. 왜 열심히 공부해야 하는지 이제 알겠지요? 많이 벌어서 아이를 많이 키우기 위해서입니다. 그래야 전도가 많이 되고 교회가 성장하게 됩니다. 이것이 바로 출산 전도 전략인데, 다르게는 노아 전도법이라고 할 수 있습니다.

다음으로 두 번째로는 어린이 전도입니다. 왜냐하면 어린아이들은 어른들보다 때가 덜 묻어서 비교적 순수하기 때문입니다. 어른들이 새로 교회에 나오기는 어렵지만, 어린아이들은 그래도 교회에 나오는 경우가 더러 있습니다. 물론 요즘은 어린아이들도 옛날처럼 순수하지 않습니다. 그래서 교회에 나오는 게 쉽지는 않습니다. 몇십 년 전에는 주일이 되면 어린아이들이 교회로 우르르 몰려왔습니다. 교회에 앉을 자리가 없을 정도로 몰려왔습니다. 그런데 요즘은 아이들도 잘 안 옵니다.

특히 부모들이 방해합니다. 주일이 되어서 아이들이 교회 가려는데 안 믿는 부모가 꾑니다. "얘, 오늘 우리 서해안에 놀러 가자. 가서 게 잡고 놀자." "얘야, 오늘 우리 식구 전부 설악산에 단풍놀이 가자." 착한 아이가 대답합니다. "오늘은 교회 가야 하는데요." 그러면 부모가 꾑니다. "야, 우리는 가서 맛있는 것 먹을 건데 너 먹기 싫어? 재미있는 놀이기구도 탈 건데 싫어?" 이렇게 부모가 아이들을 꾀어서 데리고 갑니다. 그래서 요즘은 믿음 없는 부모들 때문에 아이들이 신앙생활하기가 힘듭니다.

그래도 어린아이 전도가 어른 전도보다는 낫습니다. 우리가 아이들에게 관심을 가지고 기도하고 사랑을 베풀고 친구가 되어 주고 같이 놀아 주고 하면 아이들이 교회에 올 수 있습니다. 그래서 어린아이들이 교회에 가득하면 하나님이 기뻐하시고 우리에게도 기쁨이 됩니다. 그래서 유초등부 교사들은 더욱 기도에 힘쓰시고, 또 토요일 같은 날에 시간을 내어서 아이들과 같이 피자도 먹고 떡볶이도 먹고 같이 놀아 주시기 바랍니다. 아이들과 같이 놀아 주는 것도 전도입니다.

그리고 세 번째로 생각할 수 있는 전도 방법은 여러분이 복을 받아 잘 되는 것입니다. 단지 세상적으로 잘 되어서 각자 잘 산다는 말이 아니라, 하나님을 잘 믿고 섬겨서 하나님의 복을 받아 하나님 나라의 일을 많이 한다는 의미입니다.

초대 교회에 보면 믿음 있는 부자들이 복음 전파에 큰 역할을 했습니다. 고린도 교회의 '가이오'는 자기 집에 사도 바울을 모시고 식사를 제공했습니다. 그리고 교회 성도들 전체에게도 식사를 제공했습니다. 로마서 16장 23절에 보면 "나와 온 교회의 식주인 가이오"[4]란 말이 나옵니다. 여기서 '식주인(食主人)'은 원래 나그네를 자기 집에 재워 주고 식사를 제공하는 '호스트'란 말입니다.[5] 곧, 가이오는 바울과 온 고린도 교회에 식사를 제공했습니다.

골로새 교회의 '빌레몬'은 부자였는데 종들을 거느리고 있었습니다. 자기 집에서 교회로 모였습니다. 소위 가정 교회였습니다. 모일 때마다 교인들에게 식사를 제공했습니다. 물론 무료입니다. 우리 교회는 지금 교회에서 재정을 지원해서 성도들이 보태서 식사 준비를 하고 있는데, 초대 교회처럼 되려면 앞으로 우리 교회에도 부자가 생겨나서 식사를 제공하게 되기를 바랍니다. "주일 날 식사는 제가 다 제공할 테니 여러분은 와서 먹기만 하시오. 천안 시내 사람들 누구든지 와서 먹으시오." 이렇게 하는 성도들이 많이 나타나기를 바랍니다.

이처럼 초대 교회에서는 믿음 있는 부자가 복음을 위해 수고하고 봉

---

4 개역개정판에서는 "나와 온 교회를 돌보아 주는 가이오"라고 번역하였다.

5 '호 크세노스'(ὁ ξένος)는 원래 '낯선 사람'(a stranger)을 뜻하였는데 여기서 '낯선 사람을 손님으로 환대하는 사람'이란 뜻이 나왔다. Cf. Bauer, *A Greek-English Lexicon*, s. v. ξένος, η, ον.

사하였습니다. 이들의 수고와 봉사로 인해 처음에 복음이 전파되고 교회가 세워지는 데 큰 공헌을 하게 되었습니다. 그래서 이것도 전도 방법 중의 하나가 될 수 있습니다. '가이오 전도법'이라고 이름 지을 수 있겠습니다. 그러나 부자가 되는 것은 인간적으로 애쓴다고 되는 것은 아니고 욕심부린다고 되는 것도 아닙니다. 부지런하고 성실하게 살고 하나님의 말씀을 잘 듣고 지켜 행해야 됩니다.

결국 모든 것은 하나님께 달렸습니다. 사람이 애쓴다고 되는 것은 아닙니다. 노아는 400여년 동안 의를 전파했지만 한 명도 전도하지 못했습니다. 인간적으로 보면 실패한 것처럼 보입니다. 그러나 하나님은 노아를 '의인'이라고 말합니다. '당세에 완전한 자'라고 합니다. 노아는 어쨌든 하나님 앞에서 올바르게 살았습니다. 하나님과 동행했습니다. 그리고 늦었지만 아들 셋을 낳았습니다. 그리고 다 결혼시켰습니다. 그리고 이 아들들과 며느리들이 하나님을 잘 믿고 섬기도록 지도했습니다. 그러자 하나님은 노아와 그의 가족 총 여덟 명을 홍수에서 건져 주시고 새롭게 세상 역사를 시작하게 하셨습니다.

따라서 오늘날 우리에게도 이런 노아의 믿음과 인내가 필요합니다. 하나님을 믿고 인내하면 하나님께서 자신의 뜻을 이루실 것입니다. 세상은 완악하고 우리는 부족할지라도 하나님은 원래 계획하셨던 자신의 뜻을 친히 이루실 것입니다. 따라서 우리 모두, 하나님을 믿는 믿음을 가지고 꾸준히 기도하면서 하나님 앞에서 주어진 일들을 성실하게 잘 감당하는 성도들이 되시기 바랍니다.

여러분 모두, 때가 되면 이루실 하나님을 바라보면서 하나님 앞에 겸손히 무릎 꿇고 힘써 기도하며 나아가는 성도들이 다 되시기 바랍니다. 아멘. (2010년 10월 24일 주일 오전)

10. 노아의 방주 (6:13-22)

13 하나님이 노아에게 이르시되 모든 혈육 있는 자의 포악함이 땅에 가득하므로 그 끝 날이 내 앞에 이르렀으니 내가 그들을 땅과 함께 멸하리라 14 너는 고페르 나무로 너를 위하여 방주를 만들되 그 안에 칸들을 막고 역청을 그 안팎에 칠하라 15 네가 만들 방주는 이러하니 그 길이는 삼백 규빗, 너비는 오십 규빗, 높이는 삼십 규빗이라 16 거기에 창을 내되 위에서부터 한 규빗에 내고 그 문은 옆으로 내고 상 중 하 삼층으로 할지니라 17 내가 홍수를 땅에 일으켜 무릇 생명의 기운이 있는 모든 육체를 천하에서 멸절하리니 땅에 있는 것들이 다 죽으리라 18 그러나 너와는 내가 내 언약을 세우리니 너는 네 아들들과 네 아내와 네 며느리들과 함께 그 방주로 들어가고 19 혈육 있는 모든 생물을 너는 각기 암수 한 쌍씩 방주로 이끌어 들여 너와 함께 생명을 보존하게 하되 20 새가 그 종류대로, 가축이 그 종류대로, 땅에 기는 모든 것이 그 종류대로 각기 둘씩 네게로 나아오리니 그 생명을 보존하게 하라 21 너는 먹을 모든 양식을 네게로 가져다가 저축하라 이것이 너와 그들의 먹을 것이 되리라 22 노아가 그와 같이 하여 하나님이 자기에게 명하신 대로 다 준행하였더라

현재 세계에서 배를 제일 많이 만드는 나라가 어디일까요? 미국일까

요? 아닙니다. 일본일까요? 아닙니다. 중국입니다. 금년 2010년 상반기 통계로 801만 톤을 건조하여 세계 제일입니다. 2위는 한국으로 747만 톤을 건조했다고 합니다. 작년까지는 우리나라가 세계 1위였습니다. 그러나 금년 상반기에 선박 건조량, 수주량, 수주 잔고 모두 중국에 뒤졌습니다. 이것이 중요한 이유는 역사적으로 볼 때 배를 많이 만드는 나라가 세계를 제패했기 때문입니다. 17세기 말에 네덜란드는 값싸고 성능이 좋은 선박 건조를 통해 세계 무역량의 75%를 차지했다고 합니다.[1] 그때는 네덜란드의 전성기였습니다. 그러나 18세기에는 패권이 영국으로 넘어갔습니다. 그래서 200년 가까이 영국이 세계를 제패하였습니다. 따라서 선박 건조량으로 보면, 세계의 경제적 패권은 일본에서 한국을 거쳐 중국으로 넘어갔다고 생각됩니다. 물론 선박 건조 기술로 보면 우리나라가 한 수 위입니다만 건조량으로는 중국을 당할 수가 없습니다.

그러면 세계에서 제일 먼저 배를 만든 사람은 누구일까요? 노아입니다. 성경에 보면 노아가 역사상 최초로 배를 만들었다고 되어 있습니다. 이 배는 노아가 스스로 고안해서 만든 것이 아니라 하나님이 가르쳐 주셔서 만든 것입니다. 배의 크기와 재료, 만드는 방법까지 다 일러 주셨습니다. 그래서 만들기는 노아가 만들었지만 설계와 구조는 하나님이 주신 것입니다. 요즘 말로 하면 "made by Noah, designed by God"입니다. 설계와 디자인이 중요합니다. 예를 들어 삼성이 중

---

1 Cf. D. L. Jensen, *Reformation Europe. Age of Reform and Revolution* (Lexington/Toronto: D. C. Heath and Company, 1981), 300-301.

국에 가서 텔레비전을 만들면 "made in China"이지만, "designed by Samsung"이 됩니다. 삼성의 설계와 기술로 만든 것입니다. 이와 마찬가지로 노아가 만든 배는 하나님이 설계하신 것입니다.

노아가 만든 배는 사실 배라기보다는 그냥 물 위에 떠 있는 큰 상자였습니다. 돛도 없고 노도 없고 키도 없었습니다. 그냥 큰 나무 상자였습니다. 14절에 보면 '방주(方舟)'란 말이 나옵니다. 모 '방(方)' 자에 배 '주(舟)' 자를 씁니다. 사각형의 배입니다. '방주'란 말의 히브리어는 '테바'(הבָת)인데, 고대 이집트에서 유래한 말이라고 합니다.[2] 상자 모양의 배인데, 옛날에 애굽의 나일 강에서 곡식을 운반할 때 사용했다고 합니다. 또 종교 행사를 할 때 신상(神像)을 강물에 떠내려 보낼 때도 사용했다고 합니다.

모세가 태어났을 때 그 부모가 그를 석 달 동안 숨겼다가 더 이상 숨길 수 없어서 갈대로 나무 상자를 만들어 그 안에 아기를 넣고 강에 떠내려 보내었습니다(출 2:1-3). 이때 만든 갈대 '상자'가 '테바'였습니다. 곧 방주였습니다. 그러니까 모세는 '상자' 곧 '방주' 안에 누워 있다가 구원받은 것입니다. 애굽의 공주가 그 상자를 보고 이상히 여겼습니다. "오늘은 무슨 종교 행사가 있는 날도 아닌데 웬 상자인가?" 그래서 시녀를 시켜서 가지고 와서 열어 보니 그 안에 아기가 울고 있었습니

---

[2] 아기 모세를 담아서 나일 강에 떠내려 보낸 '상자'도 '테바'이다(출 2:3). 이 단어는 아마도 이집트어에서 온 것으로 생각된다. Cf. C. Houtman, *Exodus*, I (Kampen: J. H. Kok, 1986), 262.

다. 그래서 그를 데려다가 자기 아들로 삼았습니다.

옛날에 노아가 만든 방주도 이와 같은 상자였습니다. 단지 크기가 엄청 큰 상자였습니다. 15절에 그 치수가 나와 있는데 장(長, 길이)이 300규빗이요, 광(廣, 넓이)이 50규빗이요, 고(高, 높이)가 30규빗이었습니다. '규빗'은 오늘날 치수로 대략 50cm쯤 됩니다. 그러니까 방주의 길이는 약 150미터, 폭은 약 25미터, 높이는 약 15미터쯤 되었습니다. 길쭉한 운동장 크기만하다고 생각할 수 있습니다. 100미터 달리기를 할 수 있을 정도입니다.

그러나 실제로는 방주 안에서 달리기를 못하도록 칸들을 만들었습니다. 칸을 막아서 여러 개의 작은 방들을 만들었습니다. 아마도 수백 개 이상, 어쩌면 천 개 이상 되었을 것입니다. 그래서 노아의 방주는 천여 개의 객실이 있는 호텔과 같았습니다. 그러면 왜 칸들을 만들었을까요? 방주 안에 각종 짐승들을 집어넣는데, 방주가 물 위에 떠다니면서 출렁출렁 할 때 짐승들이 놀라서 한쪽으로 쏠리면 안 되겠지요? 그러면 배가 뒤집힙니다. 그래서 동물들이 한곳으로 쏠리지 못하게 방들을 만들어서 가두었습니다. 또 사자와 양을 한 우리 안에 넣으면 곤란하겠지요? 사자는 양을 볼 때 "내 양식이다"고 생각할 것입니다. 그래서 배고플 때마다 한 마리씩 잡아먹을 것입니다. 그러면 안 되겠지요? 그래서 하나님은 노아에게 "방주를 만들되 그 안에 칸들을 막으라."고 하셨습니다.

그리고 14절 끝에 보면 "역청으로 그 안팎에 칠하라."고 하셨습니다. '역청(瀝靑)'은 아스팔트 같은 것입니다. 이것을 칠하면 물이 새지 않습니다. 그리고 그 방주에 또 "창(窓)을 내라"고 하셨습니다. 바깥을 볼 수 있도록 위에서부터 한 규빗 되는 위치에 창을 내게 하셨습니다. 그리고 "문(門)도 내라"고 하셨습니다. 문은 옆으로 내었는데 출입문 역할을 했습니다. 그리고 "상중하 3층으로 만들라"고 하셨습니다. 3층짜리 배입니다. 아마도 무거운 코끼리는 1층에 두고, 가벼운 새들은 3층에 두었을 것입니다.

그러면 하나님은 왜 이런 '방주'를 만들게 하셨을까요? 그것은 하나님이 세상에 큰 홍수를 내리실 것이기 때문이었습니다. 17절에 "내가 홍수를 땅에 일으켜 무릇 생명의 기운이 있는 모든 육체를 천하에서 멸절하리니 땅에 있는 것들이 다 죽으리라."고 하셨습니다. 사람들뿐만 아니라 짐승들도, 그리고 공중의 새들과 땅에 기는 것까지 다 멸망하였습니다. 왜 이렇게 홍수를 내려서 모든 생물을 죽게 하셨을까요? 무엇 때문일까요? 그것은 사람들의 죄악 때문이었습니다. 당시 사람들의 죄가 너무 많아서 하나님이 멸하신 것입니다.

그 죄에 대해 13절은 '포악함'이라고 말하고 있습니다. 13절에 보면 "하나님이 노아에게 이르시되 모든 혈육 있는 자의 포악함이 땅에 가득하므로 그 끝 날이 내 앞에 이르렀으니 내가 그들을 땅과 함께 멸하리라."고 하였습니다. '포악(暴惡)함'은 히브리어로 '하마스'인데 영어로는 "violence"가 됩니다. 폭력을 의미합니다.[3] 노아 시대의 사람들은

---

3 개역한글판에는 '강포(强暴)'로 번역하였다.

거칠고 사나웠습니다. 걸핏하면 때리고 싸우고 죽이고 했습니다. 길 가다가 부딪히면 "야, 왜 부딪혀? 죽고 싶어?" 했습니다. 걸핏하면 치고받고 코피 내고 이빨 부러뜨리고 했습니다. 이처럼 당시 사람들은 거친 것을 좋아했습니다.

인도네시아 동쪽 끝에 '이리안 자야'(Irian Jaya)라는 섬이 있는데, 아주 미개한 부족이 살고 있었다고 합니다. 이 부족에서 최고 매력 있는 신랑감은 이웃 부족의 머리를 많이 벤 사람이었다고 합니다. 추장 딸과 결혼하려면 이웃 부족에게 가서 목을 많이 베어 와야 했다고 합니다. 그래야 "용기 있다, 사나이답다"고 인정받는다고 합니다. 제가 중학교, 고등학교 다닐 때만 해도 거친 사람이 인기 있었습니다. 사나이답다, 야성적이라고 해서 좋아했습니다. 그래서 서부 영화에 나오는 배우 찰스 브론슨(Charles Bronson)이 인기 있었습니다. 거칠고 야성적으로 생겼습니다. 그래서 고등학생들 중에는 일부러 교복을 찢고 윗 와이셔츠 단추를 풀고 모자를 삐딱하게 쓰고 다니는 남학생들이 있었습니다. 야성적으로 보여서 여학생들에게 인기 얻으려고 그리한 것입니다.

그러나 이런 야성적인 것은 좋은 게 아닙니다. 강포한 것은 죄입니다. 강포함 때문에 이 세상에 홍수가 나서 사람들이 다 죽었습니다. 요즘도 어떤 부모들은 아이를 강하게 키워야 한다면서, 학교에 가서 맞지만 말고 때리고 오라고 가르칩니다. 그래서 아이에게 태권도를 가르치고 검도를 가르칩니다. 그러면 아이가 집에 와서 부모를 때립니다. 배운 것을 연습한다면서, 2단 옆차기로 엄마 가슴을 꽉 찹니다. 또 돌려차기 한다면서 엄마 턱을 팍 칩니다. 강하게 키우려다 도리어 부모가 얻어맞습니다. 성경은 부드러운 사람, 온유한 자가 승리한다고 가르칩니다. 예수님이 말씀하시기를 "온유한 자는 복이 있나니 그들이 땅을 기업으로 받을 것임이요"라고 하셨습니다(마 5:5). 온유한 자가 땅을 차지합니다. 부드러운 사람이 결국 이 세상에서 승리하는 것입니다. 노아 시대에 강포한 사람들, 거칠고 야성적이고 폭력적인 사람들은 다 홍수에 죽고 말았습니다.

그러나 이런 홍수 가운데서도 하나님은 노아와 그의 가족을 구원하셨습니다. 노아와 그의 아내, 그리고 노아의 세 아들과 그 아내들, 이렇게 여덟 명은 구원받았습니다. 그리고 짐승들과 새들과 땅에 기는 것들의 종족을 보존하셨습니다. 각 종류마다 암수 한 쌍씩 방주 안에 들어가도록 하셨습니다. 그 중에서 정결한 짐승은 암수 일곱 쌍씩 들어가게 하셨습니다. 나중에 제사 지낼 때에도 써야 하니까요. 하나님은 이렇게 땅 위의 생물이 그 종족을 보존하도록 조치하셨습니다. 이것을 보면, 하나님이 감정적으로 홍수를 내리신 것은 아니라는 것을 알 수 있습니다. "신경질 난다. 확 쓸어버리자!"고 해서 홍수를 내리신 것은 아닙니다. 오랫동안 심사숙고한 끝에 내린 결정입니다. "이 악한 세상을 쓸어버리고 새롭게 세상을 시작해야 하겠다."고 하는, 노아를 통해 새 세상을 여시겠다는 하나님의 계획이 있었습니다.

그러면 노아의 방주는 오늘날 어떤 의미를 가질까요? 방주는 죄로 말미암아 멸망하는 세상에서 구원을 준 것입니다. 노아의 가족 여덟 명은 이 방주 때문에 살았습니다. 그래서 베드로는 그의 첫 번째 편지에서 이렇게 말합니다. "방주에서 물로 말미암아 구원을 얻은 자가 몇 명뿐이니 겨우 여덟 명이라. 물은 예수 그리스도의 부활하심으로 말미암아 이제 너희를 구원하는 표니 곧 세례라."(벧전 3:20-21) '방주'는 구원과 관계됩니다. 그리고 '물'은 세례라고 말합니다. '세례'는 원래 물에 빠져 죽고 다시 살아나는 것을 의미합니다. 죄에 대해서는 죽고 하나님을 향하여 산다는 것을 의미합니다(롬 6:10).

노아 시대에 노아 가족 여덟 명은 물에서 구원받았습니다. 이것은 그들이 말하자면 '세례' 받은 것입니다. 이스라엘 백성이 모세의 인도 하에 홍해 바다를 건넌 사건도 '세례'라고 말합니다(고전 10:2). 홍해 바다에서 애굽의 병사들은 물에 빠져 죽었습니다. 하나님의 백성인 이스라엘 백성만 살아남았습니다. 이것은 곧 악한 세상에서 건짐받았다는 것을 의미합니다. 이것은 영적 의미에서 '세례'입니다.

이런 의미에서 오늘날 '교회'가 방주라고 말할 수 있습니다. 교회는 악한 세상에서 사람들을 구원하는 방주와 같습니다. 죄로 말미암아 장차 멸망할 세상에서 건짐받는 구원의 방주입니다. 물론 여기서 교회란 참 교회를 말합니다. 하나님의 말씀이 바로 전파되고 예수님이 계시는 교회를 말합니다. 이단 교회는 방주가 아닙니다. 구원의 방주가 아니라 멸망으로 직행하는 난파선입니다. 하나님의 말씀이 바로 전파되는 교회는 이 세상에서 방주 역할을 합니다. 왜냐하면 이 교회에 와서 하나님의 말씀을 듣고 예수님을 믿으면 구원을 받고 생명을 얻기 때문입니다. 따라서 이 세상에서 하나님의 말씀을 바로 전파하는 교회는 매우 중요합니다. 왜냐하면 그 무엇보다 중요한, 사람의 생명을 보존하고 구원하는 방주가 되기 때문입니다.

그러면 방주에 들어가서 생명을 부지한 사람들은 어떤 사람들이었습니까? 당대에 최고 잘 생긴 사람들이었을까요? 아닙니다. 노아는 잘 생겨서 구원받은 것이 아닙니다. 또는 부자라서 구원받은 것이 아닙니다. 부자였다면 당시 여자들이 서로 시집오려고 야단이었을 것입니다. "얼굴 못 생겨도 괜찮아. 외모가 중요하냐? 마음이 중요하지." 하면서 어떻게 하든지 노아를 꾀어서 결혼하려고 했을 것입니다. 그러나 당시 여자들은 노아를 거들떠보지도 않았습니다. 노아의 아버지 라멕은 가난하게 살아서 그런지 "수고로이 일하는 우리를 이 아들이 안위하리라."고 했습니다(창 5:29). 종들을 데리고 있는 부자였다면 라멕이 이런 말을 안 했을 것입니다. 오히려 "이 세상이 너무 좋아!"라고 했을 것입니다.

그러면 노아는 어떤 사람이었습니까? 9절에 보면 "노아는 의인이요 당대에 완전한 자라. 그가 하나님과 동행하였다."고 합니다. 노아는 의인(義人)이었습니다. 하나님 앞에 완전한 자요 하나님과 동행하였습니다. 노아는 의인이었기 때문에 하나님은 그를 사랑하시고 홍수로 멸망하는 세상에서 그와 그의 가족을 건져 주신 것입니다. 오늘 읽은 본문 22절에도 "노아가 그와 같이 하되 하나님이 자기에게 명하신 대로 다 준행하였더라."고 합니다. 노아는 하나도 빠짐없이, 하나님이 시키신 대로 다 준행하였습니다.

　노아가 방주를 지을 때에 물론 그의 세 아들이 도왔을 것입니다. 산에 가서 나무를 베어 오고 톱으로 자르고 대패질하고 끼어 맞추고, 그리고 역청을 구해 와서 칠하고 했을 것입니다. 그리고 노아의 아내와 세 며느리는 열심히 밥해서 날랐겠지요. 점심 지어서 나르고 중참(간식) 해서 갖다주고 물 떠오고 심부름하고 했을 것입니다. 그래서 노아 가족 여덟 명은 합심해서 하나님이 명령하신 대로 다 준행했습니다. 하나도 빠짐없이 하나님이 명령하신 대로 다 준행하였습니다. 그래서 이 여덟 명만 구원받은 것입니다. 그때 구경하던 사람들은 다 죽었습니다. 비웃던 사람들도 다 죽었습니다.

　우리 성도 여러분,

　오늘날도 그렇습니다. 다른 사람이 교회 다니는 것을 보고 구경만 하고 있는 사람은 구원받지 못합니다. 또 교회 간다고 비웃는 사람도 구원받지 못합니다. 그러면 어떤 사람이 구원받을까요? 노아가 방주를 만들 때 같이 거들어야 됩니다. 나무도 베어 오고 대패질도 하고 끼워 맞추고 등등. 그리고 무엇보다 중요한 것은 노아가 방주에 들어갈 때 같이 들어가야 합니다. 방주 안에 들어가야 구원을 받습니다. 아무리 방주 만드는 것을 도와줘도 방주 안에 들어가지 않으면 소용없습니다. 노아의 식구들이 방주 안에 들어갈 때 꼽사리 끼어서라도, 새치기 해서라도 방주 안에 들어갔으면 구원받았을 것입니다. 그러나 당시 사람들은 아무도 그렇게 하지 않았습니다. 도리어 비웃었습니다. 하나님을 믿지 않았기 때문입니다.

여러분, 오늘날도 그렇습니다. 남들이 교회 갈 때 꼽사리 끼어서라도 같이 교회에 나와야 구원받을 수 있습니다. 따라서 같이 들어오면 구원받을 수 있습니다. 다른 사람 손에 끌려서라도 일단 교회당 안에 들어와야 합니다. 그래서 하나님의 말씀을 듣고 예수님을 믿으면 구원을 받습니다. 이런 점에서 예수님이 진정한 의미에서 구원의 방주라고 말할 수 있습니다.

사랑하는 성도 여러분,

여러분 모두, 죄로 말미암아 장차 멸망할 이 세상에서 구원의 방주 되시는 예수님을 꼭 붙들고 믿음으로 나아가는 성도들이 되시기 바랍니다. 방주 안에 들어와 있으면 아무리 태풍이 불고 파도가 쳐도 안전합니다. 세상의 모든 사람이 다 물에 빠져 죽더라도 안전하게 보호받고 생명을 건지게 될 것입니다.

우리 교회가 이런 구원의 방주 역할을 잘할 수 있도록 기도하는 여러분들이 되시기 바랍니다. 그리고 이 구원의 방주에 사람들이 많이 들어와서 함께 구원을 얻을 수 있도록 기도하고 힘쓰는 여러분들이 다 되시기 바랍니다. 아멘. (2010년 11월 7일 주일 오전)

11. 노아의 홍수 (7:1-24)

1 여호와께서 노아에게 이르시되 너와 네 온 집은 방주로 들어가라 이 세대에서 네가 내 앞에 의로움을 내가 보았음이니라 2 너는 모든 정결한 짐승은 암수 일곱씩, 부정한 것은 암수 둘씩을 네게로 데려오며 3 공중의 새도 암수 일곱씩을 데려와 그 씨를 온 지면에 유전하게 하라 4 지금부터 칠 일이면 내가 사십 주야를 땅에 비를 내려 내가 지은 모든 생물을 지면에서 쓸어버리리라 5 노아가 여호와께서 자기에게 명하신 대로 다 준행하였더라 6 홍수가 땅에 있을 때에 노아가 육백 세라 7 노아는 아들들과 아내와 며느리들과 함께 홍수를 피하여 방주에 들어갔고 8 정결한 짐승과 부정한 짐승과 새와 땅에 기는 모든 것이 9 하나님이 노아에게 명하신 대로 암수 둘씩 노아에게 나아와 방주로 들어갔으며 10 칠 일 후에 홍수가 땅에 덮이니 11 노아가 육백 세 되던 해 둘째 달 곧 그 달 열이렛날이라 그 날에 큰 깊음의 샘들이 터지며 하늘의 창문들이 열려 12 사십 주야를 비가 땅에 쏟아졌더라 13 곧 그 날에 노아와 그의 아들 셈, 함, 야벳과 노아의 아내와 세 며느리가 다 방주로 들어갔고 14 그들과 모든 들짐승이 그 종류대로, 모든 가축이 그 종류대로, 땅에 기는 모든 것이 그 종류대로, 모든 새가 그 종류대로 15 무릇 생명의 기운이 있는 육체가 둘씩 노아에게 나아와 방주로 들어갔으니 16 들어간 것들은 모든 것의 암수라 하나님이 그에게 명하신 대

로 들어가매 여호와께서 그를 들여보내고 문을 닫으시니라 17 홍수가 땅에 사십 일 동안 계속된지라 물이 많아져 방주가 땅에서 떠올랐고 18 물이 더 많아져 땅에 넘치매 방주가 물 위에 떠다녔으며 19 물이 땅에 더욱 넘치매 천하의 높은 산이 다 잠겼더니 20 물이 불어서 십오 규빗이나 오르니 산들이 잠긴지라 21 땅 위에 움직이는 생물이 다 죽었으니 곧 새와 가축과 들짐승과 땅에 기는 모든 것과 모든 사람이라 22 육지에 있어 그 코에 생명의 기운의 숨이 있는 것은 다 죽었더라 23 지면의 모든 생물을 쓸어버리시니 곧 사람과 가축과 기는 것과 공중의 새까지라 이들은 땅에서 쓸어버림을 당하였으되 오직 노아와 그와 함께 방주에 있던 자들만 남았더라 24 물이 백오십 일을 땅에 넘쳤더라

옛날에 큰 홍수가 있었다는 이야기는 세상에 널리 퍼져 있습니다. 오늘날까지 발견된 것만 해도 전 세계에 88종의 홍수 이야기가 있다고 합니다. 예를 들어 중국의 예기(禮記)에 보면 "하늘의 기둥이 부러지고, 땅의 밑이 흔들리고, 일월성신(日月星辰)은 그 동작을 변하고, 땅이 조각조각 깨어지니 물들이 터져 넘치니라."고 했습니다. 또 애굽의 전설에 의하면, "신(神)들이 지상(地上)을 숙청하기 위해 홍수를 보내매 두어 목자들이 구원을 받을 뿐이었다."고 했습니다. 그리고 인도의 전설에 의하면, "마누(Manu)라는 사람이 큰 고기의 지시를 받아 배를 지었다가 홍수가 나므로 그 큰 고기의 뿔에 배를 매어 그 큰 고기의

가는 대로 가서 구원을 얻었다."고 합니다.[1] 그 외에도 헬라와 켈트 족, 수메르인들의 전설이 있습니다.[2] 물론 이런 전설들은 정확한 것은 아닙니다. 그러나 옛날에 있었던 대홍수의 기억을 어느 정도 간직하고 있다고 할 수 있습니다. 옛날에 실제로 있었던 사실이 후대에 전해 내려오면서 조금씩 변경되고 변질되었다고 말할 수 있습니다.

그럼 우리나라에는 이런 홍수 설화가 없을까요? 고조선 시대에 큰 홍수가 있었다는 기록이 있습니다.[3] 중국 문헌에도 똑같이 '9년 홍수'에 대한 기록이 있습니다.[4] 그러나 이것이 노아 대홍수와 같은 것인지는 의문입니다. 왜냐하면 그때의 홍수는 왕이 잘 다스려서 치수에 성공했다고 기록하고 있기 때문입니다.

옛날 대홍수에 대한 고고학적 증거들도 많이 있습니다. 예를 들면, 1929년에 울리(L. Woolley)가 갈대아 우르(현 이라크 남부)를 발굴했는데, 거기에 물에 의해 운반된 점토층이 발견되었습니다. 두께가 2m 43cm 이상 된다고 합니다. 이 점토층 밑에 수메르 이전 시대의 유물들을 발견했습니다. 울리는 이것은 수메르 연대기에 기록된 홍수 사실

---

1 이상의 자료는 박윤선 박사의 『창세기 출애굽기』, 140에서 취하였다.

2 Cf. Gispen, *Genesis*, I, 234; Aalders, *Genesis*, I, 245.

3 단군왕검 때 고조선에 대홍수가 일어나서 1년만에 홍수를 다스렸다고 하는 이야기가 『환단고기』와 중국의 여러 책에 기록되어 있다고 한다. 앞으로 연구가 필요하다.

4 동양의 예기(禮記) 중. "하늘의 기둥이 부러지고, 땅의 밑이 흔들리고, 일월성신(日月星辰)은 그 동작을 변하고, 땅이 조각조각 깨어지니 물들이 터져 넘치니라."(박윤선, 『창세기 출애굽기』, 140에서 인용).

을 뒷받침하는 것이라고 결론 내렸습니다.[5] 그 외에도 이라크 여러 곳에서 이런 점토층이 발견되었습니다.

물론 이런 점토층이 노아 홍수 때 떠내려와서 생긴 것인지 아니면 다른 원인에 의해 생긴 것인지는 알 수 없지만, 그 외에도 옛날에 홍수가 있었다는 사실을 시사하는 증거들은 많습니다. 예를 들면, 시칠리 섬의 한 동굴에는 코끼리 뼈, 소 뼈, 사슴 뼈, 하마 뼈들이 섞인 무더기가 발견되었습니다. 이 뼈들은 아마도 홍수를 피하여 굴에 들어간 짐승들이 죽은 뼈들일 것이라고 합니다.[6]

창세기 7장은 이 홍수가 옛날에 노아 때 있었다고 분명히 말해 줍니다. 노아의 나이 600세 되던 해였습니다. 하나님은 노아에게 미리 말씀하셨습니다. "120년 후에 홍수가 있을 것이다. 세상 사람들이 너무 악해서 이 세상을 홍수로 싹 쓸어버릴 것이다." 그리고 하나님은 노아에게 방주를 만들라고 말씀하셨습니다. 그래서 노아는 나무로 큰 사각형 배를 만들었습니다. 운동장만한 배입니다. 그러자 하나님은 노아와 그의 세 아들, 그리고 노아의 아내와 세 며느리, 합하여 총 여덟 명을 그 방주 안으로 들어가게 하셨습니다. 이때 하나님은 짐승들과 공중의 새들도 그 종족을 보존하도록 하셨습니다. 모든 정결한 짐승은 암수 일곱씩, 부정한 짐승은 암수 둘씩 들어가게 하셨습니다. 공중의

---

[5] L. Woolley, *Ur of the Chaldees* (Middlesex: Harmondsworth, 1952), 15-26 (Gispen, *Genesis*, I, 230에서 재인용).

[6] 박윤선, 『창세기 출애굽기』, 140.

새도 암수 일곱씩 들어가게 하고, 땅에 기는 것도 방주에 들어가게 하셨습니다.

성경은 홍수가 난 정확한 때를 말해 주고 있습니다. 11절에 보면 "노아가 600세 되던 해 2월 곧 그 달 17일이라."고 말합니다.[7] 그리고 12-13절에 보면 "그 날에 큰 깊음의 샘들이 터지며 하늘의 창들이 열려 40 주야를 비가 땅에 쏟아졌더라."고 합니다. '큰 깊음의 샘들'은 땅 밑의 지하수 샘들을 말합니다.[8] 여러분, 땅 밑에도 물이 있습니다. 어떤 곳에는 엄청난 양의 물이 고여 있습니다. 사막에서 이런 지하수를 발견해서 그 물을 퍼 올리면 넓은 사막에 물을 대고 농사를 지을 수 있습니다. 그런데 이런 큰 깊음의 샘들이 터졌다고 합니다. 땅에서 물이 펑펑 솟아 올라왔습니다.

그리고 "하늘의 창들이 열렸다"고 합니다. 여러분, 하늘에 올라가면 무엇이 있습니까? 구름이 있습니다. 어떤 때는 짙은 구름이 있습

---

7 대홍수가 언제 있었는지는 우리가 알 수 없다. 영국의 Ussher 감독은 주전 2,350년경으로 추정하였다. 이것은 창 11장의 계보에 생략이 없는 것으로 보고 계산한 것이다. 그러나 알더르스(Aalders)는 창 11:10-26에 많은 세대가 생략되었다고 보고 홍수와 아브라함의 출생 사이에 약 2,400년이 경과하였다고 본다. 그러면 홍수 연대는 주전 약 4,565년이 될 것이다. 그러나 Gispen은 이 연대 추정도 만족스럽지 못하다고 본다. 왜냐하면 여리고 유적지 발굴만 하더라도 이 도시는 주전 6,000년에 이미 존재했다고 보여지기 때문이다. Cf. Gispen, *Genesis*, I, 234. 박윤선 박사는 여러 지질학적 증거들을 고려하여 홍수 연대를 대략 주전 10,000년경으로 보았다(『창세기 출애굽기』, 142). 그러나 대홍수의 연대 문제는 복잡하고 어려워서 우리가 알 수 없으며 진리가 분명히 드러나기까지 판단을 보류하는 것이 좋겠다고 필자는 생각한다.

8 Cf. Aalders, *Genesis*, I, 218.

니다. 구름은 물을 품고 있습니다. 그래서 비행기가 구름 사이를 지나가면 비행기 창문에 물방울이 맺힙니다. 옛날에는 하늘에 엄청난 양의 물이 있었습니다. 그런데 이 물들이 땅에 쏟아졌습니다. 12절에 보면 "40 주야를 비가 땅에 쏟아졌더라."고 합니다. 여기의 '비'는 보통 비가 아니라 장대비를 말합니다. 폭우입니다. 보통 비를 나타내는 히브리어는 '마타르'인데, 여기 사용된 단어는 '게셈'입니다. 폭우(heavy rain)를 뜻합니다.[9] 엄청난 폭우가 40일 동안 쏟아졌습니다. 여러분, 여름철에 두세 시간만 집중호우가 쏟아져도 물바다가 됩니다. 자동차가 잠기고 집이 잠기고 길거리는 물바다가 됩니다. 그런데 엄청난 비가 40일 동안 밤낮으로 쏟아졌습니다. 게다가 땅 밑의 지하수가 터져서 위로 분수처럼 뿜어 올라왔습니다.

온 땅에 물이 가득하자 커다란 방주가 떠올랐습니다. 계속 폭우가 쏟아지자 방주는 자꾸 위로 떠올랐습니다. 나중에는 천하의 높은 산이 다 덮였습니다. 당시에 제일 높은 산은 아마도 아라랏 산이었던 것 같습니다. 현재 터키와 아르메니아 국경 지역에 있는데 5,000 미터가 넘습니다. 그런데 그 꼭대기에서 다시 15 규빗이 더 올랐습니다. 약 7-8 미터 정도 더 올라간 것입니다. 그래서 땅 위에 움직이는 모든 생물이 다 죽었습니다. 공중의 새와 육축과 들짐승과 땅에 기는 모든 것과 모든 사람들이 다 죽었습니다.

그러나 여러분, 이때 안 죽은 것도 있습니다. 물론 방주 안에 들어간 사람들과 짐승들은 안 죽었지만, 그 외에도 안 죽은 생물들이 있습니

---

[9] Cf. Gesenius, *Lexicon*, s.v. גֶּשֶׁם.

다. 무엇일까요? 바로 물고기들입니다. 바다의 물고기들은 제철을 만났습니다. 살맛 났습니다. 엄청난 먹잇감들이 끝없이 바다에 떠다녔어요. 소, 양, 돼지 그리고 사람들 등등, 온갖 종류의 먹잇감들이 물에 둥둥 떠다녔습니다. 물고기들은 그야말로 최고 호황을 누렸습니다. 천지창조 이래 최고 호황을 누렸습니다. 그야말로 물고기들의 황금시대였습니다. 엄청 많은 양식으로 배를 불렸습니다. 축제 분위기였습니다. 그러나 땅 위의 생물들은 다 죽었습니다. 오직 방주 안에 들어간 여덟 사람과 짐승들, 새들만 살았습니다.

그러면 하나님은 왜 노아와 그의 가족들을 살려 주셨을까요? 1절에 답이 있습니다. "여호와께서 노아에게 이르시되 너와 네 온 집은 방주로 들어가라. 네가 이 세대에 내 앞에서 의로움을 내가 보았음이니라." 노아의 의로움 때문이었습니다. 노아는 하나님 앞에서 의로웠습니다. 그래서 온 가족이 구원받았습니다.

여러분, '의롭다'는 것이 무엇일까요? 올바르다, 착하다, 죄 없다는 것을 말하는데 노아는 하나님 앞에서 의로웠다고 합니다. 이것은 노아가 하나님을 믿는 믿음이 있었고 하나님의 명령을 잘 지켜 행했다는 뜻입니다. 하나님을 믿는 믿음을 떠나서 의로움을 생각할 수 없습니다. 그래서 히브리서 11장 7절은 이렇게 말합니다. "믿음으로 노아는 아직 보지 못하는 일에 경고하심을 받아 경외함으로 방주를 예비하여 그 집을 구원하였으니 이로 말미암아 세상을 정죄하고 믿음을 따르는 의의 상속자가 되었느니라." 노아는 아직 보지 못하는 일에 경고하심을 받았습니다. "120년 후에 홍수가 있을 것이다." 그때 노아는 어떻게 했습니까? 경외함으로 방주를 예비했습니다. 구체적으로, 실제로 행동에 옮겼습니다.

여러분, 믿음이란 구체적으로 행동으로 옮겨야 합니다. "큰 홍수가 있을 것이다."는 말씀을 믿는다면 구체적으로 대비해야 합니다. 햇볕이 쨍쨍 내리쬘 때 대비해야 합니다. 홍수가 시작되고 나서 대비하면 늦습니다. 하나님을 믿는다고 하면서 아무 대비도 안 하고 가만히 있으면 올바른 믿음이 아닙니다.

지혜로운 사람은 소 잃기 전에 미리 외양간을 고칩니다. 어리석은 사람은 소 잃고 나서 외양간을 고칩니다. 그러나 우리나라 사람은 소를 잃고 나서도 외양간을 고치지 않습니다. 그래서 같은 사고를 또 당하고 같은 실수를 반복합니다. 이와 마찬가지로 믿음이란 것도 실제로 대비가 없으면 소용없습니다. 그러나 노아는 달랐습니다. 하나님의 경고를 받고서 그것을 그대로 믿었습니다. 그리고는 경외함으로 방주를 예비하여 그 집을 구원하였습니다.

오늘 읽은 창세기 7장 5절에도 보면 "노아가 여호와께서 자기에게 명하신 대로 다 준행하였더라."고 합니다. 다 준행하는 것이 중요합니다. 하나님이 "방주를 만들라"고 하시면, 노아는 그대로 다 준행하였습니다. "방주에 들어가라"고 하시면 그 말씀대로 방주에 들어갔습니다. 말만 할 것이 아니라 준행을 해야 합니다. 우리나라 예비군은 보고만 한다는 말이 있습니다. "철저히 대비하라."는 공문을 내려보내면, 며칠 후에 "철저히 대비했습니다."는 보고를 올립니다. 서류만 왔다 갔다 합니다. 웬 보고 서류가 그리 많은지, 부하 직원은 늘 서류를 만들고 상관은 늘 도장을 찍습니다. 그러나 이렇게 보고만 할 것이 아니라 실제로 대비를 해야 합니다.

하나님이 노아에게 방주를 만들라고 명령했는데, 만일 노아가 내내 놓고 있다가 나중에 하나님께 "방주를 다 만들었습니다."라고 보고만 했다면 어떻게 될까요? 그러면 노아와 그 가족은 몽땅 물에 빠져 다 죽었을 것입니다. 허위 보고한 대가로 다 죽었을 것입니다. 그러나 노아는 하나님이 명령하신 것을 준행하였습니다. 다 행동에 옮겼습니다. 이 때문에 노아와 그의 가족은 홍수로 온 세상이 멸망하는 가운데서도 구원받았습니다. 이런 점에서 야고보는 "행함이 없는 믿음은 죽은 것이라."고 말합니다(약 2:26). 말만 하고 행함이 없는 믿음, 말뿐인 믿음은 죽은 것입니다.

사랑하는 우리 성도 여러분,

오늘날에도 그렇습니다. 하나님을 믿지 않는 사람들은 다 멸망하게 될 것입니다. 옛날에는 물로 심판하셨지만 마지막 날에는 불로 심판하실 것입니다. 베드로후서 3장 6, 7절은 "이로 말미암아 그때 세상은 물의 넘침으로 멸망하였으되 이제 하늘과 땅은 그 동일한 말씀으로 불사르기 위하여 보호하신 바 되어 경건하지 아니한 사람들의 심판과 멸망의 날까지 보존하여 두신 것이니라."고 합니다. 그 날에는 온 세상이 불바다가 될 것입니다. 믿지 않는 사람들은 다 멸망할 것입니다.

또 믿는다는 말만 하고 행함이 없는 사람도 멸망할 것입니다. 주일이 되어도 교회에 오지 않고 예배도 안 드리고 기도도 안 하는 사람들은 멸망할 것입니다. "왜 교회에 안 오느냐?"고 하면 "다음에 갈게요."라고 하면서 차일피일 미루는 사람들도 다 멸망하고 말 것입니다. 왜냐하면 준행하지 않는 믿음, 행함이 없는 믿음은 죽은 것이기 때문입니다. 그러나 노아는 하나님의 말씀을 들었을 때에 그 말씀을 다 믿었고, 뿐만 아니라 하나님을 경외함으로 방주를 예비했습니다. 하나님이 지시하신 그대로 다 준행하여 방주를 만들었습니다. 이렇게 하나님의 말씀을 그대로 준행함으로 노아는 자기와 자기 식구를 구원하게 된 것입니다.

그러므로 사랑하는 성도 여러분,

우리 모두, 노아의 이런 믿음을 본받아서 하나님의 말씀을 듣고 준행하는 성도들이 되시기 바랍니다. 하나님의 말씀을 듣고 준행하는 성도들은 어떤 위험과 어려움이 닥쳐와도 안전할 것입니다. 마지막 날에 온 세상이 불바다가 되어도 하나님의 은혜로 구원받아 새 하늘과 새 땅에서 영원히 살게 될 것입니다. 여러분 모두, 노아의 믿음을 본받는 성도들이 다 되시기 바랍니다. 아멘. (2010년 11월 28일 주일 오전)

12. 아라랏 산과 방주 (8:1-19)

1 하나님이 노아와 그와 함께 방주에 있는 모든 들짐승과 가축을 기억하사 하나님이 바람을 땅 위에 불게 하시매 물이 줄어들었고 2 깊음의 샘과 하늘의 창문이 닫히고 하늘에서 비가 그치매 3 물이 땅에서 물러가고 점점 물러가서 백오십 일 후에 줄어들고 4 일곱째 달 곧 그 달 열이렛날에 방주가 아라랏 산에 머물렀으며 5 물이 점점 줄어들어 열째 달 곧 그 달 초하룻날에 산들의 봉우리가 보였더라 6 사십 일을 지나서 노아가 그 방주에 낸 창문을 열고 7 까마귀를 내놓으매 까마귀가 물이 땅에서 마르기까지 날아 왕래하였더라 8 그가 또 비둘기를 내놓아 지면에서 물이 줄어들었는지를 알고자 하매 9 온 지면에 물이 있으므로 비둘기가 발붙일 곳을 찾지 못하고 방주로 돌아와 그에게로 오는지라 그가 손을 내밀어 방주 안 자기에게로 받아들이고 10 또 칠 일을 기다려 다시 비둘기를 방주에서 내놓으매 11 저녁때에 비둘기가 그에게로 돌아왔는데 그 입에 감람나무 새 잎사귀가 있는지라 이에 노아가 땅에 물이 줄어든 줄을 알았으며 12 또 칠 일을 기다려 비둘기를 내놓으매 다시는 그에게로 돌아오지 아니하였더라 13 육백일 년 첫째 달 곧 그 달 초하룻날에 땅 위에서 물이 걷힌지라 노아가 방주 뚜껑을 제치고 본즉 지면에서 물이 걷혔더니 14 둘째 달 스무이렛날에 땅이 말랐더라 15 하나님이 노아에게 말씀하여 이르시되 16 너는 네 아내와 네 아

들들과 네 며느리들과 함께 방주에서 나오고 17 너와 함께 한 모든 혈육 있는 생물 곧 새와 가축과 땅에 기는 모든 것을 다 이끌어내라 이것들이 땅에서 생육하고 땅에서 번성하리라 하시매 18 노아가 그 아들들과 그의 아내와 그 며느리들과 함께 나왔고 19 땅 위의 동물 곧 모든 짐승과 모든 기는 것과 모든 새도 그 종류대로 방주에서 나왔더라

노아가 600세 되던 해에 큰 홍수가 있었습니다. 그해 2월 17일에 큰 깊음의 샘들이 터지고 하늘의 창들이 열리고 40일 동안 밤낮 주야로 비가 땅에 쏟아졌습니다. 장대비가 쏟아졌습니다. 그래서 150일 동안 물이 땅에 창일했다고 합니다. 곧, 온 땅에 물이 출렁거렸습니다. 그래서 천하의 높은 산들이 다 잠기고 땅 위에 있는 생물들과 공중의 새들이 다 죽었습니다. 오직 노아와 그의 가족 8명만 살아남았습니다. 어떻게 해서 살았을까요? 그것은 하나님의 명령대로 방주를 만들고 방주 안에 들어갔기 때문입니다. 그리고 방주 안에 들어간 짐승들과 새들과 땅에 기는 것들도 살았습니다.

그 후에 하나님은 땅 위에 바람이 불게 하셨습니다. 그래서 물이 물러가도록 하셨습니다. 또 깊음의 샘들과 하늘의 창이 막히고 비가 그치게 하셨습니다. 그래서 점점 물이 물러가고 수위가 낮아졌습니다. 그래서 150일 후 곧 7월 17일에 방주가 아라랏 산에 머물렀습니다. 4절에 보면 "7월 곧 그 달 17일에 방주가 아라랏 산에 머물렀다."고 합니다. 이것은 방주의 밑바닥이 아라랏 산 꼭대기에 닿았다는 뜻입니다. 아직

산은 보이지 않고 온통 사면이 물이었습니다. 그런데 방주의 높이가 30규빗 즉 약 15미터였습니다. 그러니 보이지 않는 방주 밑바닥이 아라랏 산에 닿았다는 말입니다.

  그러면 아라랏 산은 어디에 있을까요? '아라랏'(Ararat)은 히브리어인데 원래 앗수르어로는 '우라르투'(Urartu)라고 합니다. '아르메니아'의 옛 이름이 '우라르투'입니다. 현재는 터키와 아르메니아와 이란의 국경 지역에 있습니다. 터키 동쪽에 있는데 상당히 멉니다. 이스탄불에서 비행기를 타고 두 시간 정도 가야 합니다. 우리말 성경에 '산'이라고 했는데 원어에는 복수로 '산들'로 되어 있습니다. 그러니까 산맥 또는 산지를 말합니다. '아라랏의 산들' 곧 아라랏 지방에 있는 산들을 말합니다. 이 산들 중의 한 봉우리에 방주가 내린 것입니다.

  그런데 왜 아라랏 산이 중요할까요? 왜 우리가 아라랏 산에 관심을 가지는 것일까요? 그것은 노아 방주가 내린 곳이기 때문입니다. 옛날에 노아 방주가 이곳에 내렸다면 지금 노아 방주를 찾을 수 있지 않을까요? 실제로 그런 노력들이 있었습니다. 대표적인 것 하나를 소개하면 1952년, 1953년, 1955년에 프랑스 사람 나바라(F. Navarra)가 탐험한 것이 있습니다. 그는 1952년에 아라랏 산의 얼음에서 검은 물체를 발견했습니다. 배 뚜껑 모양의 물체였습니다. 1955년에 다시 와서 그 물체에서 1.5미터 정도의 나무 조각을 떼어내는 데 성공했습니다. 이때 열 한 살짜리 아들 라파엘이 탐사에 동행했다고 합니다. 그 나무를 가지고 와서 전문가에게 의뢰해서 조사해 보니 그 나무는 약 5천년 된

오크 트리(oak tree) 곧 참나무였다고 합니다.[1]

그런데 창세기 6장 14절에 보면 '잣나무'라고 되어 있습니다. "너는 잣나무로 너를 위하여 방주를 짓되 …"라고 하였습니다. 그러나 여기의 '잣나무'는 번역입니다. 히브리 원어로는 '고페르(Gopher) 나무'인데, 성경에 단 한 번 나오는 단어입니다. '고페르'의 뜻은 역청(瀝靑) 곧 아스팔트입니다. 그래서 노아가 방주 지을 때 사용한 나무는 '역청 나무'(pitch trees)인데, 학자들은 대개 끈적끈적한 수액이 있는 나무로 봅니다. 예를 들면 소나무, 전나무, 삼나무, 백향목 등 배 만들기에 합당한 나무로 봅니다.[2] 따라서 노아가 방주 만들 때 사용한 나무는 참나무 계통(오크 트리)으로 볼 수 있습니다.

이번에 터키에 갔을 때 이스탄불에서, 터키에서 활동하고 있는 한국인 선교사 몇 분을 만났습니다. 그 중의 한 분은 연세가 좀 드신 분이었는데 아라랏 산 밑에 수련원을 운영하고 계신다고 했습니다. 일종의 숙소를 경영하는 셈인데 여행 오는 사람들과 수련회 오는 사람들에게 숙소를 제공하고 전도하는 것입니다. 그 분에게 들으니 노아 방주는 아라랏 산 중에서 아르메니아에 속한 쪽에 있다고 합니다. 그러니 노아 방주를 탐사하려면 아르메니아로 가야 합니다. '아르메니아'는 옛날에 왕이 기독교를 받아들였습니다. 그래서 온 백성이 예수를 믿고

---

1 F. Navarra, *J'ai trouvé l'arche de Noé*, Paris, 1956 (Gispen, *Genesis*, I, 230에서 재인용).

2 Gesenius, *Lexicon*, s. v. גֹּפֶר.

기독교인이 된 나라입니다. 그래서 백성이 착하고 기술이 뛰어나다고 합니다. 아라랏 산을 오르려면 당국의 허가를 받아야 하는데, 반드시 가이드 한 명이 동행해야 한다고 합니다. 아라랏 산은 제일 높은 봉우리(Masis)가 5,156미터인데 사시사철 눈으로 덮여 있습니다. 3,000미터까지는 버스로 올라가고, 거기서 4,000미터까지는 낙타 타고 올라가고, 거기서부터는 등반하는데 셀파의 도움을 받아 등반한다고 합니다. 완전 얼음 빙판이겠지요? 잘못해서 실족하면 큰일 납니다.

그런데 그 선교사에 의하면, 현재까지 노아 방주 탐사에 대한 보고서는 70여 개나 있다고 합니다. 고대의 기록들도 있는데, 한 예를 들면 주전 3세기에 베로수스(Berossus)라는 바벨론 제사장이 있었습니다. 그가 헬라어로 바벨론 역사를 기록했는데, 그에 의하면 아르메니아의 산에 방주가 있는데 사람들이 올라가서 그 나무를 떼어 가지고 와서 호신용 부적으로 삼았다고 합니다.[3] 그래서 노아 방주가 아라랏 산, 그 중에서도 아르메니아에 속한 산 어딘가의 얼음 속에 묻혀 있는 것은 사실이라고 생각됩니다.

어쨌든 노아가 탄 방주는 홍수 발생 150일 후에 아라랏 산에 머물렀고, 다시 두 달 반쯤 지난 10월 1일에 산들의 봉우리가 보이기 시작했습니다. 마치 바다 한가운데 있는 조그만 암초처럼 보였을 것입니다. 또다시 40일을 지나서 노아는 방주의 창을 열었습니다. 물이 말랐나 보기 위해 먼저 까마귀를 내어 보냈습니다. 그러자 까마귀는 물이 마

---

3 Josephus, *Jewish Antiquities*, I,93.

르기까지 계속 날아다녔습니다. 그다음에 비둘기를 내어놓으니 날아다니다가 온 땅에 물이 있으므로 발 디딜 곳을 찾지 못하고 도로 방주로 돌아왔습니다. 그래서 노아가 손을 내밀어 비둘기를 받아 방주 안으로 들였습니다. 또 7일을 기다렸다가 비둘기를 내어놓으니 비둘기가 날아다니다가 저녁때에 감람나무 새 잎사귀를 입에 물고 왔습니다. 참 착한 비둘기지요? 노아의 마음을 알고 잎사귀를 물고 온 것입니다. 주인의 마음을 알고 보답할 줄 아는 비둘기입니다. 노아는 이 잎사귀를 보고 땅에 물이 감한 줄 알았습니다.

그러나 노아는 성급하게 창문을 열고 땅에 나오지 않았습니다. 아홉 달이나 방주 안에 갇혀 있었으니 얼마나 답답했겠습니까? 보통 사람 같았으면 답답해서 못 견디고, 물이 마르기도 전에 급히 창문을 열고 뛰쳐나오다가 물에 빠져 죽었을지도 모릅니다. 아니면 진흙 벌에 빠져서 오도 가도 못하는 신세가 되었을지도 모릅니다. 그러나 노아는 또다시 7일을 기다렸다가 비둘기를 내어놓았는데, 비둘기가 다시는 돌아오지 않았습니다. 땅이 완전히 말랐다는 것을 말해 줍니다.

그러나 노아는 또 기다렸습니다. 노아의 나이 601년 1월 1일에 노아가 방주 뚜껑을 열고 보니 지면에 물이 걷혔습니다. 그래도 노아는 나오지 않고 기다렸습니다. 또 두 달 가까이 기다렸습니다. 그러자 2월 27일에 땅이 완전히 마르고, 그때 하나님이 노아에게 말씀하셨습니다. "너는 네 아내와 네 아들들과 네 자부로 더불어 방주에서 나오라."(15절) 이어서 "또 너와 함께한 모든 혈육 있는 생물 곧 새와 육축과 땅에 기는 모든 것을 다 이끌어 내라. 이것들이 땅에서 생육하고 땅에서 번성하리라."(16절) 이 말씀을 듣고서 노아는 비로소 문을 열고 방주에서 나왔습니다. 자기 아내와 아들들과 며느리들과 짐승들, 새들도 다 나왔습니다. 홍수가 난 지 정확하게 1년 10일 후에, 그러니까 1년 11일 만에 방주에서 나온 것입니다.

여기서 우리는 무엇을 알 수 있을까요? 어떤 교훈을 얻을 수 있습니까? 그것은 노아의 기다림입니다. 노아는 믿음이 좋은 사람이었는데 또한 기다릴 줄 아는 사람이었습니다. 방주 안에서 기다리고 기다리고 또 기다리고, 하나님이 나오라고 하실 때까지 기다렸습니다. 지루하고 따분하고 갑갑해도 참고 인내하고 기다렸습니다. 노아는 완전히 물이 마를 때까지, 확실히 물이 마를 때까지, 그리고 하나님이 나오라고 말씀하실 때까지 기다리는 사람이었습니다. 이런 기다림이 있었기 때문에 노아와 그의 가족은 모두 다 구원받았습니다. 믿음이 있어서 방주를 만들고 방주 안에 들어갔다고 하더라도, 기다리지 못해서 중간에 문을 열고 뛰쳐나왔더라면 물에 빠져 죽었을 것입니다.

사랑하는 우리 성도 여러분,

오늘날 우리에게도 이런 기다림이 필요합니다. 열매를 맺으려면 기다림이 필요합니다. 볍씨를 심고 모가 자라고 그래서 모내기를 해서 벼를 심어 놓았는데, 성질 급한 사람이 "왜 빨리 벼가 자라서 쌀이 맺히지 않지?" 하면서 벼를 잡아당기면 뽑혀서 죽어버립니다. 한 톨의

쌀을 얻기 위해서는 벼를 심어 놓고 오래 기다려야 합니다. 논에 물을 대고 햇볕이 쬐고, 그래서 벼가 자라서 누런 벼알이 주렁주렁 열려 고개를 숙일 때까지, 그래서 벼알이 충분히 영글 때까지 기다렸다가 수확해야만 쌀을 얻게 되는 것입니다.

따라서 열매를 맺으려면 기다리는 것이 중요합니다. 누가복음 8장 15절에 보면 "좋은 땅에 있다는 것은 착하고 좋은 마음으로 말씀을 듣고 지키어 인내로 결실하는 자니라."고 했습니다. 좋은 땅에 뿌리운 씨가 백 배, 육십 배, 삼십 배 결실을 하려면 착하고 좋은 마음으로 말씀을 듣고 지키어 인내해야 합니다. 이처럼 오래 참고 기다리는 것이 중요합니다.

그런데 많은 사람들은 기다리지 못해 실패합니다. 조금 기도하다가 안 되면 "에이, 왜 이래? 왜 기도 응답이 안 되지?" 하면서 포기하고 맙니다. 그러다가 위기가 닥치고 답답하면 조금 기도합니다. 그러다가 응답이 없으면 또 치워버립니다. "기도해도 별수 없네." 하면서 그만둡니다. 그러니 결실이 안 됩니다. 열매가 맺히지 않아요. 밥하는 것으로 따지면, 쌀을 앉혀서 가스 불 위에 얹어 놓고 불을 때는데, 1분도 안 되어서 "왜 밥이 빨리 안 되지?" 하면서 불을 끄고 뚜껑을 열어 봅니다. 그러다가 또 불 때고, 그러다가 또 1분도 안 되어서 불 끄고 뚜껑 열어 보고 … 계속 이러면 밥이 안 됩니다. 쌀이 익지를 않고 성글성글합니다. 밥도 아니고 죽도 아니고 엉망이 되고 맙니다.

혹시 여러분의 신앙생활이 이렇지 않습니까? 신앙생활 한 지 5년, 10년이 지났는데도 아직 열매가 없고 늘 그 모양이 아닙니까? 다른 사람은 조금씩 열매가 맺히고 있는데 여러분은 늘 그 모양 그대로, 옛 모습 그대로가 아닙니까? 오히려 퇴보하는 경우도 있습니다. 한때는 열심 내는 듯하더니만, 한동안 기도하고 뭔가 되는 듯하더니만, 물이 끓고 김이 좀 나려고 하는데 그만 기도 불을 꺼버려서 죽도 아니고 밥도 아니고 이상하게 되어버리지 않았습니까?

제가 천안에 와서 교회를 봉사하면서 배운 것도 바로 인내입니다. 기다림입니다. 옛날처럼 교회가 팍팍 잘 되는 것은 아닙니다. 사람들이 교회로 몰려오는 것도 아니고, 전도한다고 반응이 있는 것도 아니고, 또 가끔 오는 사람들도 순수하게 말씀을 듣고 은혜받으려고 오는 게 아닙니다. 그저 인간적인 교제를 바라고 오는 사람들도 있고, 자기 일자리를 바라고 오는 사람들도 있고, 또는 작은 교회에서 왕초 노릇 하려고 오는 사람들도 있습니다. 순수하게 예배드리고 말씀 듣고 배우고 은혜받기 위해 오는 사람들은 드뭅니다.

지나 놓고 보면, 순수하지 못한 동기에서 온 사람들은, 일시적으로 교회 빈자리를 채워 주니까 좋은 것 같지만, 결국 도움이 안 된다는 것을 알게 됩니다. 비록 적은 숫자가 모였을지라도 순수하게 하나님의 말씀을 듣고 참 마음으로 예배하는 사람들이 모이면, 그래서 하나님이 기뻐하시면 의외로 쉽게 부흥될 수도 있습니다. 교회는 사람의 뜻대로 되는 게 아니고 하나님의 뜻대로 된다, 하나님의 손에 달렸다 하는 것을 생각하게 됩니다.

그러므로 사랑하는 성도 여러분,

하나님의 약속이 쉬 이루어지지 않는다고, 우리의 기도가 속히 응답되지 않는다고 낙심하지 말고, 불평하지 말고, 살아계신 하나님을 바라보고 계속 기도하면서 나아가는 성도들이 되시기 바랍니다.

오랜 기다림 끝에 방주에서 나와 여덟 식구를 구원한 노아의 믿음을 본받아, 오래 참고 인내함으로 마침내 결실하는 성도들이 다 되시기 바랍니다. 그래서 백 배, 육십 배, 삼십 배의 결실을 거두는 성도들이 다 되시기 바랍니다. 아멘. (2011년 1월 16일 주일 오전)

13. 아라랏 산의 제사 (8:20-22)

20 노아가 여호와께 제단을 쌓고 모든 정결한 짐승과 모든 정결한 새 중에서 제물을 취하여 번제로 제단에 드렸더니 21 여호와께서 그 향기를 받으시고 그 중심에 이르시되 내가 다시는 사람으로 말미암아 땅을 저주하지 아니하리니 이는 사람의 마음이 계획하는 바가 어려서부터 악함이라 내가 전에 행한 것 같이 모든 생물을 다시 멸하지 아니하리니 22 땅이 있을 동안에는 심음과 거둠과 추위와 더위와 여름과 겨울과 낮과 밤이 쉬지 아니하리라

아라랏 산은 오늘날 터키와 아르메니아와 이란 국경 지대에 있습니다. 해발 5,000미터 이상의 높은 산입니다. 구글 맵을 통해 위성 사진을 볼 수 있는데 하얀 눈으로 덮여 있습니다. 그러면 아라랏 산이 왜 중요할까요? 두 가지 이유가 있습니다.

첫째는, 노아의 방주가 내린 곳이기 때문입니다. 노아가 탄 방주는 물 위에 떠다니다가 150일 후에 아라랏 산에 머물렀습니다. 고대 기록에도 보면, 노아 방주는 아르메니아 땅의 아라랏에 있다고 합니다. 주전 3세기의 베로수스(Berossus)[1]에 의하면 "방주의 한 부분이 아르메

---

1 바벨론 제사장으로 바벨론 역사 3권을 저술하였다.

니아에 쿠르드 족의 산에 아직 남아 있다고 한다. 사람들이 그 역청 나무 조각들을 떼어 가서 호신용 부적으로 사용한다고 한다."고 말합니다.[2] 오늘날에도 노아 방주를 찾으려는 노력이 계속되고 있습니다. 아마 머지않아 고해상도 위성 카메라에 잡힐지도 모릅니다. 어쩌면 하나님이 그런 것을 막기 위해 방주를 완전히 눈에 덮이게 하실지도 모릅니다. 그것은 전적으로 하나님의 뜻에 달렸습니다.

아라랏 산이 중요한 둘째 이유는, 이것이 더 중요한데, 오늘날 모든 인류는 아라랏 산에서부터 시작되었기 때문입니다. 세계 모든 민족, 모든 인류는 어디서 왔을까요? 하나님을 믿지 않는 사람들은 아프리카에서 왔다, 시베리아에서 왔다, 심지어는 외계에서 왔다고 말하지만 이런 것들은 옳지 않습니다. 정답은 아라랏 산에서 왔다는 것입니다. 왜 그렇습니까? 노아 방주가 거기에 내렸기 때문입니다. 세상의 다른 모든 사람은 홍수로 다 죽었습니다. 노아와 그의 가족 합쳐서 8명만 살아남았는데, 그들로부터 다시 인류가 번성했습니다. 따라서 현재 인류의 출발지는 아라랏 산이라고 말할 수 있습니다.

아라랏 산에서 서쪽으로 퍼져 나간 민족은 함족입니다. 특히 가나안의 아들 헷은 아라랏 서쪽으로 가서 아나톨리아(오늘날 터키 땅)에 살았습니다. 함족은 거기서 다시 남쪽으로 내려가서 두로와 시돈, 가나안 땅에도 살았으며 또 아프리카 애굽 땅, 리비아 등에도 가서 살았습니다. 아라랏 산에서 북쪽 또는 동쪽으로 간 민족은 야벳의 자손들입니다. 아라랏에서 북쪽으로 올라가면 그루지야와 코카사스 산맥이 나

---

2 Josephus, *Jewish Ant.*, I,93.

옵니다. 왼쪽은 흑해이고 오른쪽은 카스피해인데 그 사이의 통로에 조지아(그루지야), 코카사스 산지가 있습니다. 야벳의 후손은 그쪽으로 올라가서 흑해 북쪽 연안을 따라 서쪽으로 가서 오늘날 유럽족의 조상이 되었습니다. 흑해 북쪽 연안을 따라 서진하다가 다시 내려오면 마게도냐와 그리스가 나타납니다. 그리고 에게해가 있습니다. 에게해는 연중 몇 달을 제외하고는 잔잔한 바다인데 배 타고 다니기에 좋습니다. 그래서 배를 타고 다니면서 해상무역을 해서 크게 번성했습니다. 일부는 에게해 동쪽 해안에 도착했는데, 오늘날 터키 서쪽 해안입니다. 그래서 밀레도와 에베소, 서머나, 트로이 등을 건설했는데, 이 도시들이 크게 발전하여 고대 그리스 문명을 꽃피웠습니다. 다음에 아라랏 산에서 남동쪽 또는 남쪽으로 내려간 사람들은 셈족입니다. 그들은 엘람족, 앗수르족, 아람족 등의 조상이 되었습니다.

그러면 우리 한민족은 어디서 왔을까? 누구 자손일까요? 모릅니다. 어떤 사람은 셈족이라고 주장하지만 확실한 증거가 없습니다. 함족일 가능성도 있습니다. 어쩌면 야벳족인지도 모릅니다. 앞으로 연구를 더 많이 해야 하겠지만 현재로서는 "알 수 없다"가 정답입니다. 분명한 것은 아라랏 산에서 왔다는 것입니다. 그리고 노아의 자손이라는 것도 분명해 보입니다.

어쨌든 오늘날 세계 인류는 아라랏 산에서부터 왔습니다. 그래서 아라랏 산이 우리 인류의 고향입니다. 물론 그 전에 에덴동산이 있었지만 그때 옛 세상의 인류는 다 죽었습니다. 노아의 여덟 가족을 빼고는

다 죽었으니 현생 인류의 고향은 아라랏이라고 할 수 있는 것입니다.[3]

그러면, 노아가 아라랏 산에 내린 후에 무엇을 했을까요? 20절에 보면 "노아가 여호와를 위하여 단을 쌓고 모든 정결한 짐승 중에서와 모든 정결한 새 중에서 취하여 번제로 단에 드렸다."고 합니다. '단(壇)을 쌓았다'는 것은 대단히 중요합니다. 성경에 보면, 단을 쌓았다는 말이 제일 처음 나오는 곳이 바로 이곳입니다. 세상에서 최초로 단을 쌓은 사람은 노아입니다. 물론 그 전에도 하나님께 제사를 드린 사람은 있었습니다. 창세기 4장에 보면, 가인과 아벨도 하나님께 제사를 드렸습니다. 이것은 아마도 아담에게서 배운 것일 것입니다. 그러나 거기에는 단을 쌓았다는 말은 없습니다. 맨땅에 놓고 제사드렸을 수도 있고 혹은 단을 쌓았을 수도 있지만, 이에 대해서는 성경에 기록이 없습니다. 아마도 바위 위에 제물을 얹어 놓고 제사를 드렸다고 생각할 수도 있습니다. 어쨌든 단을 쌓고 그 위에 제물을 드렸다는 기록은 창세기 8장 20절이 처음입니다.

노아는 주위의 돌들을 주워서 단을 쌓았을 것입니다. 홍수가 지나갔으니 땅이 축축했을 것입니다. 땅이 말랐다고 했지만 아직 물기가 좀 남아 있었을 것입니다. 맨땅에 제물을 얹어 놓으면 흙이 묻고 개미들이 달려듭니다. 그래서 돌들을 가져다가 단을 쌓았습니다. 노아가 쌓

---

3 물론 노아 홍수가 전 세계적인 것이 아니라 중동 지역에 제한된 것이었다면, 다른 지역에서는 계속 살아 있는 사람들이 있었을 수 있다. 그러나 이 문제는 복잡하고 어려워서 일단 미결로 남겨 두기로 하자.

은 단은 그냥 수십 개의 돌들을 가져와서 쌓은 것이 아닐까 생각해 봅니다. 왜냐하면 8명의 식구로서는 엄청 큰 돌을 운반하기는 어려웠을 것이기 때문입니다. 게다가 힘쓸 수 있는 남자는 네 명뿐입니다. 그리고 이스라엘 땅에서 발견되는 단들을 보면, 그냥 작은 돌들을 쌓은 것입니다. 어쨌든 노아가 어떤 형태의 단을 쌓았는지는 알지 못합니다. 중요한 것은 그가 단을 쌓고 그 위에 짐승을 잡아 제사를 드렸다는 것입니다.

20절에 보면, 모든 정결한 짐승 중에서와 모든 정결한 새 중에서 취하여 제물로 드렸다고 합니다. 이것을 보면 노아는 짐승들 중에서 정결한 짐승과 부정한 짐승이 무엇인지 구별할 줄 알았다는 것을 알 수 있습니다. 이것은 아마도 하나님이 가르쳐 주셨을 것입니다. 소, 양, 염소 등은 정결한 짐승이고 돼지, 낙타 등은 부정한 짐승입니다. 새들도 마찬가지로 정결한 새와 부정한 새의 구별이 있습니다. 예를 들면 비둘기는 정결한 새이고 독수리와 솔개, 매 등은 부정한 새입니다. 이런 부정한 짐승들이나 새들은 하나님께 제사드리기에 합당치 않은 것들입니다.

이것을 보면 노아는 제법 큰 제사를 드렸다는 것을 알 수 있습니다. 소와 양, 염소, 비둘기 등 적어도 수십 마리는 드리지 않았을까 생각해 봅니다. 상당히 큰 제사를 드렸습니다. 제사의 종류는 '번제(燔祭)'였습니다. 태워서 드리는 제사였습니다. 히브리 원어로는 '올라'인데 '올라가다'는 뜻의 동사 '알라'에서 왔습니다. 그래서 '올라'는 제단 위에 올려진 것을 뜻합니다. 태우기 위해 제단에 올린 것입니다. 성경에서 '번제'는 전체를 다 태우는 것을 의미합니다. 짐승이나 새 전체를 다 태워서 하나님께 드리는 제사를 의미합니다.

그러면 노아는 왜 아라랏 산에 내린 후 하나님께 번제 제사를 드렸을까요? 무엇 때문에, 어떤 의미에서 제사를 드렸을까요? 우리는 두 가지를 생각할 수 있습니다.

첫째는 하나님께 대한 감사입니다. 큰 홍수에서 죽지 않도록 살려 주신 것에 대한 감사입니다. 다른 사람들은 다 죽었습니다. 친척들도 죽고 친구들도 죽고 이웃집 사람들도 죽고 전부 다 죽었습니다. 오직 노아 집 식구 여덟 명만 살았습니다. 그래서 생명을 건져 주신 하나님께 감사를 드린 것입니다. 온 세상이 물로 출렁이는데 방주 안에 1년 이상 머물러 있어서 생명을 건졌습니다. 그래서 노아는 무엇보다도 먼저 하나님께 감사의 제사를 드렸습니다. 이처럼 노아는 감사할 줄 아는 사람이었습니다.

둘째는 하나님께서 다시는 이 세상을 홍수로 벌하지 아니하시고 지켜 주시도록 기도했을 것입니다. 감사와 아울러 하나님께 기도드렸을 것입니다. "우리 인간을 용서하시고, 너그러이 봐 주시고, 다시는 이런 홍수를 내리지 말아 주옵소서."라고 기도드렸을 것입니다. 이처럼 제사에는 기도가 따릅니다. 첫째는 감사요, 둘째는 간구입니다.

그러자 하나님이 어떤 반응을 보였습니까? 21절에 보면 "여호와께서 그 향기를 받으시고 그 중심에 이르시되 내가 다시는 사람으로 말미암아 땅을 저주하지 아니하리니 이는 사람의 마음이 계획하는 바가 어려서부터 악함이라. 내가 전에 행한 것 같이 모든 생물을 다시 멸하지 아니하리라."고 하셨습니다. 우선 하나님은 그 향기를 받으셨습니다. 전의 개역한글판에서는 '그 향기를 흠향하시고'라고 되어 있습니다. '흠향(歆饗)하다'에서 '흠(歆)'은 받을 흠 곧 제사 음식을 받는 것을 뜻합니다. '향(饗)'은 잔치할 향입니다. 그런데 히브리어로는 그냥 '냄새 맡다'(smell)는 뜻입니다.[4] 그래서 쉬운 우리말로 번역하면 "여호와께서 그 향기를 맡으시고"가 됩니다.

그리고 하나님은 그 중심에 말씀하셨습니다. 자기 스스로 말씀하신 것입니다. "내가 다시는 사람으로 인하여 땅을 저주하지 아니하리니". 다시는 이런 대홍수를 내려서 세상을 멸망시키지 않겠다는 말씀입니다. 작은 홍수는 내릴 수 있지만, 온 세상을 멸망시키는 대홍수는 다시 없을 것이라는 말씀입니다. 이것은 노아의 제사를 받으시고 그의 기도를 들으신 결과입니다. 그래서 온 세상을 다시는 홍수로 멸망시키지 않겠다고 약속하셨습니다.

그러면 왜 다시는 홍수로 세상을 멸망시키지 않겠다고 마음먹으셨을까요? 그 이유가 참 묘합니다. 21절 중간에 보면 "이는 사람의 마음의 계획하는 바가 어려서부터 악함이라."고 합니다. 사람이 착해져서

---

[4] 히브리어로는 '루아흐'(רוח)의 히필(사역) 형이 사용되었다. 히필 형의 의미는 '냄새 맡다'(to smell)이다(Gesenius).

가 아닙니다. 홍수 후에 사람들이 회개하고 착해져서가 아닙니다. 물론 노아와 그 가족들은 하나님을 잘 믿고 착한 사람들이었습니다만, 그 자손들은 또 악하게 될 것입니다. 조금 지나면 또 싸우고 다투고 나쁜 짓하고, 남의 것을 빼앗고 죽이고 전쟁하고 할 것입니다. 사람의 마음의 계획하는 바가 어려서부터 악합니다. 어려서부터 부모 말씀을 안 듣고 부모 속을 썩이고 엇길로 가고 쓸데없는 짓을 하고 등등 어려서부터 악합니다.

그래서 하나님은 마음을 내려놓으신 것입니다. 하나님이 마음을 넓혀서 적응하신 것입니다. 여러분, 자식을 낳아 키워 보면 부모의 마음이 이렇습니다. 자식을 낳으면 처음에는 잘 키워 보려고 애를 씁니다. 훌륭한 사람을 만들어 보려고 걸음마를 하자마자 글자를 가르치고, 읽지도 못하는 책을 사다 주고, 서너 살만 되면 비싼 유아원에 보내고 유치원에 보내고 합니다. 기대가 큽니다. "이 아들은 커서 훌륭한 사람이 될 거야. 장관은 너무 시시한 것 아냐? 총리 정도는 할까? 아니면 노벨상 타는 과학자?" "이 딸은 자라서 어쩌면 여자 대통령? 아니면 여자 판사?" 이렇게 기대에 부풀어 있습니다.

그런데 아이가 자라서 초등학교에 들어가면서부터 하라는 공부는 안 하고 사고치고 교무실에 불려 다닙니다. 시험을 쳤는데 성적은 엉망입니다. 자라면서 쓸데없는 짓만 하고 있고, 늘 게임만 하고 … 아무리 말하고 타이르고 나무라도 안 됩니다. 싸워도 안 되고 때려도 안 되고 … 자식은 결국 자기 하고 싶은 대로 다 합니다. 그래서 나중에는 결국 어떻게 됩니까? 부모가 집니다. "내가 졌다. 너 하고 싶은 대로 다 해라." 그래서 결국 부모가 포기하고 맙니다. 씁쓸하지만 포기하고 맙니다. 그래야 싸우지 않습니다. 포기해야 차라리 마음이 평안하고 가정에 평화가 있습니다.

하나님의 마음도 이와 같습니다. 홍수로 온 세상을 멸망시켰는데, 그렇다고 사람들이 변하는 것은 아닙니다. 물론 지금 노아와 그 가족은 착하고 하나님 말씀을 잘 듣고 좋지만, 그 자손들은 얼마 가지 않아서 하나님 말씀을 안 듣고 악하게 될 것입니다. 어려서부터 늘 나쁜 짓만 계획하게 될 것입니다.

그래서 하나님이 마음을 넓게 가지신 것입니다. 말하자면 포기하신 것입니다.[5] 악한 인간들을 일일이 다 으면 씨가 남지 않을 것입니다. 그래서 하나님은 포기하신 것입니다. "사람은 원래 그래. 원래 악한 거야." 그래서 하나님은 노아의 제사를 받으시고, 노아의 기도를 들으시고 다시는 세상을 홍수로 멸망시키지 않겠다고 약속하신 것입니다. 물론 하나님은 비장의 카드를 가지고 계셨습니다. 여기 본문에는 나타나 있지 않지만, 결국 자기 아들을 이 땅에 보내셔서 죄에 빠진 세상 사람들을 구원하실 비상 작전을 계획하고 계셨습니다. 이른바 '성육신 작전'입니다. 그러나 아직 공개할 시점은 아니었습니다. 그래서 일단은

---

5 인간적인 표현으로는 '포기'이지만 하나님 편에서는 '원래 계획'대로 하신 것이다. 하나님께서는 노아 홍수도 홍수 후의 새 출발도 다 하나님의 '계획' 속에 있었으며 모든 것이 하나님의 원래 뜻대로 이루어진다. 그러나 역사 속에서 인간과 관계하시는 하나님의 행동과 마음을 이해하기 위해 우리 인간 편에서 생각해 보는 것은 우리를 위해 유익할 때가 많다.

이 세상을 다시는 멸하지 않겠다고 약속하셨습니다. 물론 이 세상 마지막 날에는 불로 심판하실 것입니다만, 홍수로 멸망하시는 일을 없을 것입니다.

　그래서 하나님은 약속하셨습니다. "땅이 있을 동안에는 심음과 거둠과 추위와 더위와 여름과 겨울과 낮과 밤이 쉬지 아니하리라."(22절) '심음과 거둠'은 곡식을 심고 거두는 일 곧 농사입니다. 넓게 보면 경제 활동 전체를 가리킵니다. 이런 경제 활동은 지구 종말 때까지 계속될 것입니다. '추위와 더위'도 계속될 것입니다. 지금 지구 온난화 때문에 지구가 몸살을 앓고 있습니다. 세계 곳곳에 폭설과 폭우가 내리고, 공중의 새들이 무더기로 떨어져 죽고 있습니다. 어떤 사람들은 곧 지구 종말이 올 것처럼 불안해하고 있습니다. 그러나 이런 추위와 더위는 반복될 것입니다. 예수님 다시 오실 때까지 계속될 것입니다. 따라서 너무 불안해할 필요는 없습니다.

　'여름과 겨울'도 마찬가지입니다. 계절의 변화는 쉬지 않고 계속될 것입니다. 이것은 해가 올라갔다 내려갔다 하면서 생기는 현상입니다. 해가 북반구로 올라왔다가 남반구로 내려갔다가 하면서 여름이 왔다, 겨울이 왔다 합니다. 실제로는 지구가 태양 주위를 공전하면서 태양 빛을 받는 각도에 차이가 있기 때문에 생기는 현상입니다. 이것은 지구가 약간 기울어져 있어서 그렇습니다. 어쨌든 하나님은 여름과 겨울이 있게 하시겠다고 하십니다. '낮과 밤'도 마찬가지입니다. 이것은 지구의 자전 때문에 생기는 현상입니다.

결론적으로 하나님은 이 세상, 이 우주의 운행을 계속하시겠다고 말씀하십니다. 변함없이 꾸준히 세상을 운행하시겠다는 것입니다. 인간의 죄에도 불구하고 세상 운행을 멈추지 않으십니다. 사람들의 죄가 많다고 하나님이 화가 나서 지구의 자전을 중단시키지는 않으십니다. 만일 그렇게 되면 어떤 지역은 계속 낮이 되고 어떤 지역은 계속 밤이 될 것입니다. 계속 낮인 지역은 온도가 올라가서 50도, 60도, 100도, 200도가 될 것입니다. 그러면 모든 생물이 다 죽습니다. 계속 밤인 지역은 온도가 내려가서 영하 20도, 영하 50도, 영하 100도, 영하 200도가 될 것입니다. 그러면 다 얼어 죽습니다. 그러나 하나님은 그렇게 하시지 않겠다고 약속하셨습니다.

하나님은 오늘날까지 그 약속을 지키고 계십니다. 예수님이 다시 오실 때까지 이 약속을 지키실 것입니다. 왜냐하면 하나님이 약속하셨기 때문입니다. 하나님은 한번 약속하신 것은 반드시 지키십니다. 민수기 23장 19절에 "하나님은 인생이 아니시니 식언치 아니하시고"(개역한글판)라고 했습니다.

하나님이 이렇게 넓은 마음을 먹고 이 세상을 신실하게 운행하시는 것은 물론 하나님의 작정이고 하나님의 뜻입니다만 거기에는 또한 노아의 제사가 있었습니다. 노아가 아라랏 산에서 단을 쌓고 짐승들과 새들을 잡아 번제로 태워 드린 제사를 하나님이 기뻐 받으시고 은혜를 베푸신 것입니다. 노아의 감사와 기도를 하나님이 들으시고 이 세상을 다시는 홍수로 멸하지 않으십니다. 또한 변함없이 해와 달이 뜨게 하시고, 낮과 밤을 주시고, 여름과 겨울을 주시고, 곡식이 자라게 하시고 거두게 하십니다.

사랑하는 성도 여러분,

오늘날도 하나님은 노아에게 하신 약속을 지키시고 죄 많은 우리에게 은혜를 베푸십니다. 오늘도 변함없이 해가 뜨고, 의로운 자와 불의한 자에게 햇빛을 골고루 비춰 주십니다. 하나님은 의인의 기도를 기뻐 들으시고 응답하신다는 사실을 알 수 있습니다. 잠언 15장 8절에 "악인의 제사는 여호와께서 미워하셔도 정직한 자의 기도는 그가 기뻐하시느니라."고 하셨습니다. 또한 같은 장 29절에서는 "여호와는 악인을 멀리하시고 의인의 기도를 들으시느니라."고 하셨습니다. 의인 노아의 기도를 들으시고 하나님은 이 세상을 멸하지 아니하시고 지켜 주십니다. 특히 감사함으로 드리는 기도, 정성껏 단을 쌓고 그 위에 정결한 짐승들과 새들을 태워서 드린 제사를 하나님이 기뻐 받으시고 응답하셨습니다.

오늘날 우리는 흠 없고 점 없는 어린양 예수 그리스도의 보배로운 피로 하나님께 나아갑니다. 우리의 정성을 모아 예수 그리스도의 피를 의지하여 하나님께 감사드리고 기도드릴 때에 하나님이 기쁘게 들으시고 응답하실 줄로 믿습니다.

여러분 모두, 노아의 제사를 받으시고 그 기도에 응답하신 하나님을 생각하며 감사함으로 하나님께 나아와 기도하는 성도들이 되시기 바랍니다. 그래서 하나님이 여러분의 기도를 기쁘게 들으시고 응답하시는 성도들이 되시기 바랍니다. 그래서 열매를 많이 맺어서 하나님을 찬송하고 하나님을 잘 섬기는 성도들이 다 되시기 바랍니다. 아멘.
(2011년 1월 23일 주일 오전)

14. 홍수 후 새 출발 (9:1-7)

1 하나님이 노아와 그 아들들에게 복을 주시며 그들에게 이르시되 생육하고 번성하여 땅에 충만하라 2 땅의 모든 짐승과 공중의 모든 새와 땅에 기는 모든 것과 바다의 모든 물고기가 너희를 두려워하며 너희를 무서워하리니 이것들은 너희의 손에 붙였음이니라 3 모든 산 동물은 너희의 먹을 것이 될지라 채소 같이 내가 이것을 다 너희에게 주노라 4 그러나 고기를 그 생명 되는 피째 먹지 말 것이니라 5 내가 반드시 너희의 피 곧 너희의 생명의 피를 찾으리니 짐승이면 그 짐승에게서, 사람이나 사람의 형제면 그에게서 그의 생명을 찾으리라 6 다른 사람의 피를 흘리면 그 사람의 피도 흘릴 것이니 이는 하나님이 자기 형상대로 사람을 지으셨음이니라 7 너희는 생육하고 번성하며 땅에 가득하여 그 중에서 번성하라 하셨더라

이 세상 역사는 노아 홍수를 기점으로 해서 둘로 나뉩니다. 홍수 전의 세상을 성경은 '옛 세상'(벧후 2:5) 또는 '그때 세상'(벧후 3:6)이라고 부릅니다. 옛 세상은 죄악으로 인해 멸망했습니다. 사람들이 너무 악해서 하나님이 물로 멸망시켰습니다. 그러나 노아와 그의 가족 총 여덟 명은 방주를 만들어 그 안에 들어가서 생명을 건졌습니다. 홍수가

끝나고 나서 방주가 아라랏 산에 내렸는데, 방주에서 나온 노아는 제일 먼저 하나님께 제사를 드렸습니다. 돌을 가져다 단을 쌓고 정결한 짐승들을 골라 하나님께 번제를 드렸습니다. 그러자 하나님은 그 제사를 기뻐 받으시고, 다시는 사람을 홍수로 멸망시키지 않겠다고 약속하셨습니다.

그리고 나서 하나님은 노아와 그 아들들에게 복을 내리셨습니다. "하나님이 노아와 그 아들들에게 복을 주시며 그들에게 이르시되 생육하고 번성하여 땅에 충만하라."(1절) 생육하고 번성하여 땅에 충만하는 것은 당시로서는 제일 중요하고 급한 일이었습니다. 왜냐하면 땅 위에 있던 사람들이 다 죽었기 때문입니다. 노아의 식구 여덟 명밖에 없습니다. 그러니 이들이 빨리 번성해서 땅에 퍼지는 것이 중요합니다. 그래서 하나님은 이들에게 "생육하고 번성하여 땅에 충만하라."고 하셨습니다. 이것은 명령이라기보다 축복입니다. 하나님이 처음에 사람을 지으시고 나서 "생육하고 번성하여 땅에 충만하라."고 복 주신 것처럼, 홍수 후에도 똑같이 복을 주셨습니다. 그만큼 인구가 늘어나서 땅에 번성하는 것이 중요하다는 것을 알 수 있습니다.

그다음에 하나님이 말씀하셨습니다. "땅의 모든 짐승, 공중의 모든 새, 땅에 기는 모든 것, 그리고 바다의 모든 고기가 사람을 두려워할 것이다."(2절) 그래서 짐승들은 사람을 보면 두려워합니다. 가끔 짐승이 사람을 해쳤다는 소식을 듣는데, 이것은 뭔가 잘못된 것입니다. 사람이 짐승을 해치려고 달려들었거나 아니면 짐승 앞에서 달아난 경우입니다.

　여러분, 여러분이 만일 산에서 멧돼지와 같은 짐승을 만나면 도망가면 안 됩니다. 그러면 짐승은 본능적으로 달려듭니다. 짐승을 만나면 우리는 가만히 서서 짐승을 노려보아야 합니다. 그러면 짐승이 슬슬 도망갑니다. 노려보는데도 도망가지 않으면 어떻게 해야 할까요? 그때는 기도해야 합니다. 노려보면서 "저 짐승 빨리 도망가게 해 주세요."라고 기도하면 짐승이 도망갑니다. 왜 그럴까요? 하나님이 짐승으로 하여금 사람을 무서워하도록 하셨기 때문입니다.

　이번 명절에 부모님 댁에 내려가니까 조그만 강아지 한 마리가 나와서 멍멍 짖어요. 낯선 사람이 왔다고 짖는 것입니다. "아니, 주인 아들이 왔는데 몰라보고 짖어?"라고 생각하면서 강아지에게 다가가니까 뒤로 물러가면서 연방 "멍멍!" 짖는 거에요. 그래도 제가 무서워하지 않고 다가가니까 바로 발밑에서 위를 빤히 쳐다보면서 계속 짖어요. 그래서 제가 손을 내밀어 강아지 머리를 쓰다듬으면서 "아이 이쁘다, 착하다."고 하니까 뚝 그쳐요. 이처럼 대어드는 강아지도 머리를 쓰다듬으면서 "이쁘다, 착하다"고 하면 그치고 고분고분해집니다. 여러분 집에 혹 강아지처럼 말을 안 듣고 대어드는 아들딸이 있으면 같이 싸우면 안 돼요. 같이 멍멍 짖으면 온 집이 시끄럽고 동네가 시끄럽습니다. 그러면, 어떻게 해야 할까요? 머리를 쓰다듬으면서 "아이 이쁘다, 착하다."고 하면 고분고분해집니다. 그래도 안 되는 아이는 강아지보다 못한 것입니다.

　그다음에 하나님이 또 중요한 말씀을 하셨습니다. 무엇입니까? 그것은 이제 짐승을 사람에게 식물(食物)로 준다는 것입니다. 이제는 짐승도 채소처럼 먹어도 된다는 것입니다. 단, 죽은 짐승은 말고 산 짐승을 먹도록 허락하셨습니다. "무릇 산 동물은 너희의 식물이 될지라. 채소같이 내가 이것을 다 너희에게 주노라."(3절) 이 말은 물론 홍수 전에는 사람들이 짐승을 잡아먹지 않았다는 뜻은 아닙니다. 하나님을 믿지 않는 사람들은 홍수 전에도 짐승을 잡아먹었을 것입니다. 사람들도 죽이는 판에 왜 짐승을 잡아먹지 않았겠습니까? 아무 짐승이나 닥치는 대로 잡아서 먹었을 것입니다. 그러나 이제 하나님은 정식으로 허가하셨습니다. 특히 하나님을 믿는 사람들도, 노아 가족도 이제는 짐승을 잡아먹어도 좋습니다.

그런데 조건이 하나 있습니다. 아주 중요한 조건입니다. 그것은 고기를 먹을 때 피째 먹으면 안 된다는 것입니다. 피는 절대 먹으면 안 됩니다. 짐승을 잡으면 피는 땅에 쏟아버리고 고기만 먹어야 됩니다. 그런데 사람들 중에 짐승 피를 마시는 사람이 있어요. 이것은 끔찍한 죄입니다. 제가 어렸을 때 시골의 어떤 사람이 노루를 잡았어요. 노루를 잡아서 강으로 가지고 왔는데, 어떤 사람이 칼로 노루 목을 콱 찌르는 거예요. 그러니 목에서 피가 분수처럼 솟아나옵니다. 그러자 그것을 종기 그릇에 담아서 꿀꺽꿀꺽 마시는 거예요. 몸에 좋다고 하면서 마셨습니다. 그러나 이것은 큰 죄입니다.

여러분, 신약 시대에도 피는 먹지 말라고 했습니다. 사도행전 15장에 보면, 예루살렘에 총회가 모였는데 그때 결정 사항은 "우상의 제물과 피와 목매어 죽인 것과 음행을 멀리할지니라."는 것이었습니다(29

절). 이방인들로서 예수님을 믿는 사람들은 할례를 안 받아도 되고 절기를 안 지켜도 좋고 음식법을 안 지켜도 좋지만 단 "우상의 제물과 피와 목매어 죽인 것과 음행을 멀리하라."고 했습니다. 신약 시대에도 피는 먹으면 안 된다는 것을 알 수 있습니다.[1]

왜 피를 먹으면 안 되는 것일까요? 피는 생명이기 때문입니다. 본문 4절에 "그 생명 되는 피째 먹지 말지니라."고 했습니다. 여기서 '생명(네페쉬)'은 목숨이란 뜻입니다. 육체의 생명을 의미합니다. 레위기 17장 11절에도 "육체의 생명은 피에 있음이라."고 했습니다. 따라서 피가 중요합니다. 핏속에는 적혈구만 있는 것이 아니라 백혈구도 있고, 혈소판도 있고 혈액응고제도 있고 응고방지제도 있고, 또 온갖 종류의 면역물질과 신호전달 물질 등이 있습니다. 그래서 피가 중요하고 피가 생명입니다.

피가 중요한 또 하나의 이유가 있습니다. 무엇일까요? 그것은 바로 예수님의 피가 우리를 구원하셨기 때문입니다. 예수님이 우리를 구원하신 것은 은이나 금같이 없어질 것으로 한 것이 아니요 오직 흠 없고 점 없는 어린양 같은 그리스도의 보배로운 피로 하셨습니다(벧전 1:19). 왜냐하면 피는 생명이기 때문입니다. 하나님의 아들이 자기 피

---

[1] 물론 학자들 중에는 행 15장의 이 결정은 그 시대의 특수한 상황에만 해당되는 것이고 오늘날에는 해당되지 않는다고 보는 사람도 있다. 그래서 오늘날에는 피도 먹을 수 있다고 본다. 그러나 예루살렘 총회의 결정 사항 네 가지 중에서 왜 '피' 조항만 안 지켜도 되는지 이해하기 어렵다. 다른 세 개의 조항이 폐지되지 않고 유지된다면 피 조항도 유지된다고 보는 것이 옳지 않을까?

를 흘려서 우리를 구원해 주셨습니다. 그래서 보배로운 피 곧 보혈(寶血)이라고 부릅니다. 따라서 우리는 피를 소중히 여겨야 하고, 특히 예수님의 피 곧 십자가 보혈을 귀하게 여기고 감사해야 합니다.

뿐만 아니라 우리는 다른 사람의 피도 귀하게 여겨야 합니다. 사람은 하나님의 형상대로 지음받았기 때문입니다. 6절에 "무릇 사람의 피를 흘리면 사람이 그 피를 흘릴 것이니 이는 하나님이 자기 형상대로 사람을 지었음이니라."고 했습니다. 사람은 하나님이 자기 형상대로 지으셨습니다(창 1:27). 하나님의 형상대로 지었다는 것은 하나님을 닮은 존재로 지었다는 것입니다. 하나님을 닮았다는 것은 존귀한 존재, 영적 존재라는 말입니다. 다른 짐승들, 동물들은 하나님의 형상대로 지음받지 않았습니다. 그것들은 그냥 지었다고 했지, 하나님의 형상대로 지었다고 하지 않았습니다. 오직 사람만 하나님의 형상대로 지음받았습니다.

이 세상 사람은 다 하나님의 형상대로 지음받았습니다. 백인뿐만 아니라 흑인들도, 황인종들과 홍인종들도, 모두 다 하나님의 형상대로 지음받았습니다. 키 큰 사람뿐만 아니라 키 작은 사람도, 잘 생긴 사람뿐만 아니라 못 생긴 사람도, 공부 잘하는 학생뿐만 아니라 공부 못하는 학생도 다 하나님의 형상대로 지음받았습니다.

따라서 땅 위의 사람은 다 존귀한 존재입니다. 한 사람의 예외도 없이 다 존귀한 존재입니다. 하나님을 믿지 않는 사람도 하나님의 형상대로 지음받았다는 사실에는 변함이 없습니다. 따라서 아직 교회에 나오지 않는 사람들, 예배드리지 않는 사람들, 심지어 절에 가거나 모스크(회교 사원)에 가서 다른 신을 섬기는 사람이라 할지라도 하나님의 형상대로 지음받았다는 사실에는 변함이 없습니다. 물론 이들은 하나님의 형상이 찌그러졌다고 말할 수 있습니다. 깡통이 찌그러진 것처럼 좀 찌그러졌습니다. 그러나 찌그러진 깡통도 깡통입니다. 이처럼 하나님을 믿지 않는 사람들도 하나님의 형상대로 지음받은 존귀한 존재입니다. 따라서 우리는 그들도 존중하고 귀하게 여겨야 합니다.

오늘날 세계에는 수많은 인종들이 있고 수많은 문명들이 있습니다만, 그 중에서 왜 서양 문명이 좋은지 좋은 이유 하나만 말하라고 한다면, 우리는 이렇게 말할 수 있습니다. 서양 문명은 인권을 존중하기 때문이라고. '인권'(human rights)이란 사람의 기본적인 권리를 말합니다. 사람은 누구든지, 인종이나 신분이나 성별이나 나이나 지위 고하를 막론하고, 기본적인 인권을 가지고 태어난다는 것을 말합니다. 그래서 인간은 존엄하다, 모든 사람은 인간답게 살 권리가 있다고 말합니다. 이런 사상은 서양에서 온 것입니다. 유럽의 '자연법' 사상에서 왔습니다. 이것도 따지고 보면 결국 기독교에서 온 것이고 성경에서 온 것입니다. 창세기 1장에 "하나님이 자기 형상대로 사람을 지으셨다"는 말씀에서 온 것입니다.

이처럼 사람의 생명을 귀하게 여기고 인권을 존중하는 나라가 살기 좋은 나라입니다. 살기 좋다는 것은 단지 국민소득이 높다는 것만 말하는 것은 아닙니다. 아무리 국민소득이 높아도 인권이 보장되지 않으면 그런 나라는 살기 좋은 나라가 아닙니다. 우리나라는 요즈음 인권이 많이 신장(伸張)되었습니다. 어린아이들 인권도 많이 신장되었습니다. 옛날에는 어린아이들을 많이 두들겨 팼습니다. 제가 초등학교 6학년 때에는 담임선생이 학생을 "엎드려 뻗쳐!" 해놓고서 몽둥이로 두들겨 팼어요. 시험 쳐서 한 문제 틀리면 한 대씩 때렸습니다. 97점 맞으면 한 대, 94점 맞으면 두 대를 때렸습니다. 그런데 요즘 어떤 아이들은 80점을 맞아 놓고도 잘했다고 우깁니다. 옛날 같았으면 몽둥이 일곱 대를 맞았을 것입니다. 그러나 요즈음 선생들은 그렇게 하지 않습니다. 우리나라가 많이 좋아졌습니다.

우리나라 경찰들도 참 친절하고 좋습니다. 어떤 사람은 미국 경찰이 좋다고 하는데, 저는 그렇게 생각하지 않습니다. 미국 경찰은 차를 향하여 "서라!"고 깜빡깜빡 신호를 넣는데, 서지 않으면 총격을 가합니다. 그래서 사람이 죽기도 합니다. 심심하면 길거리에서 총격전이 벌어집니다. 그렇게 해서 미국에서는 공권력이 바로 서고 질서가 선다고 좋아하는 사람도 있지만, 그런 것은 지나친 것입니다. 그런 식으로 사람의 생명을 빼앗는 것은 옳지 못한 것입니다.

유럽이 미국보다 나은 점이 바로 이것입니다. 유럽은 경제적으로나 기술적으로 미국에 좀 뒤지는 것도 있지만 그래도 인권을 존중합니다. 사람의 생명을 귀하게 여기는 문화가 있습니다. 그래서 유럽에서는 총격전이 별로 없습니다. 이 점에 있어서 저는 유럽이 미국보다 낫다고 생각합니다. 인권을 존중하고 무기 소지를 금하고, 아름다운 음악과 예술이 있고, 또 삶의 여유가 있습니다. '국제사면위(앰네스티 인터내셔널)'는 영국 런던에 본부를 두고 있고, '국경없는 의사회'는 스위스 제네바에 본부를 두고 있습니다. 환경보호단체인 '그린 피스'는 네덜란드 암스테르담에 본부가 있습니다. 수많은 인권단체들과 구호단체들이 유럽에서 활동하고 있습니다.

지금 이집트가 들고 일어나고 있습니다. 무바라크 대통령의 독재 정권 밑에서 30년 동안 억눌려 지내다가 지금 폭발하고 있습니다. 독재 정권이 왜 나쁘냐? 그것은 사람의 인권을 짓밟기 때문입니다. 소수의 지배자들이 자기들끼리 권력과 물질을 독점하기 위해 사람들을 짓누르고, 언론의 자유를 억압하고, 늘 감시하고, 저항하면 잡아가고 심지어 죽이기까지 합니다. 그래서 지금 이집트 사람들이 일어나서 외치는 것은 그들도 인간답게 살고 싶다는 절규입니다. 30년 동안이나, 아니 그전부터 계속 억눌리고 가난에 찌들렸는데 이제는 인간답게 살고 싶다는 부르짖음입니다.

따라서 우리는 이집트뿐만 아니라 아랍 세계 전체에, 나아가서 온 세계에 자유의 물결, 민주화 운동이 일어나도록 기도해야 하겠습니다. 왜냐하면 모든 사람은 하나님의 형상대로 지음받았기 때문입니다. 존귀한 존재로 지음받은 사람이 다른 사람에 의해 억압당하고 종노릇하는 것은 잘못입니다. 우리는 자유를 소중히 여기고, 어느 누구도 우리를 억압하지 못하도록, 인권이 존중되는 사회가 되도록 기도해야 하겠습니다.

사랑하는 성도 여러분,

우리 주 예수님은 우리에게 참 자유를 주시기 위해 이 세상에 오셨습니다. 이를 위해 예수님은 십자가에서 보배로운 피를 흘리시고 자기 목숨을 주셨습니다. 갈라디아서 5장 1절에 "그리스도께서 우리로 자유하게 하려고 자유를 주셨으니 그러므로 굳세게 서서 다시는 종의 멍에를 메지 말라."고 했습니다.

따라서 우리에게 참 자유를 주신 예수님께 감사하면서 이 자유가 온 세상에 널리 퍼지도록 기도하는 여러분이 되시기 바랍니다. 우리를 종 노릇하게 만드는 죄의 세력, 마귀의 세력을 물리치고 참 자유를 누리는 성도들이 되시기 바랍니다. 그래서 우리 안에서 하나님의 형상이 완전히 회복되어서 빛을 발하는 성도들이 다 되시기 바랍니다. 아멘.
(2011년 2월 6일 주일 오전)

15. 무지개 언약 (9:8-17)

8 하나님이 노아와 그와 함께 한 아들들에게 말씀하여 이르시되 9 내가 내 언약을 너희와 너희 후손과 10 너희와 함께 한 모든 생물 곧 너희와 함께 한 새와 가축과 땅의 모든 생물에게 세우리니 방주에서 나온 모든 것 곧 땅의 모든 짐승에게니라 11 내가 너희와 언약을 세우리니 다시는 모든 생물을 홍수로 멸하지 아니할 것이라 땅을 멸할 홍수가 다시 있지 아니하리라 12 하나님이 이르시되 내가 나와 너희와 및 너희와 함께 하는 모든 생물 사이에 대대로 영원히 세우는 언약의 증거는 이것이니라 13 내가 내 무지개를 구름 속에 두었나니 이것이 나와 세상 사이의 언약의 증거니라 14 내가 구름으로 땅을 덮을 때에 무지개가 구름 속에 나타나면 15 내가 나와 너희와 및 육체를 가진 모든 생물 사이의 내 언약을 기억하리니 다시는 물이 모든 육체를 멸하는 홍수가 되지 아니할지라 16 무지개가 구름 사이에 있으리니 내가 보고 나 하나님과 모든 육체를 가진 땅의 모든 생물 사이의 영원한 언약을 기억하리라 17 하나님이 노아에게 또 이르시되 내가 나와 땅에 있는 모든 생물 사이에 세운 언약의 증거가 이것이라 하셨더라

여러분, 무지개 다 보셨지요? 도시에서는 무지개 볼 날이 많지 않지만 시골에서는 여름에 자주 보게 됩니다. 비 온 후에 개이면서 앞산에 빨주노초파남보 일곱 가지 아름다운 색깔이 둥그렇게 펼쳐집니다. 무지개를 영어로는 '레인보우'(rainbow)라고 하는데, '레인'(rain)은 비이고 '보우'(bow)는 활입니다. 비 온 후에 생기는 활처럼 굽은 것이라는 의미입니다. 히브리어로는 '케쉐트'(qeshet)라고 하는데 활이라는 뜻입니다.[1] 하늘에 있는 활을 의미하지요. 참고로 우리말 '무지개'의 어원은 확실치 않습니다. 서정범 교수의 『국어어원사전』에 의하면, '무지'는 해 또는 물이라는 뜻으로, '개'는 해라는 뜻으로 추정하는데 확실하지는 않습니다.[2]

어쨌든 무지개는 아름다움과 희망의 대명사입니다. 비 온 후에 저 멀리 앞산에 무지개가 걸쳐지면 탄성을 지르게 됩니다. 어떤 날에는 쌍무지개가 서는데 정말 장관입니다. 제가 초등학교 5학년 때 쯤 시골에서 학교를 다니고 있었는데 한 40분쯤 걸어서 학교에 다녔습니다. 학교 수업을 마치고 걸어오고 있는데 큰 강을 건너야 했습니다. 물은 거의 없고 돌들이 널려 있는 넓은 돌밭이었습니다. 그런데 저 멀리 산 밑자락에 무지개가 서 있어요. 아름답기도 하고 신기하기도 했습니다. 저절로 발걸음이 이끌려 그 무지개 있는 곳으로 다가갔습니다. 무지개를 잡으려고 10여분 걸어서 다가가니까 무지개가 없어지고 말았습니다. 그래서 무지개는 못 잡고 그냥 집으로 왔습니다.

---

1   Gesenius, *Lexicon*, s. v. קֶשֶׁת

2   서정범,『국어어원사전』(서울: 보고사, 2003), 267f.

무지개 연구에 획기적인 전환점을 이룬 사람은 아이작 뉴턴(Isaac Newton, 1642-1727)입니다. 17세기 후반과 18세기 초 영국의 수학자요 물리학자입니다. 그는 간단하게 프리즘을 통해 빛을 분산시켰습니다. 빛이 프리즘을 통과하자 빨주노초파남보 일곱 가지 색깔이 펼쳐지는 것이었습니다. 뉴턴은 이 실험을 통해 무지개는 빛이 분산되면서 생기는 것이라고 설명했습니다. 빛이 하늘에 있는 빗방울 층을 통과할 때 빛이 분산되면서 일곱 가지 색깔을 낸다는 것입니다. 오늘날 과학에 의하면 빛은 결국 각각 파장이 다른 일곱 개의 파장이 합쳐져 있는 것으로 설명됩니다(그 외에도 더 많은 파장들이 있습니다만 우리 눈에 보이는 가시광선만 가지고 말하면 그렇습니다.) 일곱 개의 파장이 합쳐지면 투명한 색 곧 햇빛 색을 내게 됩니다.

그러나 우리는 동일한 빛에 대해 다른 차원에서 말할 수도 있습니다. 그림을 그리는 화가는 색깔을 파장으로 이해하지 않고 느끼는 감정으로 이해합니다. 빨간색은 따뜻하다, 정열적이라고 생각하며, 파란색은 차다고 생각합니다. 성경은 빛에 대해 의(義), 선(善)의 상징으로 많이 말합니다. 사도 요한은 "하나님은 빛이시라. 그에게는 어두움이 조금도 없으시니라."고 말합니다(요일 1:5). 예수님은 "나는 세상의 빛이니 나를 따르는 자는 어두움에 다니지 아니하고 생명의 빛을 얻으리라."고 하셨습니다(요 8:12). 즉, 생명의 상징으로 빛을 말하고 있습니다.

무지개도 마찬가지입니다. 무지개는 아름다움의 상징이고 빛이 분산된 것이라는 것 외에 중요한 것이 또 하나 더 있습니다. 이것은 성경에 나오는 것인데, 곧 무지개는 '언약의 증거'라는 것입니다. 대홍수 후에 하나님은 노아와 언약을 맺었습니다. 11절에 있는 대로 "다시는 모든 생물을 홍수로 멸하지 아니할 것이라."고 약속하셨습니다. 노아와 그 아들들과 그리고 노아와 함께 한 모든 생물들에게 이런 언약을 세웠는데 그 언약의 증거가 바로 무지개입니다.

여러분, 두 사람이 결혼하기로 합의하면 결혼식을 하고 결혼 서약을 합니다. "어떤 일이 있어도 버리지 않고 사랑하겠습니다. 잘 돌보겠습니다. 아플 때나 병들 때나 사랑하겠습니다."라고 굳게 약속합니다. 이 약속의 증거로 무엇을 주고받습니까? 결혼반지를 주고받습니다. 이 반지는 결혼 서약의 증거입니다. 이 반지를 볼 때마다 결혼 서약을 생각하라는 뜻입니다. 이와 마찬가지로 하나님은 노아와 그 아들들과 모든 생물들과 언약을 맺었습니다. "다시는 온 세상을 홍수로 멸하지 않겠다."고 약속하셨는데, 그 언약의 증거로 무지개를 주셨습니다.

13절에 "내가 내 무지개를 구름 속에 두었나니 이것이 나와 세상 사이의 언약의 증거니라."고 하셨습니다. "내 무지개를 구름 속에 두었다."는 말은 그때 처음으로 무지개를 만들었다는 뜻은 아닙니다. 무지개는 이미 세상에 존재하고 있었는데, 그 존재하는 무지개를 언약의 증거로 세우셨다는 의미가 될 수 있습니다. 결혼반지도 이미 세상에 존재하고 있었지만 그 반지를 사서 결혼 예물로, 결혼 서약의 증거로 삼는 것과 마찬가지입니다. 이처럼 하나님은 구름 속에 있는 무지개를 언약의 증거로 세우셨습니다. 다시는 세상을 홍수로 멸하지 않겠다는 약속의 증거입니다.

　하나님은 이 무지개를 보실 때마다 이 언약을 기억하겠다고 하십니다. "내가 나와 너희와 및 혈기 있는 모든 생물 사이의 내 언약을 기억하리니 다시는 물이 모든 육체를 멸하는 홍수가 되지 아니할지라."(15절) 마치 남편이 결혼반지를 볼 때마다 결혼식 때 한 약속을 기억하듯이 하나님이 이 무지개를 볼 때마다 언약을 기억하겠다고 하십니다. 이 무지개는 세상 끝 날까지 계속 있을 것입니다. 무지개가 있는 한 하나님은 노아와 맺은 언약을 기억하십니다. 다시는 홍수로 세상을 멸하지 않겠다는 언약을 기억하십니다. 그래서 우리는 안심하고 살 수 있습니다. 작은 홍수는 있겠지만 온 세상을 멸하는 대홍수는 없을 것입니다. 왜냐하면 하나님이 약속하셨기 때문입니다. 언약을 세우시고 언약의 증거로 무지개를 주셨습니다. 따라서 오늘날 우리는 무지개를 볼 때마다 하나님의 언약을 생각해야 합니다. "하나님이 노아와 맺은 언약의 증거가 저기 있다. 하나님이 기억하신다고 했지. 다시는 세상을 홍수로 멸하지 아니하신다고 했지 …" 이처럼 우리는 이 언약을 생각하고 감사해야 합니다.

　둘째로, 무지개는 '은혜의 증거'입니다. 하나님이 세우신 무지개는 언약의 증거인데, 이는 또한 은혜의 증거입니다. 왜냐하면 무지개는 우리의 죄에도 불구하고 이 세상을 멸하지 않겠다는 하나님의 은혜를 나타내는 표이기 때문입니다. 노아 홍수 후에도 사람들은 죄가 많습니다. 달라진 게 없습니다. 사람들은 여전히 마음이 부패하여서 서로 싸우고 다투고 죽이고 미워하고 원망하고 … 달라진 게 없습니다. 뿐만 아니라 쉽사리 하나님을 떠나 우상을 섬깁니다. 이집트는 온갖 우상 신들을 섬겼습니다. 겝, 누트, 레, 오시리스, 이시스, 세트 등 신들이 많습니다. 지금은 알라 신을 섬기고 있습니다. 제일 오래된 문명이라 하는 수메르에도 온갖 우상 신들이 있었습니다. 신이 하도 많아서 이름을 외우기도 힘듭니다. 바벨론도 그렇고 앗수르도 그렇습니다. 노아 홍수 후에 노아의 자손들이 재빠르게 타락했다는 것을 알 수 있습니다. 속히 하나님을 떠나가서 우상 신들을 섬겼습니다.

그런데도 불구하고 하나님은 이 세상을 멸하지 않으십니다. 세상 끝날까지 멸하지 않으실 것입니다. 그것은 노아와 맺은 언약 때문입니다. 무지개가 그 증거입니다. 하나님께서는 이 세상 사람들이 악하고 배은망덕하고 엉뚱한 신들을 섬기고 무죄한 피를 많이 흘리고 하는 것을 보실 때에 마음속에는 "이 세상을 확 쓸어버릴까?" 하는 생각이 들었을 수도 있습니다. 사람들이 행한 소위를 생각하면 홍수로 다 쓸어버리고 싶었을 것입니다. 홍수 전의 사람들에 비해 나은 것이 없습니다. 어떻게 보면 더 악합니다. 온갖 부정부패와 비리, 음란한 것들과 폭력, 살인 등이 판을 치고 있습니다. 마음 같아서는 "확 쓸어버릴까 보다" 싶지만, 그래도 노아와 맺은 언약 때문에 참으십니다. 비 온 후에 무지개가 방긋이 웃으면서 아름다운 자태를 드러낼 때마다 하나님은 그 무지개를 보시고 노아와 맺은 언약을 기억하시고 참으십니다.

따라서 하늘에 있는 무지개는 죄 많은 이 세상에 하나님의 은혜가 함께한다는 표입니다. 은혜의 증거입니다. 오늘날 우리에게 비록 죄와 허물이 많지만, 우리가 지금 살아 있는 것은 하나님의 은혜 때문입니다. 무지개가 바로 그 증거입니다. 이 무지개가 하나님의 은혜를 증거하고 있습니다.

오늘날 우리를 멸하지 아니하시고 은혜 베푸시는 것에 대한 하나의 강력한 증거가 또 있습니다. 그것은 예수님의 십자가입니다. 예수님의 십자가는 하나님의 사랑을 증거합니다(롬 5:8). 왜냐하면 십자가는 하나님의 아들이 우리 죄를 짊어지고 그 죗값으로 죽으셨다 하는 것을 나타내기 때문입니다. 그래서 하나님은 예수님의 십자가를 보실 때마다 "그래, 내 아들이 저 죄인들을 위해 십자가에서 피 흘렸지. 저들의 죗값을 다 치루었어. 그러니 내가 저들의 죄를 용서해야지."라고 생각하십니다. 그래서 하나님은 우리를 멸하지 않고 살려 주시고 뿐만 아니라 날마다 온갖 은혜를 베푸십니다(롬 8:32).

오늘날 우리가 용기를 내어 살아갈 수 있는 것도 바로 이 하나님의 은혜 때문입니다. 하나님의 은혜가 없다면 우리는 살 수가 없습니다. 우리의 죄 때문에 거꾸러져서 죽을 수밖에 없습니다. 그러나 하나님의 은혜로 말미암아 우리가 살아서 숨 쉬고 이야기하고 있습니다. 하늘의 무지개가 하나님의 은혜를 증거하고 있습니다.

사랑하는 성도 여러분,

여러분이 지금 캄캄한 밤과 같은 어두움 속에서 길을 잃고 헤매고 있습니까? 어디가 길인지, 어디가 출구인지 보이지 않아서 방황하고 있습니까? 하늘의 무지개를 바라보십시오. 비 온 후에 아름다운 무지개가 생기듯이 죄 많은 이 세상에 하나님의 은혜가 주어지고 있습니다. 캄캄한 어두운 밤에도 한 줄기 밝은 빛이 비칩니다. 그것이 바로 은혜의 빛이고 하늘의 무지개입니다. 다윗은 이렇게 고백했습니다. "나를 기가 막힐 웅덩이와 수렁에서 끌어올리시고 내 발을 반석 위에 두사 내 걸음을 견고케 하셨도다."(시 40:2-3) 기가 막힐 웅덩이와 수렁에서 끌어올리신 것은 하나님이 하신 것입니다. 이 세상에는 환난과 어려움이 많지만, 하나님이 우리를 그 모든 환난에서 건져내시고 든든히 세우신 것입니다.

또 이렇게 말합니다. "여호와는 내 편이시라. 내게 두려움이 없나니 사람이 내게 어찌할꼬? 여호와께서 내 편이 되사 나를 돕는 자 중에 계시니 그러므로 나를 미워하는 자에게 보응하시는 것을 내가 보리로다."(시 118:6-7) 여호와 하나님이 내 편이시라는 것은 험악한 세상을 살아가는 우리에게 큰 힘이 되고 용기가 됩니다. 비 온 후에 하늘에 무지개가 생기듯이, 험악한 세상에서 하나님이 우리 편이 되셔서 우리를 도우시고 은혜 베풀어 주십니다.

따라서 우리는 하늘의 무지개를 바라볼 때마다 하나님의 은혜를 생각해야 하겠습니다. 하나님께서 아직 이 세상을 멸하지 아니하시고 은혜 베풀어 주십니다. 그렇다면 우리는 이 하나님을 힘입어 용감하게 이 세상을 살아갈 수 있습니다. 무지개가 있는 동안에는 하나님의 은혜도 계속됩니다. 따라서 우리는 용기를 내고 열심히 이 세상을 살아야 하겠습니다. 늘 "안 된다", "못 한다", "할 수 없다"는 소리를 하지 말고 일당백 일당천의 정신을 가지고 이 세상을 헤쳐나가야 하겠습니다. 왜냐하면 하나님이 우리 편이 되셔서 도와주시기 때문입니다. 하나님의 은혜가 계속 주어지기 때문입니다. 무지개가 그 증거입니다.

이런 무지개 언약이 있기 전에 먼저 아라랏 산에서 드린 노아의 제사가 있었다는 사실을 우리는 생각해야 하겠습니다. 노아가 짐승들을 잡아서 제사를 드렸는데, 그 제사를 하나님이 기뻐 받으시고 은혜를 베푸셨습니다. 다시는 이 세상을 홍수로 멸하지 않겠다고 약속하시고 그 언약을 기억하십니다. 이뿐만 아니라 오늘날 우리에게 구원의 은혜를 베푸시고 특별한 은혜를 베푸시는 것은 하나님의 독생자 예수님이 골고다 언덕에서 자기 몸을 희생제물로 드리셨기 때문입니다. 예수님이 자기 몸을 드린 제사를 하나님이 기뻐 받으시고 우리에게 한량없는 은혜를 베푸시는 것입니다.

그러므로 사랑하는 성도 여러분,

오늘날 우리는 이런 한량없는 은혜, 은혜 위의 은혜를 생각하고 하나님께 감사하며 하나님을 사랑하고 하나님을 잘 섬기는 성도들이 되시기 바랍니다. 이 세상을 멸하지 아니하실 뿐 아니라 또한 우리를 하나님의 자녀 삼으시고 우리를 도우시는 하나님을 의지하여 담대히 이 세상을 살아가는 성도들이 되시기 바랍니다. 캄캄한 방에 틀어박혀서 세상을 원망하지 말고, 문을 박차고 나와서 푸른 하늘을 바라보면서 활기차게 이 세상을 살아가는 성도들이 되시기 바랍니다.

　하나님의 은혜는 끝나지 않았습니다. 하나님의 은혜는 계속됩니다. 비 온 후에 아름다운 무지개가 서듯이 캄캄한 이 세상에서 밝은 빛이 되어서 이 세상을 빛내는 성도들이 다 되시기 바랍니다. 아멘. (2011년 2월 13일 주일 오전)

16. 노아의 아들들 (9:18-29)

18 방주에서 나온 노아의 아들들은 셈과 함과 야벳이며 함은 가나안의 아버지라 19 노아의 이 세 아들로부터 사람들이 온 땅에 퍼지니라 20 노아가 농사를 시작하여 포도나무를 심었더니 21 포도주를 마시고 취하여 그 장막 안에서 벌거벗은지라 22 가나안의 아버지 함이 그의 아버지의 하체를 보고 밖으로 나가서 그의 두 형제에게 알리매 23 셈과 야벳이 옷을 가져다가 자기들의 어깨에 메고 뒷걸음쳐 들어가서 그들의 아버지의 하체를 덮었으며 그들이 얼굴을 돌이키고 그들의 아버지의 하체를 보지 아니하였더라 24 노아가 술이 깨어 그의 작은 아들이 자기에게 행한 일을 알고 25 이에 이르되 가나안은 저주를 받아 그의 형제의 종들의 종이 되기를 원하노라 하고 26 또 이르되 셈의 하나님 여호와를 찬송하리로다 가나안은 셈의 종이 되고 27 하나님이 야벳을 창대하게 하사 셈의 장막에 거하게 하시고 가나안은 그의 종이 되게 하시기를 원하노라 하였더라 28 홍수 후에 노아가 삼백오십 년을 살았고 29 그의 나이가 구백오십 세가 되어 죽었더라

노아가 방주에서 나온 후에 제일 먼저 한 일은 단을 쌓고 제사를 드린 것입니다. 하나님께 감사의 제사를 드리고 다시는 홍수로 세상을

멸하지 않게 해 달라고 기도했습니다. 그랬더니 하나님은 그 제사를 기뻐 받으시고 노아의 기도를 들으셨습니다. 그래서 하나님은 "다시는 세상을 홍수로 멸하지 않겠다. 세상을 멸망시킬 홍수가 다시는 없을 것이다."고 약속하셨습니다. 그리고 그 언약의 증거로 구름 속에 무지개를 두셨다고 하셨습니다.

그러면 홍수 후에 이 세상은 어떻게 되었을까요? 노아와 그의 세 아들들, 그리고 그 아내들은 아라랏 산에서 평지로 내려왔습니다. 그리고는 아들딸들을 낳아서 인구가 퍼졌습니다. 18절에 보면, 노아의 세 아들의 이름이 다시 기록되어 있습니다. 셈, 함, 야벳, 이들은 노아가 500세 이후에 낳은 아들들입니다. '셈'(Shem)은 히브리어로 '이름'이란 뜻입니다. '좋은 이름', '유명하다'는 뜻이 될 수도 있습니다. '함'(Cham)은 '뜨겁다'는 뜻인데, 아프리카 여러 민족의 조상이 되었습니다. '야벳'(Jafet)은 '널리 퍼진다'는 뜻인데, 그 자손들이 유럽에 널리 퍼졌습니다. 그러나 이런 설명은 히브리어를 가지고 설명한 것인데, 노아 당시에는 아직 히브리 민족이 생겨나지 않았습니다. 히브리어도 존재하지 않았습니다. 그래서 셈과 함과 야벳이 그 당시에 무슨 뜻이었는지는 알 수 없습니다. 후대에 생겨난 히브리어와 같을 수도 있고 다를 수도 있습니다.

중요한 것은 이 세 아들로 말미암아 백성이 온 땅에 퍼졌다는 것입니다. 19절에 보면 "노아의 이 세 아들로 좇아 (백성이) 온 땅에 퍼지니라."고 했습니다. 뒤에 창세기 10장에 자세히 나옵니다만 셈은 셈족의 조상입니다. 아람, 엘람, 앗수르 족의 조상입니다. 또 아라비아의 여러 민족의 조상이 되었습니다. 함은 아라비아와 아프리카 여러 민족의 조상입니다. 함의 첫째 아들 구스는 아라비아 여러 민족과 에티오피아 민족의 조상이 되었습니다. 둘째 아들 미즈라임은 이집트 사람의 조상이 되었고, 셋째 아들 붓은 리비아 사람의 조상이 되었습니다. 넷째 아들 가나안은 시돈과 헷 족의 조상이 되었고 또 가나안 일곱 족의 조상이 되었습니다. 한편 야벳은 유럽 여러 민족의 조상이 되었습니다. 헬라족, 라틴족, 켈트족, 러시아족, 게르만족 등이 야벳에게서 나왔습니다.

그러면 우리나라 한민족은 누구의 자손일까요? 보통 단군 자손이라고 말합니다만, 단군은 상당히 신화적인 인물입니다. 역사적인 인물로 보더라도 의문은 남습니다. 단군은 누구 자손일까요? 어디에서 왔을까요? 알 수 없습니다. 어떤 사람은 한민족은 셈의 후손이라고 주장합니다만 근거가 부족합니다. 어떤 사람은 한민족은 수메르인과 같은 민족이라고 주장하지만 확실하지가 않습니다. 수메르인은 인류 역사상 가장 오래된 문명을 가지고 있었습니다. 유브라데 강 하류에서 농사를 짓고 살았는데 갈대아 우르도 그 중 한 도시입니다. 인류 최초로 상형문자를 만들고 또 그것을 단순화해서 설형문자 곧 쐐기문자를 만들었습니다. 그래서 점토판에 많은 기록을 남겼는데 오늘날 해독되어서 조금씩 밝혀지고 있습니다. 그러나 한민족이 수메르인과 같은 민족이라고 하는 주장은 근거가 부족합니다. 수메르인은 그 생김새나 언어로 보면 오히려 함족에 가깝다고 합니다. 검은 머리에 넓적한 얼굴을 가지고 있으며, 또 수메르어는 고대 이집트어와 유사한 점이 있다고 주장하는 사람도 있습니다.[1] 이집트 사람은 함족에 속합니다. 따라서 수메르인은 함족에 속했을 가능성도 있습니다.

그런데 어떤 이들은 한 걸음 더 나아가 수메르 문명은 한민족이 건설했다고 주장하기도 합니다. 최근에 〈소설 수메르〉가 출판되었는데, 여기서 이런 주장을 하고 있습니다. 그러나 이것은 그야말로 소설이지 학적 근거가 없는 것입니다. 심지어 어떤 사람은 '수메르'라는 말은 우리말의 '소머리'에서 왔다고 주장하기도 합니다. '소머리'와 '수메르'는 발음이 비슷하지요? 얼마 전에 어떤 사람이 일간 신문에 크게 광고를 내었는데, 거기에 그런 주장이 들어 있습니다. 그러나 이런 주장은 근거가 없는 제멋대로의 주장입니다. '수메르'(Sumer)는 '남쪽'이란 뜻입니다. 아카드인들이 이렇게 불렀다고 합니다. 아카드인들은 옛날에 바빌론 나라를 세웠는데, 갈대아 우르보다 위쪽(상류 쪽)에 있습니다. 그래서 자기들보다 아래에 있는 땅을 남쪽이란 뜻의 '수메르'로 불렀다고 합니다. 그래서 '수메르'는 아카드인들이 사용한 말이고, 수메르 사람들은 자신을 '웅상기가'(검은 머리의 사람들)라고 불렀습니다.[2]

하여튼 수메르와 관련하여 요즈음 학적 근거가 없는 주장들이 많이 나오고 있으니 조심해야 합니다. 그 중에 『알이랑 민족』이란 책이 있

---

[1] Cf. L. A. Waddell, *Makers of Civilization in Race and History*, 230-347. 한편, 주동주에 의하면 수메르어는 알타이어와 비슷한 교착어이긴 하지만 다른 점도 많아서 우리말과 같은 어족으로 보기 어렵다고 한다. 주동주,『수메르 문명과 역사』(파주: 범우, 2018), 25-28.

[2] 주동주,『수메르 문명과 역사』, 25.

습니다.³ 이런 책을 읽으면 가슴이 뛰고 흥분되지만 근거 없는 주장들이 많습니다. 주관적이고 선동적인 내용들이 많습니다. 어쨌든 세계의 모든 민족은 노아의 세 아들을 통해 퍼졌다고 성경은 말합니다.

아라랏 산에서 평지에 내려온 노아는 농사를 시작했습니다. 홍수가 지나갔으니 땅이 얼마나 비옥하겠습니까? 뭐든지 심으면 잘 자랐을 것입니다. 노아는 포도나무를 심었습니다. 그랬더니 잘 자라서 포도열매가 주렁주렁 열렸습니다. 포도는 맛도 있고 영양도 있고, 또 포도주를 만들어 마시면 맛도 좋고 혈액순환도 잘 됩니다. 성경에 보면 "술 취하지 말라"고 했습니다만, 약한 위장과 자주 나는 병을 인하여 포도주를 조금씩 쓰라고 했습니다(딤전 5:23). 사도 바울이 디모데에게 한 말입니다. 따라서 건강을 위해, 많이 마시지는 말고 조금씩 마시는 것은 좋습니다.

노아는 포도주를 만들어 마셨는데 맛도 좋고 기분이 좋았습니다. 그래서 마시고 또 마시고 자꾸 마셨습니다. 장막 안에서 여러 잔을 마시고는 취하여 잠들었습니다. 그런데 21절에 보면 '벌거벗었다'고 합니다. 포도주에 취하였으니 몸에서 열이 날 것 아닙니까? 그래서 열을 식히기 위해 자기도 모르게 옷을 벗은 것입니다. 여러분, 사람의 체온이 40도가 넘으면 위험합니다. 뇌세포가 파괴됩니다. 그래서 체온이 올라가면 땀이 나서 열을 식힙니다. 말하자면 에어컨을 가동하는 것입

---

3 유석근,『또 하나의 선민 알이랑 민족』, 서울: 도서출판 예루살렘, 2010 (개정판 12쇄).

니다. 그래도 안 되면 이불을 걷어차고 옷을 벗습니다. 자기 몸을 보호하기 위해 중추신경이 지시를 내리는 것입니다.

그런데 세 아들 중 함이 이 모습을 보고는 밖으로 나가서 두 형제에게 말했습니다. 22절 끝에 보면 단순히 "알렸다"고 되어 있는데, 문맥상 아마도 웃으면서 말하지 않았을까 생각됩니다. 히브리 원어를 보면, 일반적으로 '말하다'는 동사인 '아마르'가 사용되지 않고 '드러내다, 폭로하다, 이야기하다'는 뜻의 동사 '나가드'가 사용되었습니다.[4] 아마도 아버지를 비웃듯이, 조롱하듯이 말했을 것입니다. "꼴좋다. 우습다."는 듯이 말했을 것입니다.

그러나 그 형제 셈과 야벳은 달랐습니다. 이들은 착한 아들이었습니다. 옷을 가지고 어깨에 메고 뒷걸음쳐서 장막 안으로 들어갔습니다. 아버지의 벌거벗은 모습을 보지 않으려고 뒷걸음질했습니다. 그리고는 아버지의 몸에 옷을 덮었습니다. 보지 않고 살짝 덮고는 장막 밖으로 나왔습니다. 아버지를 공경하는 마음이 있었음을 알 수 있습니다.

노아가 술이 깨어 일어났습니다. 그리고는 무슨 일이 일어났는지를 알게 되었습니다. 그래서 노아는 정신을 차리고 세 아들을 향하여 말했는데, 보통 말이 아니라 저주와 축복의 말입니다.

먼저 25절에 보면 저주의 말이 나옵니다. "가나안은 저주를 받아 그

---

[4] 칼(Qal) 형인 '나가드'(נָגַד)는 사용되지 않으며, 히필 형 '힛기드'(הִגִּיד)는 '빛 가운데 드러내다'(to bring to the light)는 의미에서 '보이다, 이야기하다'(to shew, to tell)이다(Gesenius).

형제의 종들의 종이 되기를 원하노라." 가나안은 함의 아들입니다. 창세기 10장 6절에 보면, 함의 네 아들 중 막내가 가나안입니다. 그러니까 함이 저주받은 게 아니고 함의 막내아들이 저주를 받았습니다. '종들의 종이 된다'는 것은 완전히 종이 된다는 뜻입니다. 가나안은 나중에 가나안 일곱 족과 시돈족과 헷족 등의 조상이 되었습니다. 물론 시돈과 헷 족은 한때 크게 발전하고 부유하기도 했지만, 가나안 땅에 거하던 일곱 족은 이스라엘 민족에 의해 정복되고 이스라엘의 종이 되었습니다.

노아는 이어서 착한 두 아들에 대해 축복했습니다. 26절에 보면 "셈의 하나님 여호와를 찬송하리로다. 가나안은 셈의 종이 되고"라고 했습니다. 셈은 하나님을 믿는 믿음이 좋았던 것 같습니다. 그래서 "셈의 하나님 여호와를 찬송하리로다."고 했습니다. 하나님은 후에 셈족을 통해 구원 역사를 이루십니다. 아브라함은 셈족입니다. 또 "가나안은 셈의 종이 될지어다."고 했습니다. 나중에 이스라엘 자손이 애굽에서 나와서 가나안 땅을 점령했습니다.

27절에 보면 야벳에 대한 축복이 나옵니다. "하나님이 야벳을 창대하게 하사 셈의 장막에 거하게 하시고 가나안은 그의 종이 되게 하시기를 원하노라."고 했습니다. 여기서 '창대하게 한다'는 것은 자손이 많아진다는 뜻입니다. 야벳은 일곱 아들을 가졌습니다. 형제들 중에서 제일 많습니다. 그에게서 여러 민족이 나왔는데, 아르메니아족, 메데족, 헬라족, 라틴족, 켈트족, 게르만족, 슬라브족 등이 다 그에게서 나왔습니다.

또 "셈의 장막에 거하게 하시고" 했습니다. 이에 대해서는 여러 해석이 있습니다. 가장 일반적인 해석은 야벳 후손이 셈의 하나님을 믿고 그 축복에 참여한다는 것입니다. 이스라엘에서 시작된 복음이 소아시아를 거쳐 유럽으로 전파되었습니다. 그래서 하나님의 복을 함께 나누어 받게 되었습니다. 그래서 유럽은 기독교 국가가 되고 기독교 문화를 꽃피우게 되었습니다. 오늘날에는 기독교 신앙이 많이 약화되었지만, 유럽은 기독교 복음으로 말미암아 복을 많이 받았다 하는 것을 보여 줍니다. 음악과 미술, 건축과 문학, 학문 등 모든 분야에서 하나님의 복이 임하였습니다.

마지막으로 "가나안은 그의 종이 되게 하시기를 원하노라."고 하였습니다. 가나안은 야벳의 종이 되기를 원한다는 것입니다. 그래서 어떤 사람들은 아프리카 흑인들이 유럽 백인의 노예가 된 것은 당연하다고 말합니다. 성경에 그렇게 예언되어 있다고 주장합니다. 그러나 성경에 기록된 것은 '가나안'이지 '함의 자손'이 아닙니다. 무슨 말인가 하면, 함의 자손 전체가 다 종이 된다는 말이 아니라 함의 자손 중 하나인 가나안이 종이 된다는 것입니다. 여러분, 아프리카의 흑인들은 가나안의 후손이 아닙니다. 가나안 자손들은 가나안 땅과 그 위에 있는 시돈 땅, 그리고 아나톨리아(현재 터키 땅)의 헷족 땅에 살았습니다. 그러니까 아프리카와는 관계가 없습니다. 시돈 사람들이 가서 개척한 식민지인 카르타고 정도만 가나안 자손과 관계있다고 볼 수 있습니다. 어쨌든 가나안은 이래저래 복을 받지 못하고 저주를 받았습니다. 이것은 아버지 함의 잘못된 행동 때문입니다.

함의 잘못은 곧 아버지 노아를 비웃은 것입니다. 포도주에 취하여 벌거벗은 모습을 보고 형제들에게 가서 말한 죄입니다. 함은 아버지를 공경하지 않았습니다. 우러러보지 않았습니다. 그래서 함은 결국 복을 받지 못했습니다. 그 아들 중 하나인 가나안이 복을 받지 못했습니다.

오늘날에도 복을 받아 잘 살고 못 살고 하는 것은 하나님께 달렸습니다. 다윗은 이렇게 고백했습니다. "부와 귀가 주께로 말미암고 또 주는 만유의 주재가 되사 손에 권세와 능력이 있사오니 모든 자를 크게 하심과 강하게 하심이 주의 손에 있나이다."(대하 29:12) 부유하게 되는 것과 존귀하게 되는 것이 다 주께로 말미암는다는 것입니다. 그 아들 솔로몬은 이렇게 말했습니다. "여호와께서 복을 주시므로 부하게 하시고 근심을 겸하여 주지 아니하시느니라."(잠 10:22) 여기서 '근심'은 히브리어로 '에체브'인데 힘든 수고, 고생을 의미합니다.[5] 복 받는 사람은 힘든 수고 없이 쉽게 복을 받습니다. 그러나 어떤 사람은 아무리 애쓰고 고생해도 복을 받지 못합니다. 그래서 사람이 복을 받고 못 받고는 하나님께 달렸다는 것을 알 수 있습니다. 사람이 인간적으로 애쓴다고 되는 것이 아니라 하나님이 복 주셔야 됩니다.

그리고 또 알 수 있는 것은 부모를 공경하면 복 받는다는 것입니다. 셈과 야벳이 복 받은 것은 아버지 노아의 수치를 보지 않고 조용히 덮

---

5 Gesenis, *Lexicon*, s. v. עֶצֶב: *"heavy and toilsome labour."*

어 주었기 때문입니다. 이것은 아버지를 공경했기 때문입니다. 이처럼 부모를 공경하면 복을 받습니다. 중국의 예기(禮記)란 책에 보면 "부모에게 잘못이 있을 때에는 세 번 간(諫)하고, 그래도 듣지 않으면 울면서 따라다녀야 한다."고 했습니다. 이것은 물론 이방인의 가르침이긴 합니다만 우리가 부모를 어떤 자세로 공경해야 하는지에 대해 교훈을 줍니다. 성경의 제5 계명에도 "네 부모를 공경하라. 그리하면 네가 땅에서 잘 되고 장수하리라."고 했습니다. 부모를 공경하면 복을 받고 장수한다는 것을 알 수 있습니다.

그래서 어린이 여러분, 그리고 성도 여러분, 복받는 것은 쉽습니다. 어떻게 하면 복 받느냐? 부모를 공경하면 됩니다. 부모를 공경하고 부모님 말씀을 잘 듣고 따르면 복 받습니다. 공부도 잘하게 되고 하는 일이 잘되고 또 장수의 복을 누리게 됩니다. 부모를 공경하고 부모에게 효도하면 복을 받아 잘 살게 되고 또 대체로 오래 살게 될 것입니다. 마음으로 부모를 공경하고, 입으로 늘 "네"라고 대답하고, 행동으로 순종하면 복을 받습니다.

사랑하는 우리 성도 여러분,

여러분 모두, 부모를 공경하여 복 받고 장수하시기 바랍니다. 부모를 공경하는 것은 하나님을 공경하는 것과 같습니다. 눈에 보이지 않는 하나님을 공경하는 것은 눈에 보이는 부모를 공경하는 것으로부터 시작됩니다. 눈에 보이는 부모를 공경하지 않으면서 보이지 않는 하나님을 공경하는 것은 어렵습니다.

부모가 안 계시는 분은 하나님을 잘 섬기면 됩니다. 죽은 부모를 공경한다고 제사 지내면 복을 받는 게 아니라 도리어 벌을 받습니다. 하나님이 미워하십니다. 그러나 하나님을 잘 예배하고 섬기면 복을 받습니다.

그리고 부모가 자식들을 위해 축복하면 그 자손들이 복을 받습니다. 노아처럼 자식들을 위해 복을 빌어야 합니다. 말로써 축복하고 기도로써 축복하면 나중에 그 축복이 응답되어서 자손들이 잘되고 번창하게 되는 것입니다. 그러면 그들은 힘들이지 않고 잘되고 형통하게 될 줄로 믿습니다. 노아의 기도를 들어주신 하나님께서 오늘날 우리의 기도를 들어주실 것입니다.

사랑하는 성도 여러분,

여러분 모두, 부모를 공경하고 부모에게 효도하여 자기 자신이 복 받고 또 여러분의 자손이 창대하게 되고 형통하게 되기를 바랍니다. 또 여러분의 축복을 통해 여러분의 자녀와 자손들이 복을 받고 형통하여서 하나님을 찬송하고 하나님을 영화롭게 하는 성도들이 다 되시기 바랍니다. 아멘. (2011년 3월 6일 주일 오전)

17. 야벳의 후손들 (10:1-5)

1 노아의 아들 셈과 함과 야벳의 족보는 이러하니라 홍수 후에 그들이 아들들을 낳았으니 2 야벳의 아들은 고멜과 마곡과 마대와 야완과 두발과 메섹과 디라스요 3 고멜의 아들은 아스그나스와 리밧과 도갈마요 4 야완의 아들은 엘리사와 달시스와 깃딤과 도다님이라 5 이들로부터 여러 나라 백성으로 나뉘어서 각기 언어와 종족과 나라대로 바닷가의 땅에 머물렀더라

그저께 일본 동북부에 진도 9.0의 엄청난 대지진이 일어났습니다. 지진 관측사상 제일 강력한 지진이라고 합니다. 지진에 이어 쓰나미가 밀어닥쳐서 집들과 자동차들과 모든 것을 다 쓸어가 버렸습니다. 둥둥 떠다니는 자동차들과 집들을 보니까 옛날 노아 홍수 때도 저러지 않았을까 하는 생각이 듭니다. 물론 그 당시에 자동차와 배는 없었지만 집들과 소들과 양들이 둥둥 떠다녔을 것입니다. 그때는 이번 쓰나미보다 훨씬 더 심했을 것입니다. 땅의 모든 산들이 다 잠겼다고 했으니 어디 도망갈 곳도 없었습니다. 미리 방주를 만들어서 그 안에 들어갔던 노아와 그 가족들만 살아남았습니다.

이 노아의 아들들을 통해 온 세상에 인구가 다시 퍼졌다고 합니다.

그래서 오늘날에는 5대양 6대주에 퍼져서 살고 있는데 지금 전 세계 인구가 60억을 훨씬 넘습니다. 금년(2011년) 말에는 70억을 돌파할 것으로 예상됩니다. 인종으로 보면 백인, 흑인, 황인종, 홍인종 등이 있습니다. 이런 인종들은 어디서 왔을까, 누구에게서 왔을까 참 궁금합니다.

창세기 10장에 보면 각 민족이 누구에게서 나왔는지 말해 줍니다. 그러나 아쉽게도 한민족은 여기에 나와 있지 않습니다. 하지만 고대에 중요했던 민족들은 거의 다 나와 있습니다. 그래서 창세기 10장은 각 민족의 뿌리를 아는 데 대단히 중요합니다.

먼저 1절에 보면, "노아의 아들 셈과 함과 야벳의 후예는 이러하니라. 홍수 후에 그들이 아들들을 낳았으니"라고 말합니다. 노아의 세 아들은 셈과 함과 야벳인데, 이 순서로 보아 셈은 장자이고 함은 둘째이고 야벳은 막내로 생각됩니다. 성경에는 항상 이 순서로 나옵니다(창 5:32; 6:10; 9:18; 대상 1:4). 그러나 다르게 보기도 합니다. 학자들 중에는 셈 → 야벳 → 함 순으로 보는 사람들도 있습니다(Gispen, Aalders 등). 어떤 사람들은 야벳 → 함 → 셈 순으로 보기도 합니다. 그런데 여기 창세기 10장에 야벳의 후손이 제일 먼저 기록된 것은 나이 순서가 아닙니다. 셈의 후손을 제일 나중에 기록한 것은 이 셈의 후손들을 통해 구원 역사를 이루어가시기 때문입니다. 창세기 11장(10절) 이후부터는 셈의 자손의 역사를 기록하고 있는데, 자연스런 연결을 위해 셈의 자손을 뒤에 기록한 것입니다.

그러면 야벳의 자손은 누구일까요? 2절에 보면 "야벳의 아들은 고멜과 마곡과 마대와 야완과 두발과 메섹과 디라스요"라고 말합니다. 보통 사람들은 읽으면 무슨 말인지 알지 못합니다. 그냥 의미 없는 말만 계속되는 것 같습니다. 그래서 빨리 읽고 지나가 버립니다. 그러나 여기에 기록된 이름 하나 하나가 중요합니다. 왜냐하면 각 민족이 이들에게서 나왔기 때문입니다.

먼저 '고멜'(Gomer)은 대개 킴메리안(Cimmerians)이라고 불리는 사람들의 조상입니다. 흑해 북쪽 해안에 살았다고 합니다. 그러니까 아라랏 산 부근에서 북쪽으로 올라가서 코카사스 산맥을 넘어 북서쪽으로 갔는데 거기가 흑해 북쪽 해안입니다. 오늘날 러시아의 남쪽에 있는 우크라이나인데 곡창 지대입니다. 이 킴메리안들은 오랜 세월이 지난 후에, 주전 8세기에 도로 내려와서 아르메니아를 침공했습니다. 그래서 반(Van) 호숫가에 정착했는데, 오늘날 터키 동부 지역입니다. 그 후 주전 700년경에 다시 서쪽으로 가서 루디아 왕국을 멸망시켰다고 합니다.[1] 요세푸스의 의하면 고멜은 갈라디아 사람들의 조상이라고 말합니다(Jew. Ant. I,vi,1). 이 갈라디아 사람들은 유럽의 원주민인 켈트족(Celts)을 말합니다. 라틴어로는 갈리(Galli)라고 부르기도 합니다. 따라서 유럽의 원주민인 켈트족은 고멜에게서 나왔다는 것을 알 수 있습니다.

---

1 Aalders, *Genesis*, I, 269f.

다음에 '마곡'(Magog)은 에스겔서에도 나오는데 마곡족의 조상입니다. 그러나 마곡족이 누구인지는 확실하지 않습니다. 요세푸스는 그리스 사람들이 스키티안(Scythians)이라고 부르는 사람들이라고 합니다. 오늘날 학자들도 대개 그렇게 봅니다. 이들은 유목 민족, 기마 민족이라고 합니다. 이들은 카스피해와 흑해 남쪽에 살았다고 합니다.[2]

'마대'(Madai)는 메데족의 조상인데 앗수르 동쪽에 살았습니다. 현재 이란 북서쪽의 산지인데 카스피해 남쪽에 있습니다. 메데족은 후에, 주전 612년에 앗수르의 수도 니느웨를 정복했습니다. 그러나 후에 페르시아에 흡수되고 말았습니다.[3]

'야완'(Javan)은 헬라족의 조상입니다. 야완은 '이오니아'(Ionia) 또는 '이오니아인들'(Ionians)을 가리킵니다.[4] 헬라(그리스) 나라는 크게 세 지역으로 나뉩니다. '이오니아'는 소아시아 해안 지역에 있었는데 에베소, 밀레도, 서머나, 트로이 등이 주요 도시입니다. '도리아'는 에게해의 많은 섬들을 가리킵니다. '아카야'는 그리스 반도 남쪽에 있었는데 아테네와 고린도가 그 중심 도시였습니다.

'두발'(Tubal)은 두발족의 조상입니다. 원래는 메소포타미아 북쪽, 흑해 남동쪽에 살았으나 후에는 서쪽으로 이동하였다고 합니다.[5] 요

---

2 Gispen, *Genesis*, I, 318.

3 Aalders, *Genesis*, I, 270f.

4 Aalders, *Genesis*, I, 271; Gispen, *Genesis*, I, 319.

5 Aalders, *Genesis*, I, 271.

세푸스는 이들은 오늘날 '이베리아인들'이라고 불린다고 말합니다 (*Jew. Ant.* I,vi,1). 요즘 '이베리아'라고 하면 스페인과 포르투갈 지역을 가리킵니다만, 옛날에 이베리아는 코카사스 산지에 있었다고 합니다.[6]

'메섹'(Meshech) 족은 흑해 남동쪽에 살았다고 합니다.[7] 요세푸스에 의하면, 이들은 카파도키아인들의 조상이 되었다고 합니다. 그 증거로 '마자카'(Mazaca)란 이름의 도시가 그 당시에 아직도 있다고 합니다. 후에 이 도시는 로마 황제를 기념하여 가이사랴(Caesarea)로 바뀌었는데, 지금은 터키 사람들에 의해 '카이사리'(Kaisari)로 불립니다.

'디라스'(Tiras) 족은 후에 소아시아 서해안에 살던 해적으로 유명합니다. 후에 북이탈리아에 정착해서 에트루리아인들의 조상이 되었다고 합니다.[8] 그래서 로마인들이 들어오기 전에 먼저 이탈리아에 들어와서 살았습니다.

이상이 야벳의 일곱 아들들인데 아라랏 산에서 북쪽으로, 동쪽으로, 서쪽으로 퍼져 나간 것을 알 수 있습니다.

야벳의 첫째 아들 고멜은 세 아들을 낳았습니다. 3절에 보면 "고멜의 아들은 아스그나스와 리밧과 도갈마요"라고 합니다.

첫째 아들인 '아스그나스'(Ashkenaz)는 누구일까요? 요세푸스에 의

---

6 https://en.wikipedia.org/wiki/Tubal.

7 Gispen, *Genesis*, I, 319.

8 Aalders, *Genesis*, I, 271.

하면, 그리스 사람들은 아스그나스 족을 '레기네스'(Regines)라 부른다고 합니다(Jew. Ant. I,vi,1). 그러나 이들이 누구인지 우리는 알 수 없습니다. 예레미야 51장 27절에 보면, "아라랏과 민니와 아스그나스 나라를 불러 모아 그(바벨론)를 치며 …"라는 말씀이 나옵니다. 따라서 아스그나스는 아라랏 주변에 살던 민족으로 생각됩니다. 아르메니아 지역인데, 그 중에서도 서쪽 지역으로 생각됩니다. 학자들은 대개 '스키티안'과 동일시합니다.[9] 어떤 학자들은 소아시아의 비두니아 지역에 살았다고 합니다. 주후 6세기 이후 유대 문헌에는 게르마니아를 가리키는 단어로 나타납니다. 주후 10세기 이후에 독일을 가리키는 명칭이 되었다고 합니다.[10]

둘째는 '리밧'(Riphath)인데 누구인지 모릅니다. 요세푸스는 리바타이언(Riphataeans)의 조상이라고 말합니다. 오늘날에는 파블라고니언(Paphlagonians)으로 불린다고 합니다(*Jew. Ant.* I,vi,1). 그러나 이들이 누구인지는 알 수 없습니다.

셋째는 '도갈마'(Togarmah)인데, 대개 아르메니아인의 조상으로 생각합니다. 서부 아르메니아 지역에 살았다고 합니다.[11]

성도 여러분, 그래서 아르메니아 땅이 중요하다는 것을 알 수 있지요? 현재는 아라랏 산 동쪽에 있습니다만, 옛날에는 아라랏 산 주위가

---

9 Aalders, *Genesis*, I, 272.

10 Gispen, *Genesis*, I, 320.

11 Gispen, *Genesis*, I, 320.

다 아르메니아였습니다. 한때는 아나톨리아의 광대한 영토를 차지하는 대국이었습니다. 주후 301년에는 아르메니아 나라 전체가 복음을 받아들이고 기독교 국가가 되었습니다. 최초의 기독교 국가였습니다. 그때 아르메니아에 왕이 있었는데 복음을 받아들이고 예수님을 믿었다고 합니다. 그래서 온 민족이 다 예수님을 믿었다고 합니다.

그래서 아르메니아 사람들은 성품이 착하고 기술이 좋았다고 합니다. 후에 오스만 투르크가 들어와서 지배했을 때 주변 나라들은 다 이슬람에 넘어가도 아르메니아 사람들은 기독교 신앙을 지켰다고 합니다. 그러나 1915-16년에는 터키에 의해 150만명이 학살되었다고 합니다. 그래서 아르메니아인들이 전 세계로 많이 흩어졌습니다. 이런 비운의 역사를 가진 나라가 아르메니아입니다.

그다음에 야완의 아들들이 나옵니다. 4절에 보면 "야완의 아들은 엘리사와 달시스와 깃딤과 도다님이라."고 합니다. 야완은 헬라족의 조상이라고 이미 말했습니다. 그는 아들 넷을 낳았습니다. 이 아들들은 그의 이름을 딴 지역과 그 지역 사람들의 조상이 되었습니다.

먼저 '엘리사'(Elisha)는 대개 구브로 곧 키프로스(Cypros)를 가리킨다고 봅니다. 수리아 안디옥에서 남서쪽 방향의 지중해 쪽으로 약 200km, 길리기아 다소에서 남쪽으로 약 200km 떨어진 곳에 있는 큰 섬입니다. 바울의 동역자 바나바의 고향이기도 합니다. 전에는 그리스 영토였는데, 지금은 터키가 북부 지역을 점령하고 있습니다. 남쪽은 키프로스 영토입니다.

'달시스'(Tarshish)는 스페인 남쪽 지역을 가리킵니다. 거기 사는 사람들의 조상이 되었습니다.

'깃딤'(Kittim)은 키티온(Kittion)에서 온 말인데, 원래는 키프로스 섬의 한 도시였습니다. 중요한 항구 도시, 무역 도시였습니다. 그래서 깃딤은 좁은 의미에서는 키티온에 사는 사람들을 가리키고, 넓은 의미에서는 구브로 사람 전체를 가리키고, 아주 넓은 의미에서는 헬라 사람 전체를 가리킵니다. 여기서는 구브로 섬 주위의 헬라 사람들을 가리키는 것으로 생각됩니다.

'도다님'(Dodanim)은 불분명합니다. 어떤 학자들은 트로이 근처 헬레스폰트(다르다넬스) 해안에 살던 사람들로 봅니다.[12] 다른 어떤 학자들은 로다님(Rodanim)으로 읽습니다. 그래서 로도스 섬 사람들을 가리킨다고 봅니다. 어쨌든 이들은 다 헬라족입니다. 그리스인들입니다.

마지막으로 5절에 보면, "이들로부터 여러 나라 백성으로 나뉘어서 각기 방언과 종족과 나라대로 바닷가의 땅에 머물렀더라."고 합니다. 곧 흑해, 카스피해, 에게해 연안의 땅에 머물렀다는 뜻입니다. 이들로부터 헬라족, 로마족, 게르만족, 스페인족, 슬라브족 등이 나왔습니다. 많은 민족이 야벳의 자손들에게서 나왔음을 알 수 있습니다. 말하자면 오늘날 유럽인들은 러시아, 우크라이나까지 포함해서 대개 야벳의 후손들입니다.

---

12 Aalders, *Genesis*, I, 273.

여러분, 이 사실에서 우리는 무엇을 알 수 있습니까? 야벳은 창대하게 되는 복을 받았다는 것을 알 수 있습니다. 노아가 축복한 대로 야벳은 창대하게 되는 복을 받았습니다. 창세기 9장 27절에 "하나님이 야벳을 창대하게 하사 셈의 장막에 거하게 하시고"라고 축복한 대로 야벳은 창대하게 되었습니다. 헬라, 로마, 스페인, 게르만, 슬라브 족까지 다 야벳의 후손들입니다. 말하자면 서양 여러 민족의 조상이 되었습니다.

그런데 이 야벳의 자손들이 셈의 장막에 거하게 되었다고 합니다. 무슨 뜻이라고 했습니까? 이것은 셈의 자손이 받는 복을 함께 받아 누린다는 뜻입니다. 셈의 자손은 하나님을 믿고 섬기는 복을 받았습니다. 아브라함은 셈의 자손입니다. 그런데 이 셈족의 복을 야벳 자손들이 함께 나누어 가지게 되었습니다. 곧, 복음을 받아들여서 함께 복을 누리게 되었다는 말입니다.

역사적으로 보면 실제로 그렇습니다. 예루살렘에서 시작된 기독교 복음은 온 유대와 사마리아로 퍼져나가고, 이어서 수리아와 소아시아 반도 전체로 퍼져나갔습니다. 여기에는 길리기아 다소에서 태어난 바울이 큰 역할을 했습니다. 제2차 선교여행 때였습니다. 바울이 브루기아와 갈라디아 땅을 지나 무시아 앞에 이르렀습니다. 바울은 거기서 비두니아로 가려고 애썼는데 길이 열리지 않았습니다. 비두니아는 흑해 남서쪽 연안인데 오늘날 터키 땅 북서쪽에 있습니다. 바울이 비두니아로 가기를 애썼으나 예수의 영이 허락지 않았습니다. 성령이 허락하지 않은 것입니다. 그래서 할 수 없이 드로아로 내려갔는데, 드로아는 옛날의 트로이 근처에 있었습니다.

거기서 바울은 밤에 환상을 보았습니다(행 16:9). 바울이 보려고 한 것이 아니라 환상이 바울에게 보였습니다. 환상에 보니 어떤 마게도냐 사람 하나가 서서 말했습니다. "마게도냐로 건너와서 우리를 도우라." 마게도냐는 그리스 북부 지방에 있는데 유럽 땅에 속해 있습니다. 이 환상을 본 후에 바울과 그 일행은, 하나님이 저 사람들에게 복음을 전하라 함인 줄을 깨닫고 곧 일어나서 배를 타고 에게해를 건너 마게도냐로 갔습니다. 이것은 역사를 바꾸어 놓은 발걸음이었습니다. 이 사건으로 말미암아 기독교 복음은 유럽으로 전파되었습니다. 유럽이 복을 받은 것입니다. 때는 주후 49년경이었습니다.

만일 그때 바울이 마게도냐로 가지 않고 비두니아로 갔다면 어떻게 되었을까요? 거기서 또 동쪽으로 가서 본도로 가고, 계속 동쪽으로 가서 에르주름, 아르메니아, 카스피해 남쪽 지역 곧 이란 북부로 가고, 거기서 또 동진하여 인도로 갔다면 어떻게 되었을까요? 이왕 내친 김에 인도에서 다시 동남아를 거쳐 중국을 거쳐 한국까지 왔다면 어떻게 되었을까요? 그랬다면 세계 역사는 완전히 달라졌을 것입니다. 우리나라는 삼국 시대에 이미 기독교 복음을 받아들이고 예수님을 믿었을 것입니다. 그러면 우리나라가 엄청 발전하고 복을 받았을 것입니다.

그러나 하나님은 사도 바울의 발걸음을 마게도냐로 인도하셨습니다. 빌립보에서 데살로니가로, 거기서 베뢰아로, 다시 아테네와 고린도로 인도하셨습니다. 그래서 마침내 온 로마 제국에 복음이 전파되고 온 유럽이 복음화되었습니다. 야벳의 자손에게 복음이 전파된 것입니다. 그래서 야벳의 자손이 하나님의 복을 누리게 되었습니다. 노아의 축복대로 야벳이 셈의 장막에 거하게 된 것입니다.

그러나 오늘날 유럽은 심각한 도전에 직면하게 되었습니다. 무엇입니까? 세상 사람들은 경제 위기를 생각하겠지만, 그것보다 훨씬 더 심각하고 근본적인 문제는 이슬람의 도전입니다. 지금 유럽에는 터키 사람, 모로코 사람, 그 외 중동 사람들과 아프리카 사람들이 많이 들어와 있는데 거의 다 무슬림입니다. 그들은 회교 사원 곧 모스크에 다니고, 여자들은 머리에 수건을 쓰고 다닙니다. 전통적인 유럽 문화와는 다른 이질적인 사람들입니다. 앞으로 3-40년 후면 유럽이 이슬람화될 것이라고 많은 사람들이 말합니다.

왜냐하면 유럽 백인들은 아이를 잘 낳지 않기 때문입니다. 이에 반해 무슬림들은 아이를 많이 낳습니다. 많이 낳아서 자녀 양육 수당을 타서 생활하고 공짜로 학교에 보냅니다. 그리고 무슬림들은 결속력이 굉장히 강합니다. 이에 비해 유럽의 교회들은 힘을 잃었습니다. 사람들이 교회에 잘 나가지 않습니다.

큰일 났습니다. 결국 야벳의 축복이 끝나간다고 생각됩니다. 하나님이 야벳을 창대하게 하셨는데 이제 그 끝이 보이는 것 같습니다. 셈의 장막에 거하는 복도 이제 끝나가는 것 같습니다. 말하자면 한 2천년 동안 셈의 장막에 세 들어 살고 있었는데, 이제 만기가 되어서 방 빼라고 하는 것과 같습니다. 말하자면, 2천년짜리 장기 임대주택의 만기가 다 되어 가는 것 같습니다.

　사랑하는 성도 여러분,

　오늘날 우리나라도 그렇게 되지 않도록 조심해야 하겠습니다. 하나님께서 우리나라에게 늦게나마 셈의 장막에 거하는 복을 주셨는데, 얼마 살지도 않았는데 셈의 장막에서 쫓겨나는 게 아닌가 하는 생각이 듭니다. 셈의 장막에 거한 지 한 120년밖에 안 됐는데 벌써 방 빼라는 소리가 들리는 것 같습니다. 하나님의 복을 더 많이, 더 오래 받아야 하는데, 적어도 한 500년 이상 받아야 하는데 벌써 방 빼라고 하면 어떡합니까? 워낙 기독교를 반대하는 안티들이 많고, 지도자들은 욕심이 많고, 백성들은 죄가 많아서 하나님의 복이 떠나갈지도 모른다는 생각이 듭니다.

　사랑하는 성도 여러분,

　여러분 모두, 하나님을 잘 믿고 섬겨서 오래 오래 셈의 장막에 거하는 복을 누리시기 바랍니다. 그래서 과거에 야벳의 자손들이 누렸던 복을 오늘날 여러분이 누리고 하나님을 찬송하는 성도들이 되시기 바랍니다.
　그리고 우리나라가 하나님을 잘 섬겨서 하나님의 복을 받아 창대하게 되고, 또 하나님의 복음을 온 세상에 전하는 민족이 되도록 기도하

는 여러분들이 다 되시기 바랍니다. 아멘. (2011년 3월 13일 주일 오전)

18. 함의 후손들 (10:6-7)

6 함의 아들은 구스와 미스라임과 붓과 가나안이요 7 구스의 아들은 스바와 하윌라와 삽다와 라아마와 삽드가요 라아마의 아들은 스바와 드단이며

노아는 세 아들을 가졌었는데 셈과 함과 야벳이었습니다. 이들은 또다시 아들들을 낳았으며 이들로부터 세계 여러 민족이 나왔습니다. 지난 시간에는 야벳의 후손들에 대해 살펴보았는데, 오늘은 함의 후손들에 대해 살펴보겠습니다.

함은 노아의 둘째 아들로 생각되는데, 히브리어로 '함'은 뜨겁다는 뜻입니다.[1] 그래서 사람들은 아프리카와 관련시켜서 많이 생각합니다. 그러나 함의 후손들을 보면 아프리카뿐만 아니라 아라비아에도 살았고 또 메소포타미아 시날 땅에도 살았음을 알 수 있습니다. 또 '함'이란 단어는 히브리어가 있기 전의 옛날에는 무슨 뜻이었는지는 알 수 없다고 이미 말한 바 있습니다.

함은 네 아들을 낳았는데 구스와 미스라임과 붓과 가나안입니다. 먼

---

1 '함'(חָם)은 형용사로서 '뜨겁다'(hot)이며 동사는 '하맘'(חָמַם)이다(Gesenius).

저 '구스'(Kush)에 대해 살펴보겠습니다. 구스는 오늘날 에티오피아인들의 조상으로 알려져 있습니다. 에티오피아는 아프리카에 있습니다. 이집트 남쪽에 있어서 아프리카 깊숙이 있는 것처럼 생각됩니다만, 아라비아 반도 남쪽(오늘날 예멘) 끝에서 홍해 바다를 건너면 바로 에티오피아입니다. 거기는 홍해 바다가 좁습니다. 그래서 옛날에 구스인들이 거기서 바다를 건너 아프리카 땅에 가서 나라를 건설한 것으로 생각됩니다. 지금은 예멘과 에티오피아가 분리되어 다른 나라입니다만, 옛날에는 한 나라였다고 합니다. 그래서 여행자들이 에티오피아에 가서 보면 건축 양식이나 문화가 예멘의 것과 같은 것을 발견할 수 있다고 합니다. 그래서 '구스'라고 하면 꼭 아프리카 땅 에티오피아만 생각하면 안 되고 아라비아 남쪽 끝도 생각해야 합니다(cf. 대하 14:9).[2]

둘째로 '미스라임'(Mizraim)은 별 이의 없이 이집트 사람들의 조상으로 봅니다. 이집트는 성경에서는 애굽이라고 합니다만 최근에는 이집트로 많이 번역합니다. 이집트는 영어식 표기와 발음을 따른 것입니다. 그러나 옛날의 애굽을 이집트로 말하면 조금 이상합니다. 옛날의 바벨론을 이라크로 번역하면 이상한 것과 같습니다. 헬라인들은 미스라임을 '아이굽토스'라고 불렀습니다. 그래서 우리말 성경에 애굽으

---

2 뿐만 아니라 '구스'는 그 이전에는 메소포타미아에 살았던 것으로 생각된다. 왜냐하면 창 10:7-12에 보면 구스의 후손들이 살았던 지역은 아라비아와 메소포타미아 지역으로 나오기 때문이다. 이들이 나중에 아라비아 반도 끝(예멘 지역)으로 이동하고, 다시 북아프리카로 이동했다고 볼 수 있다. Cf. W. H. Gispen, "Kusch," in *Bijbelse Encyclopaedie* (Kampen; J. H. Kok, 1950), 300f.

로 번역한 것입니다. 그러나 이집트 사람들은 자기 나라를 '이집트'라 하지 않고 '미츠라임'이라고 부릅니다. 우리나라 사람들이 우리나라를 '코리아'라고 안 부르고 '한국'이라고 부르는 것과 같습니다.

이집트는 함의 둘째 아들 '미스라임'이 가서(또는 그 자손들이 가서) 세운 나라입니다. 옛날에 이스라엘 백성이 430년 동안 종살이했던 곳입니다. 지금은(2011년) 민주화 운동이 일어나서 무바라크 대통령을 쫓아내고 임시로 군부가 통치하고 있습니다만, 앞으로 어떻게 될지는 두고 봐야 합니다. 국민의 대부분이 이슬람이라서 제대로 되겠나 하는 걱정도 있습니다.

함의 셋째 아들은 '붓'(Put)입니다. 붓은 대개 리비아 사람들의 조상으로 봅니다. 주후 1세기의 유대 역사가 요세푸스는 이렇게 말합니다. "붓이 [리비아에 가서] 식민지를 건설했다. 그 주민들을 그의 이름을 따서 푸티안(Phutians)이라고 불렀다. 더구나 모레타니아(Mauretania)에 가면 이 이름을 가진 강이 있다. 그 주변 지역을 사람들은 '푸티'(Phute)라고 불렀다."(*Jew. Ant.* I,vi,2) 리비아는 지금 카다피가 42년 동안 통치하고 있습니다. 쿠데타로 집권했는데 미국과 서방 국가들을 향해 용감하게 독설을 퍼부었습니다. 지금은 시민들이 들고 일어나서 카다피를 쫓아낼 뻔하다가 카다피 정부군의 공격에 밀려 민주화 운동이 끝날 뻔했습니다. 그러나 유엔 안보리가 비행 금지 구역(no-fly zone)을 설정하는 바람에 앞으로 어떻게 될지 모릅니다. 리비아에서 소위 민주화 운동이 성공을 거두어서 새 정권이 들어선다고 해도 내나 이슬람 사람들입니다. 결국은 자기들끼리 이권을 챙기고, 서방 국가들에게 석유 이권을 주고 할 것입니다. 결국 이권을 누가 챙기느냐를 두고 싸움을 벌이는 게 아닌가 생각됩니다. 그들이 복음을 받아들이고 하나님 앞에 바로 서기 전에는 별 희망이 없다고 생각됩니다.

넷째 아들은 '가나안'(Canaan)입니다. 가나안은 원래 팔레스타인 땅에 살던 민족입니다. 옛날에는 땅이 넓었습니다. 북쪽 시돈에서부터 남쪽 가사까지, 그리고 사해 남동쪽에 있었던 것으로 생각되는 소돔과 고모라까지 다 포함했습니다. 가나안은 한때 부유하게 살았는데 주전 15세기에 이스라엘 자손에 의해 점령되는 비운을 맞이했습니다. 그 이유는 성경에 의하면 너무 죄가 많아서 그렇습니다(신 9:4-5). 가나안 땅에 살던 일곱 족속은 죄악이 관영했다고 합니다. 온갖 우상 숭배와 동성애자들이 있었고 심지어 인신 제사도 있었습니다.

이렇게 가나안 족이 복을 받지 못한 것은 따지고 보면 노아의 저주 때문이라고 할 수도 있습니다. "가나안은 저주를 받아 그 형제의 종들의 종이 되기를 원하노라."(창 9:25) 그 이유는 노아의 아들 함이 아버지가 포도주에 취해 벌거벗은 모습을 보고 나가서 형제들에게 고했기 때문입니다. 단지 말했을 뿐만 아니라 아마도 킥킥 웃으면서 조롱한 것으로 생각됩니다. 그래서 노아는 술에서 깨어 일어나서 저주했는데, 함의 아들 가나안에게 저주를 내렸습니다.

왜 노아가 저주했느냐? 노아는 나쁜 사람 아닌가? 이런 생각이 듭니다만 노아의 저주는 단순히 개인적인 화풀이라기보다 그 후의 세상 역사의 전개에 관한 하나님의 섭리 차원에서 이해하는 것이 좋을 듯합니다. 하나님이 결국 그런 방향으로 세상 역사를 운행하시는데, 이 사건을 계기로 복 받는 민족들도 있고 저주받는 민족들도 있게 하시는 하나님의 섭리로 생각할 수 있습니다.

그다음에 7절에 보면 구스의 아들들에 대해 말합니다. "구스의 아들은 스바와 하윌라와 삽다와 라아마와 삽드가요 라아마의 아들은 스바와 드단이며". 이들에 대해서는 간단 간단히 살펴보겠습니다. 이들은 그들의 이름을 따른 민족들의 조상이 되었는데, 그들이 거주했던 지명에 그 이름이 남아 있습니다.

먼저 '스바'(Seba, סְבָא)는 아라비아 반도 남단에 있는 것으로 생각됩니다.[3] 아프리카 쪽의 아라비아해(홍해) 해안에 살던 민족으로 보기도 합니다.[4]

'하윌라'(Havilah)는 아라비아에 있습니다. '하윌라'는 원래 '모래, 모래땅'을 뜻합니다. 따라서 꼭 어느 한 지역을 뜻하는 것이 아니라 보통명사로 사용될 수도 있습니다.[5] 그래서 페르시아만 가까이 있는 금이 많이 나는 땅을 가리키기도 하고(창 2:11), 또는 에돔 동쪽 아라비아 사막을 뜻하기도 합니다(삼상 15:7).

---

3 *Loeb Classical Library Josephus IV (Jewish Antiquities Books I-IV)*, p. 65 각주 n에 나오는 설명.

4 A. van Deursen, "Seba", *Bijblese Encyclopaedie*, 444.

5 Aalders, *Genesis*, I, 268.

'삽다'(Sabtah)는 대개 고대 그리스의 역사가 스트라보(Strabo)가 말한 바 아라비아에 있는 하드라마우트(Hadramauth, 오늘날 북예멘)의 수도 삽바타(Sabbatha)를 가리킨다고 봅니다.[6] 어떤 사람들은 이집트에 있다고 보기도 합니다.[7]

'라아마'(Raamah)는 아라비아 남서쪽에 있다고 생각됩니다. 역사가 스트라보의 책에 나오는 '라만인들'(Rhammanites)과 동일시된다고 볼 수 있습니다.

'삽드가'(Sabteca)는 아라비아에 있는데 정확히는 모릅니다. 어떤 사람은 걸프만 가까이에 있다고 보고, 다른 사람은 남아라비아 쪽에 있다고 봅니다.

7절 끝에 라아마의 아들 둘을 소개하고 있는데, 스바와 드단입니다. '스바'(Sheba, שְׁבָא)는 다르게 '시바'라고 표기할 수도 있는데, 솔로몬 왕 때 스바의 여왕이 솔로몬의 지혜를 시험하려고 온 사건이 유명합니다(왕상 10장). 솔로몬의 지혜가 뛰어나다고 사람들이 하도 칭찬하길래 정말로 그러한가 하여 시험하러 왔다고 합니다. 많은 수행원들과 많은 예물을 가지고 왔는데 일종의 국제 교역이라고 볼 수 있습니다. 그리고 어려운 문제를 몇 개 준비해 가지고 와서 질문했는데 솔로몬은 모르는 게 하나도 없이 다 대답했습니다. 스바 여왕은 놀라서 입을 다물지 못했습니다. "참 대단하구나! 듣던 소문보다 더 뛰어나구나!" 그

---

6 Aalders, *Genesis*, I, 276.

7 Cf. Gispen, *Genesis*, I, 325f. 그러나 Gispen 자신은 이 견해를 따르지 않는다.

래서 이렇게 말했습니다. "당신 앞에서 날마다 당신의 지혜를 듣는 신하들이 복이 있도다."

그런데 이 스바 여왕이 어디서 왔을까요? 예수님은 그가 땅 끝에서 왔다고 합니다. "심판 때에 남방 여왕이 일어나 이 세대 사람을 정죄하리니 이는 그가 솔로몬의 지혜로운 말을 들으려고 땅 끝에서 왔음이어니와 솔로몬보다 더 큰 이가 여기 있느니라."(마 12:42) 여기서 '땅 끝'은 대개 아라비아 남단(Arabia Felix)으로 많이 생각하고 있습니다. 이곳에 옛날의 스바 왕국이 있었다고 봅니다.[8] 그러나 솔로몬 시대의 '스바 왕국'은 아프리카 북부의 '악숨' 지역(에티오피아 북부인 Abyssinia 지역)에 있었다고 생각됩니다. 이곳은 예수님 당시에 '남방'이라고 불리기에 적당하며 '땅 끝'이라고 여겨지기에 합당했다고 생각됩니다.[9]

다음에 '드단'(Dedan)은 아라비아 상인으로 유명합니다. 에돔 근처에 살았는데 에돔의 데마(Tema) 남쪽에 있는 아라비아 사막 지대로 생각됩니다.[10]

이처럼 함의 자손들은 대개 아프리카 사람들의 조상이 되고 또 아라

---

[8] 예를 들면 F. W. Grosheide, *Het heilig evangelie volgens Mattheus* (Kampen: J. H. Kok, 1954), 206; Aalders, *Genesis*, I, 276f.

[9] 현재 Aksum은 에티오피아 북부 지역에 있으며 고대 유적 발굴 작업이 진행중이다. 여기에 한 수도원이 있는데 옛날에 솔로몬에게서 받아 가져왔다고 하는 '법궤'를 지금도 정해진 수도사가 정성껏 모시고 있다고 한다. 전해 내려오는 전승에 의하면, 그때 솔로몬을 방문했던 악숨 여왕의 이름은 '마케다'이며 그에게서 태어난 아들(후에 메넬릭 1세)이 자라서 예루살렘에 가서 공부하였으며, 돌아올 때 법궤를 얻어서 가지고 왔다고 한다.

[10] Aalders, *Genesis*, I, 277.

비아 사람들의 조상이 되었습니다. 물론 아라비아 사람들 중에는 셈의 후손들도 있습니다. 나중에 아브라함의 아들 이스마엘도 아라비아에 가서 살았습니다. 따라서 아라비아에는 함의 자손들과 셈의 자손들이 함께 살고 있는데, 오늘날에는 거의 다 이슬람교도들입니다. 아라비아에 석유가 많이 납니다만, 그 석유 판 돈은 거의 다 왕실 또는 독재자의 손에 들어갑니다. 왕과 왕자들과 왕족들은 잘 살지만 일반 국민들은 못 삽니다. 달러는 많이 들어오는데 그 돈이 어디로 가는지 백성들은 가난합니다. 물론 경제 발전을 위해 많이 사용되겠지만, 또한 상당수는 스위스 은행의 비밀계좌 또는 영국과 미국의 은행이나 투자기관에 들어가 있지 않나 생각됩니다. 그러다가 무슨 일이 생기면 서방 국가들은 자산 동결 조치를 취합니다. 그리고는 그 돈을 안 돌려줍니다. 그래서 결국 석유 팔아서 번 돈을 떼이고 맙니다. 그래서 국민들은 여전히 가난하게 지냅니다.

그리고 이슬람이 지배하고 있으니 사람들은 열심히 일하지 않고 빈둥빈둥 놉니다. 남자들은 기도한답시고 사원에서 빈둥거리고 여자들만 혹사당하는 경우가 많습니다. 그리고 아이들은 대개 공부를 안 합니다. 이리저리 돌아다니면서 놀아요. 그러니 발전이 없습니다. 그래서 하나님의 복을 못 받았다 하는 것을 알 수 있습니다.

이번에 일본에 대지진이 일어난 것을 보니 하나님의 하시는 일이 얼마나 크고 두려운가, 사람의 능력이란 얼마나 작고 보잘것없는가 하는 생각을 하게 됩니다. 그리고 일본 사람들이 불쌍하다, 복을 못 받았다

하는 생각이 듭니다. 일본 사람들은 차분하고 침착해서 좋습니다. 아무리 위험한 일, 불행을 당해도 고함지르지 않고, 울고불고하지 않고, 조용하고 차분합니다. 질서를 잘 지키고 예의 바릅니다. 어떻게 보면 세계 일등 국민이라고 할 수 있습니다. 그런데도 하나님의 복을 못 받으니 일이 잘 안 풀리는 것을 알 수 있습니다.

엄청난 지진에다 쓰나미가 덮치고, 게다가 그 위에 원전 사고까지 일어났습니다(지금 복구를 위해 사투를 벌이고 있고, 결국은 위기를 극복할 수 있을 줄로 생각합니다만). 게다가 병원에는 전력 공급이 안 돼서 환자가 사망하는 경우도 있고 삼중 사중의 불행이 겹쳤습니다.

게다가 일본 경제도 참 안 풀립니다. 20년 가까이 침체하고 있습니다. '잃어버린 20년'이라고 말들을 합니다. 자동차 공장이 올 스톱하고 정유 공장과 수많은 공장이 피해를 입었습니다. 이렇게 쓰나미로 일본 경제가 어려워지면 엔화 가치가 떨어져 줘야 수출이 잘 될 텐데 도로 올라갔다고 해요. 왜냐? 일본이 외국에 투자해 놓은 자산이 많다고 합니다. 미국과 브라질 등에 채권을 사놓은 게 많은데, 일본이 위기에 처하니까 그 채권을 팔아서 엔화로 바꾼다고 해요. 외환 시장에서 엔화를 산다는 것입니다. 그러니 엔화 가치가 올라갑니다(달러 대비 엔화 환율은 떨어짐). 그러니 수출은 더 어려워집니다. 공장은 부숴져서 생산을 못하는데 엔화 가치는 올라가서 수출은 안 되고 … 불난 집에 부채질하는 꼴입니다. 요즘 일본은 어찌 그리 일마다 안 되는지 우리가 보기에도 딱합니다.

이에 반해 잘되는 나라는 자꾸 잘 됩니다. 우리나라가 3년 전에 금

융위기가 닥쳤을 때 외국 언론들이 한국의 달러가 부족하다, 바닥날 수도 있다고 불안감을 조성했습니다. 그래서 달러 값이 많이 올랐습니다. 1,300원 이상 갔습니다. 그러니 우리나라 기업들의 수출이 잘되었습니다. 예를 들어 자동차 한 대 팔아서 1만 달러를 받았다면 환율이 1달러당 1,100원이면 원화로 바꾸면 1,100만원밖에 안 되는데, 환율이 1,300원을 넘으니까 1,300만원 이상 손에 쥐게 됩니다. 똑같이 차 한 대를 팔아도 전보다 200만원 더 받습니다. 그러자 자동차 값을 내려서 더 싸게, 더 많이 팔 수 있습니다. 그래서 금융위기 이후로 우리나라 자동차들이 엄청 많이 수출되었습니다. 반도체도 그렇고, 전자제품도 그렇고, 전반적으로 수출이 잘되고 달러를 많이 벌어들였습니다. 그래서 경제 위기를 제일 먼저 졸업하게 되었습니다. 하나님이 도와주신 것입니다.

이번에 일본에 지진이 나니까 우리나라가 일본을 돕는 데 열심입니다. 그러니 하나님이 기뻐하실 것 아닙니까? 일본에 있는 외국인들이 원전 방사능에 공포를 느껴서 탈출하는데, 많은 외국인들이 보따리 사서 가까운 한국으로 들어온다고 해요. 그러니 우리나라는 덕택에 항공비 벌고 호텔비 벌고 식사비 벌고 전화비 벌고 등등 가만히 앉아서 돈 법니다.

이처럼 잘되는 사람은 이래도 잘되고 저래도 잘되고 때와 장소를 가리지 않습니다. 전에 어떤 목사님의 설교를 들어보니 복 받은 사람은 넘어져도 돈 줍는다고 합니다. 복 받은 사람은 넘어졌다가 일어날 때 보면 손에 만 원짜리가 쥐어져 있다는 거예요. 그러나 복 못 받은 사람은 길 가다가 우연히 돌부리에 걸려 넘어졌는데, 코피 나고 이 부러지고 안경 깨지고 손등 까지고 옷 찢어지고 돈 잃어버리고 합니다. 그래서 하나님의 복을 받아야 잘된다 하는 것을 알 수 있습니다.

　그러면 어떻게 하면 복을 받겠습니까? 천지를 지으신 하나님, 예수 그리스도의 아버지 하나님을 믿고 기도해야 복을 받습니다. 일본을 보면서 참 안타까운 것은 이렇게 큰 불행을 당해도 하나님 앞에 기도하는 사람들이 (거의) 없다는 것입니다. 신사(神祠) 참배 앞에서 묵념하는 사람은 있어도 하나님께 기도하는 사람은 없습니다. 하나님을 안 믿으니까 기도할 수가 없습니다. 일본 수상은 최선을 다하겠다고 말하지만 하나님께 무릎 꿇고 기도하지는 않습니다. 일본 천황은 슬픔을 당한 자들에게 심심한 애도를 표한다고 말은 하지만 하나님께 기도하는 것은 없습니다. 참 무기력합니다.
　옛날 유다 왕 다윗 같았으면 송아지를 잡아서 하나님께 제사를 드렸을 것입니다. 그리고 기도했을 것입니다. "이 재앙을 속히 떠나게 하옵소서. 주의 택하신 백성을 불쌍히 여기시옵소서." 만일 우리나라에 이런 재앙이 일어났으면 온 한국 교회가 간절히 기도했을 것입니다. 시골 곳곳마다 교회가 있는데 새벽마다 기도하고 또 기도회 모임을 가졌을 것입니다. 그리고 여의도 광장에 백만 명 이상의 성도들이 모여 회개기도 하고 간절히 하나님의 은혜를 구했을 것입니다. 교회를 비판하는 사람들은 교회에 대해 온갖 욕을 다하지만, 그래도 전 세계적으로 이렇게 기도하는 나라는 없습니다. 그래서 우리가 잘 나서 복 받는 것이 아니라 하나님의 은혜로 복 받는 것입니다.

그러나 일본에는 이게 없습니다. 하나님을 믿지 않으니까 그렇게 할 수도 없습니다. 천황이나 천조대신은 도움이 되지 않습니다. 아무 소용이 없습니다. 일본 사람들은 전에 우리나라를 지배할 때에 하나님을 믿는 수많은 성도들을 잡아 가두고 핍박했습니다. 신사 참배를 반대하는 목사와 장로들을 잡아서 옥에 가두고 고문하였습니다. 1919년 3월 1일 만세운동 사건 때 일본 경찰에 쫓긴 사람들이 제암리교회 안으로 들어왔습니다. 그런데 일본 경찰이 와서 그 교회에 불을 질러 그 안에 있는 사람들이 다 죽었습니다. 끔찍한 죄입니다. 그 외에 2차 세계 대전 때 수많은 사람들을 전쟁터로 끌고 갔고 젊은 여자들을 위안부로 끌고 갔습니다. 그리고 또 생체 실험을 했습니다. 그리고는 증거를 없애기 위해 시체를 소각했다고 합니다. 일본 사람들이 저지른 죄가 참으로 큽니다. 그런데 문제는 아직도 그 죄를 인정하지 않고 회개하지 않고 있다는 것입니다. 그런 일이 없었다고 잡아뗍니다.

그런데 아주 드물지만 그래도 양심적인 사람이 있는데, 일본 민주당 국회의원 중에 목사인 사람이 한 사람 있는데(도이 류이치), 그는 이렇게 주장했습니다. "독도가 일본 땅인 것은 분명하지만 영유권을 주장해서는 안 된다." 그는 일본에서 엄청난 공격을 받고 결국 반성 기자회견을 열고 사과했습니다. 그리고 그다음 날 엄청난 대지진과 쓰나미가 닥쳤습니다.

그러나 우리는 지금 일본 사람들의 죄를 따지려고 하는 것이 아니라 그들이 복을 받지 못해 불쌍하다는 것입니다. 회개하고 모든 우상을 다 버리고 하나님께로 돌아와서 복을 받게 되기를 간절히 바라는 것입니다. 시편 127편 1절에 "여호와께서 집을 세우지 아니하시면 세우는 자의 수고가 헛되며 여호와께서 성을 지키지 아니하시면 파수꾼의 경성함이 허사로다."고 말합니다. 일본 사람들이 아무리 지진에 대비해서 집을 짓고 대피 훈련을 하고, 아무리 열심히 일하고 침착하게 대응해도 하나님이 지켜 주지 아니하시면 그 모든 것이 다 헛됩니다. 그래서 이번 기회에 일본 사람들이 살아 계신 하나님, 바다와 육지를 다스리시는 하나님을 믿고 하나님께로 돌아와서 복 받는 민족이 되기를 바라는 것입니다.

사랑하는 성도 여러분,

오늘날 우리도 인간적으로 애쓰고 힘쓴다고 잘되는 것이 아닙니다. 하나님이 복 주셔야 잘되고 형통하게 될 줄로 믿습니다. 우리가 복 받기 위해서는 먼저 하나님을 잘 섬기고 하나님을 기쁘시게 해 드려야 합니다.

그리고 기도해야 합니다. 아브라함처럼 가는 곳마다 하나님의 이름을 부르며 기도해야 합니다. 자손들을 위해 기도를 많이 해놓으면 나중에 그 기도가 응답될 줄로 믿습니다. 그러면 그 자손들은 나중에 어머니 아버지, 할머니 할아버지의 기도 덕분에 별 힘들이지 않고도 잘되고, 들어가도 복을 받고 나가도 복을 받고, 어디서 무엇을 하든지 복을 받는 역사가 있을 줄로 믿습니다.

여러분 모두, 살아 계신 하나님께 나아와서 자기 자신과 자손들과 이웃을 위해 기도하는 성도들이 다 되시기 바랍니다. 아멘. (2011년 3월 20일 주일 오전)

19. 처음 영걸 니므롯 (10:8-14)

8 구스가 또 니므롯을 낳았으니 그는 세상에 첫 용사라 9 그가 여호와 앞에서 용감한 사냥꾼이 되었으므로 속담에 이르기를 아무는 여호와 앞에 니므롯같이 용감한 사냥꾼이로다 하더라 10 그의 나라는 시날 땅의 바벨과 에렉과 악갓과 갈레에서 시작되었으며 11 그가 그 땅에서 앗수르로 나아가 니느웨와 르호보딜과 갈라와 12 및 니느웨와 갈라 사이의 레센을 건설하였으니 이는 큰 성읍이라 13 미스라임은 루딤과 아나밈과 르하빔과 납두힘과 14 바드루심과 가슬루힘과 갑도림을 낳았더라 (가슬루힘에게서 블레셋이 나왔더라)

지난 주일에는 함의 자손들에 대해 살펴보았습니다. 함은 네 아들 곧 구스와 미스라임과 붓과 가나안을 낳았습니다. 오늘은 구스의 자손 중에서 특별한 한 사람 니므롯에 대해 살펴보겠습니다. 창세기 10장 8-12절은 니므롯에 대해 말하고 있습니다. 함의 자손들을 말하다가 니므롯에 대해 제법 길게 말하는데 특별한 의미가 있다고 생각됩니다.

8절에 보면 "구스가 또 니므롯을 낳았으니 그는 세상에 첫 용사라."고 합니다. 이 니므롯이 누구인지 알 수 없습니다. 이런 저런 설명들이 있기는 하지만 전부 추측일 뿐이고 확실한 것은 없습니다. 수수께끼 같은 인물이라고 할 수 있습니다.

우선 '니므롯'(Nimrod)이란 이름의 뜻을 생각해 봅시다. 학자들은 대개 히브리어 동사 '마라드'(Marad)와 관계된다고 봅니다. '마라드'는 '반항하다, 반역하다, 반란을 일으키다'는 뜻을 가지고 있습니다(Gesenius). 그리고 '님롯(니므롯)'은 미완료 1인칭 복수형으로서 "우리가 반항한다, 반역한다"는 뜻입니다. 따라서 니므롯은 하나님께 대해 반항한 사람, 하나님을 향해 반란을 일으킨 사람을 가리키는 이름입니다.

유대인 역사가 요세푸스는 이렇게 말합니다. "네브로데스(Nebrodes, 니므롯)는 사람들을 설득하여 하나님을 믿지 않고 그들 자신의 용맹을 믿도록 하였다. 그래서 점점 그를 따르도록 하여 독재 정치를 하였다. 그리고 만일 하나님이 다시 홍수로 이 땅을 잠기게 하기를 원하신다면 하나님께 복수하겠다고 위협하였다. 그래서 네브로데스는 사람들을 설득하여 높은 탑을 쌓았다. 어떤 홍수에도 물에 잠기지 않도록 높은 탑을 쌓았다."(*Jew. Ant.* I,iv,2-3). 그러나 우리는 이 니므롯이 바벨탑을 쌓도록 한 주동자인지는 알 수 없습니다. 그럴 수도 있고 아닐 수도 있습니다. 성경은 이에 대해 말하지 않기 때문에 알 수 없습니다.

그런데 니므롯은 "세상에 첫 용사라"고 했습니다(8절). 여기서 '첫'이란 말은 히브리어로 '시작하다, 개시하다, 열다'는 뜻입니다.[1] 직역하면

---

[1] 히브리어로 '할랄'(חָלַל)이며 히필 형이 사용되었다(הֵחֵל).

"용사 되기를 시작하였다"가 됩니다. 그러면 '용사(勇士)'는 무슨 뜻일까요? 히브리어로는 '깁보르'(gibbor)로 되어 있는데 '강한 (자), 힘 있는 (자)'(strong, mighty)를 뜻합니다. 창세기 6장 4절에도 이 단어가 사용되었습니다. "당시에 땅에 네피림이 있었고 그 후에도 하나님의 아들들이 사람의 딸들을 취하여 자식을 낳았으니 그들이 용사라. 고대에 유명한 자들이었더라." 여기에 '용사(勇士)'란 말도 '깁보르'입니다. 하나님의 아들들(하나님을 믿는 남자들)이 사람의 딸들(하나님을 믿지 않는 여자들)을 취하여 아들들을 낳았는데, 이들은 '용사들' 곧 힘 있는 자들, 강한 자들이었다는 것입니다. 여기 10장에 나오는 니므롯도 '용사'였습니다. 즉, 힘 있는 자, 강한 자였습니다.

옛날에 '힘센 자'는 말 그대로 힘이 센 자를 뜻합니다. 삼국지에 나오는 장비처럼 무거운 바위도 들어서 던져버리는 사람입니다. 그리고 싸움을 잘하는 사람입니다. 관우처럼 혼자서 수백, 수천 명을 상대하는 사람을 가리킵니다. 이 니므롯도 그러한 사람이었습니다. 홍수 후 세계에서 처음으로 용사, 영웅이었습니다.

9절에 보면 "그가 여호와 앞에 용감한 사냥꾼이 되었으므로 속담에 이르기를 아무는 여호와 앞에 니므롯 같은 용감한 사냥꾼이로다 하더라."고 합니다. '용감한 사냥꾼'(깁보르-차이드)는 힘 있는 사냥꾼, 능력 있는 사냥꾼, 용맹한 사냥꾼을 뜻합니다. 곧 노루나 사슴, 멧돼지, 곰 등을 잘 잡았다는 뜻입니다.

그러면 어떻게 잡았을까요? 물론 손으로 잡았을 수도 있지만, 아마도 창이나 활을 사용했을 것입니다. 그냥 무기 없이 쫓아가면 노루나 사슴은 도망쳐 버립니다. 그러면 사람은 못 따라갑니다. 노루도 빠르고 멧돼지도 빠릅니다. 그래서 사냥을 하려면 창이나 활을 사용해야 하는데, 아마도 활을 사용하지 않았을까 생각됩니다. 창을 던지는 것은 한계가 있습니다. 날아가는 거리에 한계가 있고 빠르기에도 한계가 있습니다. 이에 반해 활은 가볍고 빠릅니다. 또 멀리까지 날아갑니다. 손살같이 날아가서 명중하면 짐승은 쓰러집니다.

따라서 니므롯이 힘센 사냥꾼, 위대한 사냥꾼이었다는 것은 활을 잘 쏘았다는 것을 뜻한다고 생각됩니다. 니므롯은 활을 잘 쏘는 사람으로 유명했습니다. 그래서 속담이 되었습니다. "아무는 여호와 앞에 니므롯 같은 용감한 사냥꾼이로다." 여기서 '여호와 앞에'는 무슨 뜻일까요? 어떤 학자는 하나님이 아셨다는 뜻이라고 봅니다.[2] 그러나 이것은 단지 하나님이 아셨다는 의미일 뿐만 아니라 또한 대단하다는 의미도 들어 있다고 생각됩니다. '사람 앞에서 대단한 사냥꾼'보다도 '하나님 앞에서 대단한 사냥꾼'이 훨씬 더 격이 높습니다. 아주 뛰어난 사냥꾼, 온 세상에서 제일가는 사냥꾼, 하나님 앞에서 최고의 사냥꾼이라는 의미입니다.

우리나라 말에도 이와 비슷한 표현이 있습니다. 곧 '신궁(神弓)'이란 말입니다. 고려 말기에 이성계 장군은 뛰어난 활 솜씨를 가진 신궁이었습니다. 활을 얼마나 잘 쏘는지 백발백중이었습니다. 북쪽의 여진족과 원나라 군사 토벌에 성공하여 가는 곳마다 승리를 거두고 이름

---

2 Aalders, *Genesis*, I, 279.

을 날렸습니다. 왜구들과의 전투에서도 큰 성과를 거두었습니다. 한 가지 예를 들면, 지리산 부근에 왜구들이 쳐들어와서 이성계의 군대가 다가가서 200보 거리를 두고 대치하였습니다. 그때 왜구 한 명이 조선 군대를 놀린다고 뒤돌아서서 엉덩이를 내보였습니다. 그러자 이성계가 시위를 당겨 활을 쏘아 바로 그 엉덩이를 꿰뚫어 버렸습니다. 그러자 왜구들이 혼비백산하여 달아났다고 합니다. 그래서 이성계를 가리켜 '신궁(神弓)'이라고 말하는 것입니다. 활 쏘는 솜씨가 신적 경지에 도달했다는 것입니다. 그래서 이성계는 가는 곳마다 승리를 거두고, 나중에는 고려 왕을 폐하고 새 나라를 세우고 왕이 되었습니다.

여기 니므롯도 이와 비슷하다고 생각됩니다. 니므롯은 뛰어난 사냥꾼이었습니다. 그러니 자연히 다른 사람들을 지배하게 됩니다. 사람들이 그를 따르고 추앙하게 됩니다. 니므롯은 부하들을 데리고 나가 싸워서 다른 사람들을 정복했습니다. 백발백중의 활 솜씨로 적들을 차례 차례 정복하여 큰 나라를 이루었습니다. 10절에 보면 "그의 나라는 시날 땅의 바벨과 에렉과 악갓과 갈레에서 시작되었으며"라고 합니다. 11-12절에 보면 "그가 그 땅에서 앗수르로 나아가 니느웨와 르호보딜과 갈라와 및 니느웨와 갈라 사이의 레센(이는 큰 성이라)을 건축하였으며"라고 합니다.

먼저 10절을 살펴보겠습니다. '시날'(Shinar) 땅은 메소포타미아 지역에 있습니다. 티그리스 강 하류와 유프라테스 강 하류 사이의 평원에 있습니다. 이 시날 땅에 바벨과 에렉과 악갓과 갈레가 있었습니다. '바벨'(Babel)은 유브라데 중하류 강변의 도시입니다. 이라크 남부 지역에 있는데 지금은 폐허가 되어 있습니다. 후에 셈족인 아모리인들이 침략하여 세운 고대 바빌론 왕국의 수도가 있던 곳입니다. '에렉'(Erek)은 일반 문헌에서 '우루크'라고 불리는 지역인데 바벨보다 남쪽에 있습니다. 우르 약간 위쪽에 있습니다. 현재는 '와르카'(Warka) 폐허입니다. '악갓'(Akkad)은 옛날에 아카드 왕국이 있던 곳입니다. 바벨보다 북쪽에 있습니다. '갈네'(Kalne)는 어딘지 불확실합니다. 어떤 학자들은 바벨 동쪽의 '니푸르'(Nippur)가 아닌가 생각합니다.[3] 중요한 것은 니므롯이 이 도시들을 다스렸다는 것입니다. 티그리스 강 하류와 유브라데 강 하류 사이의 비옥한 평야 지대를 다 지배했습니다.

그러나 이것은 시작에 불과했습니다. 니므롯은 여기서 시작해서 북쪽에 있는 앗수르로 나아갔습니다. '앗수르'는 티그리스 강변에 있는데 바벨에서 북쪽으로 500km 이상 떨어져 있습니다. 니므롯은 북쪽으로 쳐들어갔습니다. 니므롯의 활 앞에 당할 자가 없었습니다. 그래서 니므롯은 앗수르로 나아가서 니느웨와 르호보딜과 갈라를 점령했습니다.

'르호보딜'(Rehoboth-Ir)은 도시의 넓은 평원 또는 넓은 도시란 뜻입니다. 정확히 어딘지는 모르나 니느웨 근처에 있는 것은 확실합니다. 앗수르 사람들이 '르빗-니나'(Rebit-Nina)라고 부르던 도시로 보기도

---

3 Aalders, *Genesis*, I, 280.

하는데, 바로 오늘날 모술이 있는 곳입니다.[4] 모술은 우리나라의 자이툰 부대가 주둔하던 곳입니다. '갈라'(Kalach)은 르호보딜 근처에 있었습니다. 티그리스 강변입니다. 네 번째 도시는 '레센'(Resen)인데 니느웨와 갈라 사이에 있었다고 합니다. 큰 성이라는 것 외에는 알려진 것이 없습니다.[5]

12절 끝에 보면, 니므롯이 이 도시들을 '건축하였다'고 되어 있습니다. '건축하였다'는 것은 점령한 후에 건축한 것으로 생각됩니다. 전쟁으로 정복했든 평화적으로 접수했든, 어쨌든 점령하고 나면 대개 도시를 건축합니다. 완전히 새로 건축하거나 아니면 재건하게 됩니다. 알렉산더 대왕은 동방을 정복하고 나서 곳곳에 자기 이름을 딴 도시들을 건축하였습니다. 그래서 '알렉산드리아'란 이름의 도시가 열일곱 개나 있습니다. 이와 마찬가지로 니므롯도 남쪽의 시날 땅에 있는 여러 도시들을 통합하여 나라를 세운 후에 북쪽의 앗수르 지역으로 진격하여 여러 도시들을 점령하고 도시들을 건축했습니다. 그래서 큰 나라를 이루었습니다. 최초의 제국을 건설했다고 볼 수 있습니다.

그러면 본문의 기록이 오늘날 우리에게 주는 교훈은 무엇일까요? 성경은 도대체 우리에게 무엇을 말하는 것일까요?

앞에서 말씀드린 것처럼 '사냥꾼'이라는 것은 단지 짐승을 잘 잡았다

---

4 Aalders, *Genesis*, I, 280.

5 Aalders, *Genesis*, I, 280.

하는 것으로 끝나는 것이 아닙니다. 그것은 활을 잘 쏘는 자였다는 것 곧 신궁이었다는 것을 의미합니다. 그래서 그것으로 다른 사람을 지배하고 나라를 세웠다는 것을 의미합니다. 우리는 이성계에게서 그 좋은 예를 볼 수 있습니다.

이 세상 역사의 진행도 같은 원리입니다. 이 세상은 힘 있는 자가 지배합니다. 힘센 자(strong man), 강한 자(mighty man)가 세상을 지배합니다. 이것이 세상의 원리입니다. 소위 '약육강식(弱肉强食)'이라고 하지요.

몇몇 예를 들어보면 다음과 같습니다. 알렉산더 대왕은 22세의 나이에 동방 원정을 떠났습니다. 고작 3만 7천 명의 병사를 거느리고 거대한 페르시아 제국을 향하여 출정했습니다. 당시 페르시아 제국의 수십만 군대와 싸워서 이겼습니다. 물론 알렉산더 대왕의 용맹과 뛰어난 전술도 중요했습니다만, 다른 한편으로 무기 면에서 보면 그리스 군대의 창은 아주 깁니다. 6.4미터나 되는 '사리사'(sarissa)라는 창을 소유했는데 페르시아 병사의 창에 비해 서너 배나 되는 길이입니다. 그래서 그리스 병사들이 창을 들고 행진해서 나아가면 페르시아 병사들은 제대로 싸워보지도 못하고 쓰러집니다. 이수스(Issus) 전투에서 페르시아 병사 10만 명이 죽었는데, 그리스 병사들은 불과 450명밖에 죽지 않았다고 합니다. 그래서 알렉산더 대왕은 적은 군대를 가지고 광대한 페르시아 제국을 점령하게 되었습니다.

나폴레옹이 유럽을 정복할 때는 대포를 사용했습니다. 대포를 끌고 와서 멀리서 쾅쾅 쏘아서 적진을 쑥대밭으로 만들어 놓고 진격하니 쉽게 점령할 수 있었습니다. 그래서 온 유럽을 점령하고 러시아 모스크바까지 진격했습니다.

제2차 세계대전 때에는 초반에 탱크를 앞세운 독일군이 우세한 듯 싶었으나 결국 공군력과 해군력이 우세한 영미 연합군에 의해 패배했습니다. 이때는 전투기가 중요했습니다. 미국의 B52 폭격기가 엄청난 폭탄을 투하했습니다. 독일의 많은 도시가 폐허가 되었습니다. 그리고 마지막에는 원자폭탄이 결정적 역할을 하였습니다. 완강하게 버티던 일본은 결국 원자폭탄 두 개를 맞고 항복하였습니다.

지금도 세계를 지배하는 것은 결국 군사력입니다. 지금 세계를 지배하는 나라는 미국인데 최강 군사력을 소유하고 있습니다. 이런 군사력의 배후에는 경제력과 과학기술이 뒷받침하고 있습니다. 이번에 미국과 영국과 프랑스 등 연합군이 리비아를 공습하는데, 전투기와 미사일이 중요하다는 것을 알 수 있습니다. 영국의 유로파이터와 토네이도, 프랑스의 라팔과 미라주, 그리고 미국의 B2 전폭기, 그리고 토마호크 미사일이 위력을 발하고 있습니다. 리비아의 카다피는 연합군의 전투기와 미사일 앞에 꼼짝 못하고 있습니다. 대공포를 아무리 쏘아봤자 소용없습니다. 지금의 세상도 옛날의 니므롯 시대와 마찬가지로 강력한 무기를 가진 자가 세계를 지배한다는 것을 알 수 있습니다.

그러나 니므롯은 함족이었습니다. 구스의 아들입니다. 따라서 니므롯에게는 하나님이 없습니다. 하나님을 예배하는 것이 없고, 하나님을 섬기는 것이 없고, 따라서 구원이 없고 생명이 없습니다. 하나님을 믿는 믿음은 셈족 중에서 아브라함을 통해 이어졌습니다. 소수의 사람들을 통해 믿음이 전수되었습니다.

지금 리비아에 공습이 계속되고 있습니다. 폭탄이 엄청나게 떨어집니다. 그러면 많은 사람들이 다치고 죽게 됩니다. 이것이 세상입니다. 세상은 이렇게 힘 있는 사람이 지배합니다. 힘센 자, 첨단 무기를 가진 자가 지배하고 다스립니다. 그러나 이런 것을 통해서는 결코 아랍 사람들에게 복음이 들어갈 수 없습니다. 지금 유럽 사람들과 미국 사람들은 흐뭇하게 미소 짓고 있을 것입니다. 엄지손가락을 치켜세우면서 "거 봤지? 우리 말 안 들으면 어떻게 되는지 똑똑히 봤지?" 할 것입니다. 그러나 대다수의 아랍 사람들은 이를 갈고 있을 것입니다. 미국과 유럽에 이를 갈면서 그들을 저주할 것입니다. 그리고 좀처럼 기독교로 개종하지 않을 것입니다. 더욱 더 이슬람을 굳게 믿고 붙들 것입니다.

그래서 서양 나라는 선교에 실패했다고 말할 수 있습니다. 왜냐하면 서양 나라들이 총과 칼로 식민지를 지배했기 때문입니다. 선교사들이 식민지 지배에 앞장선 일도 많았습니다. 그러니 서양 선교사 하면 '제국주의자', '침략자 앞잡이'라고 생각하는 사람들이 많습니다.

예수님은 이렇게 말씀하셨습니다. "검을 가지는 자는 다 검으로 망하느니라."(마 26:52) 무력을 의지하여 일어선 사람은 결국 무력으로 망하는 것입니다. 니므롯은 홍수 후 세상에서 그 첫 번째 좋은 예입니다. 그 후에 구바벨론 제국이 일어났다가 망하고, 앗수르 제국이 일어났다가 망하고, 그다음에는 신바벨론 제국, 그다음엔 메데-파사 제국,

그다음엔 헬라-마게도냐 제국, 그다음엔 로마 제국, 그다음엔 중세를 거쳐 대영 제국이 일어서고, 현재는 미국이 세계를 지배하고 있습니다. 이런 세상 제국들은 자기의 힘을 의지하고 무력을 의지하고 한동안 세상을 지배하지만 결국 망하고 맙니다.

대영 제국이 해체된 것은 순식간이었습니다. 왜 해체되었을까요? 전 세계에 퍼져 있던 해외 주둔 영국군의 막대한 경비를 감당할 수 없게 되자 결국 철수를 결정한 것입니다. 제2차 세계대전 후의 약해진 경제력 때문에 지급불능 사태가 되자 대영 제국은 10년 안에 해체되고 말았습니다(1947-1956년). 구소련이 해체된 것도 결국 연방 소속 국가들을 먹여 살릴 수 없자 독립시켜 준 것입니다(1991년). "이제 더 이상 가스와 양식을 대줄 수 없으니 너희들이 알아서 살 길을 찾아라." 그래서 소비에트 연방은 해체되었습니다.

앞으로 미국 세력의 해체도 순식간에 올 수 있습니다. 결국 해외에 주둔하고 있는 미군의 경비 문제와 전쟁 경비 문제입니다. 미국 위스콘신(Wisconsin) 주의 매디슨(Madison) 대학의 어떤 학자는 미국이 현 상태에서 변하지 않는다면 2025년에 몰락할 것이라고 내다봤습니다. 지금 이라크 전쟁, 아프가니스탄 전쟁, 그리고 막 시작된 리비아 공습 등, 앞으로 어떻게 전개될지 모릅니다. 리비아에서 전쟁이 빨리 끝나고 민주정권이 들어선다면 그런 대로 좋은 결과가 되겠지만, 그렇지 않고 오래 끌게 되면 막대한 전쟁 경비는 결국 미국과 유럽의 힘을 약화시킬 것입니다. 미국과 유럽의 몰락을 재촉하게 될 것입니다. 분명한 것은 이런 군사력, 무력으로는 결코 사람의 마음을 살 수 없다는 것입니다. 폭탄으로는 복음 전파가 되지 않습니다.

사랑하는 성도 여러분,

오늘날 우리가 가야 하는 길은 셈족의 길입니다. 아브라함의 길입니다. 바로 예수님이 가신 길입니다. 요란한 이 세상에서 살아 계신 하나님을 바라보고 하나님을 의지하고 하나님께 기도하면서 나아가는 길입니다.

우리 한민족이 나아갈 길도 바로 이 길입니다. 우리는 무력으로 세상을 지배하는 길이 아니라 복음으로 세상을 구원하고, 사랑으로 세상을 이롭게 하는 길을 걸어가야 합니다. 하나님이 우리의 보호자 되시고 우리의 주권자 되시고 우리의 구원자 되심을 믿고 고백하면서, 하나님의 뜻을 이루는 성도들이 되고 또 그런 나라가 되어야 하겠습니다.

니므롯과 같이 힘센 자가 지배하는 세상에서 아브라함처럼 하나님을 믿고 기도하면서 나아가는 성도들이 되시기 바랍니다. 그리고 우리나라가 하나님을 잘 믿고 섬기며 온 세상에 복음을 전하고 하나님의 사랑을 전하는 나라가 되도록 기도하는 여러분들이 다 되시기 바랍니다. 아멘. (2011년 3월 27일 주일 오전)

20. 가나안의 자손들 (10:14-20)

15 가나안은 장자 시돈과 헷을 낳고 16 또 여부스 족속과 아모리 족속과 기르가스 족속과 17 히위 족속과 알가 족속과 신 족속과 18 아르왓 족속과 스말 족속과 하맛 족속을 낳았더니 이 후로 가나안 자손의 족속이 흩어져 나아갔더라 19 가나안의 경계는 시돈에서부터 그랄을 지나 가사까지와 소돔과 고모라와 아드마와 스보임을 지나 라사까지였더라 20 이들은 함의 자손이라 각기 족속과 언어와 지방과 나라대로였더라

가나안은 함의 아들입니다. 함의 네 아들 중 막내입니다. 함이 아버지 노아의 벌거벗은 수치를 보고 나가서 형제들에게 말하였는데, 아버지가 일어나서 저주했습니다. 함에게 직접 저주한 것은 아니고 함의 아들 중 하나인 가나안에게 저주했습니다. "가나안은 저주를 받아 그 형제의 종들의 종이 되기를 원하노라."(창 9:25)

왜 함이 아니고 가나안에게 저주했을까요? 도대체 왜 저주를 한 것일까요? 이렇게 저주하면 그대로 이루어지는 것일까요? 등 여러 의문이 들 수 있지만, 이 모든 것은 결국 하나님의 섭리 차원에서 이해하는 것이 좋습니다. 즉, 꼭 노아의 저주 때문에 가나안이 복을 못 받았다기

보다도 하나님이 세상 역사를 운행하실 때 복 받는 사람도 있고 복 받지 못하는 사람도 있는데, 이 사건을 계기로 그렇게 정하신 것입니다. 어쨌든 가나안은 아버지의 죄의 직격탄을 받게 되었는데 가나안으로서는 좀 억울한 점이 있습니다.

그러나 가나안은 자녀들을 낳고 그 후손이 번성하였습니다. 오늘 읽은 본문에 보면 가나안이 어떤 자녀들을 낳고 어떤 민족의 조상이 되었는가 하는 것이 나옵니다. 15절에 보면 "가나안은 장자 시돈과 헷을 낳고"라고 합니다.

'시돈'은 가나안의 장자였는데 시돈 민족의 조상이 되었습니다. 시돈 사람들은 오늘날 일반적으로 페니키아인(Phoenicians)이라고 부르는데 로마자 알파벳을 만든 민족으로 알려져 있습니다. 그러나 페니키아인이 알파벳을 완전히 새로 만든 것은 아니고 그 이전에 수메르인들, 아카드인들 등이 사용하던 문자를 발전시켜서 오늘날의 알파벳으로 만든 것입니다. 누가 만들었다기보다도 많이 사용하다 보니 저절로 만들어진 것입니다. 시돈 사람들은 현재 레바논 지역에 살았는데, 오늘날 레바논의 북쪽 국경은 터키와 접하고 동쪽은 시리아와 접하고 있습니다. 한동안 기독교도와 이슬람교도가 많이 싸웠는데 요즘은 조용합니다.

'헷'은 가나안의 둘째 아들이었습니다. 고대 설형문자에서는 '하티'(Chatti)라고 했습니다. 히브리어로는 '헷'(חת)이라고 하는데 독일의 루터가 '헤티터'(Hethiter)라고 번역했습니다. 그 후에 영어로 '히타이트'(Hittite)로 불렀습니다. 그래서 이 이름이 세상에 널리 알려지게 되었습니다. 우리말 성경은 '헷족'이라고 부릅니다.

아브라함이 가나안 땅에 들어왔을 때 거기에 이미 헷족이 있었습니다. 아브라함은 헷족과 접촉하면서 사이좋게 지냈습니다. 아브라함의 아내 사라가 죽었을 때 아브라함은 헷 사람들에게 나아가 엎드려 절하고 나서 헷족 에브론에게서 은 400 세겔을 주고 밭과 굴을 사서 가족 묘로 삼았습니다(창 23장). 그 굴(막벨라 굴)은 지금 헤브론에 있습니다. 그리고 나중에 솔로몬을 낳은 밧세바의 원래 남편은 헷 사람 우리야였습니다(삼하 11:3). 충성된 군인이었는데 다윗이 궤계로 죽이고 말았습니다.

헷족은 원래 아나톨리아에 살았습니다. 오늘날 터키 중앙부에 살았는데 주전 1500-1200년 사이에 강력한 나라를 이루었습니다. 오늘날 지명으로 말하자면 터키 일대와 시리아 일대를 지배했는데 이집트와 충돌하였습니다. 수도는 아나톨리아 중앙에 있는 하투사(보아즈커이)였는데, 오늘날 앙카라에서 동쪽으로 150km 정도 떨어진 거리에 있습니다. 하투사가 왜 유명하냐 하면, 1906-1912년에 독일의 고고학자 후고 빙클러(Hugo Winckler)가 이 지역을 발굴했기 때문입니다. 그때 16,000개의 점토판을 발견했는데 헷족의 문자로 씌어져 있었습니다. 나중에 이 문자를 해독하여 고대 헷족의 역사와 사회를 많이 알게 되었습니다.

그런데 히타이트 왕국을 건설한 사람들은 '하투사' 원주민(하티)이 아니고 이웃에 있던 '카네쉬'에서 이주해 온 사람들이었습니다. 그런데 이들은 자기를 '카네사'에서 왔다고 하여 '네사(Nesa)인'으로 불렀다고 합니다. 그들이 사용하던 언어는 '네사어'로 불렀습니다. 이 '네사어'(우리가 보통 '히타이트어'라고 함)는 당시 주변의 아카드어나 앗수르어 등과는 많이 달랐다고 합니다. 그런데 나중에 해독해 보니 놀랍게도 오늘날 게르만어, 유럽어와 비슷한 것이 다수 발견되었습니다. 그래서 혹 유럽 아리안족의 뿌리가 아닌가 생각하기도 합니다.[1]

예를 들어, 네사어로 Vadar는 물인데 영어의 water, 옛 색슨어의 watar, 독일어의 Wasser, 옛 러시아어의 voda와 같은 계통입니다. 우리말의 '바다'란 말과 유사하지요? '바다'는 순수 우리말인데 어디서 왔을까요? 우리나라 국어학자들은 모릅니다. 용비어천가에서는 '바롤'이라고 말합니다. 제주도 방언에서는 '바당'이라고 합니다. 수메르어에서는 BADUR(물)라고 합니다. 이집트어로는 Bāir(물, 많은 물)라고 하고, 산스크리트어로는 Va, Vār(물, 바다)라고 합니다.[2] 따라서 우리말 '바다'의 어원은 '바다르' 또는 '바달'로 생각됩니다. 그 뜻은 물입니다. 서정범 교수는 "바다는 많은 물이 모인 곳을 말한다. 어원은 물이라고 여겨진다."라고 말합니다.[3] 결국 우리말의 '바다'와 영어의 '워터'는 원래 같은 말이라는 것을 알 수 있습니다. 나아가서 우리 한국어의 뿌리

---

1 대표적으로 히타이트어를 처음 해독한 체코 학자 프리드리히 흐로즈니가 있다. Cf. 이희철, 『히타이트. 점토판 속으로 사라졌던 인류의 역사』 (서울: 리수, 2010), 40.

2 Waddell, *A Sumer Aryan Dictionary*, s.v. BADUR, BA-DUR (p. 25).

3 서정범, 『국어어원사전』, 280.

는 아주 오래되었다 하는 것을 알 수 있습니다.

   하나 더 예를 들면, 헷 사람들은 항아리를 '독'(DOG)이라고 합니다. 우리말의 '독'(장독, 김칫독 등)과 같습니다. 수메르어로는 DUG, DUK 또는 DUG-XI라고 합니다. 산스크리트어로는 Dagshi라고 하고, 라틴어로는 discus라고 합니다. 영어 dish, disc, dock 등의 어원입니다.[4] 영어의 dock, disc, dish가 우리말의 '독'과 같은 어원임을 알 수 있습니다.

   하나 더 예를 들면, 우리말의 '땅'은 옛날에는 '따'(따 地)라고 했습니다. 원래는 '달'이었습니다. '양달', '음달'에서 '달'은 땅이란 뜻입니다.[5] 수메르어로는 DAR 또는 DIR, TAR, DUR라고 하고, 이집트어로는 Ta, Ta(t)라고 하며, 산스크리트어로는 Dhar 라고 합니다.[6] 따라서 우리말 '땅'의 어원은 '다르' 또는 '달'임을 짐작할 수 있습니다.

   이처럼 우리말의 기원은 상당히 오래되었다 하는 것을 알 수 있습니다. 고대 근동 지역의 언어와 유사성이 있다 하는 것을 알 수 있습니다. 뿐만 아니라 한반도에 들어온 최초의 한민족도 그 뿌리는 중동이 아닌가 하는 생각이 듭니다. 혹시 고대 히타이트 왕국을 건설한 네사인들과 관계가 있을까요? 아니면 수메르인들과 연관이 있는 것일까요? 아니면 더욱 가능성이 있는 것으로 그 이전의 알지 못하는 어떤 민

---

4 Waddell, *A Sumer Aryan Dictionary,* s.v. DUG, DUK, DUG-XI (p.60f.).

5 서정범, 『국어어원사전』, 213.

6 Waddell, *A Sumer Aryan Dictionary,* s.v. DAR, DIR, TAR, DUR (p.50).

족에서 왔을까요? 알 수 없습니다. 어쨌든 우리는 노아의 후손이고 아담의 자손입니다.

 아주 재미있고도 중요한 작업이 우리 앞에 있습니다. 우리말과 우리 민족의 뿌리를 찾는 작업은 반도체를 만드는 것보다 더 중요하고, 자동차를 만드는 것보다 더 중요하고, 신공항 건설보다 더 중요합니다. 왜냐하면 이것을 통해 우리 민족의 뿌리를 알고 우리말의 뿌리를 알 수 있기 때문입니다, 한국어와 한민족은 아주 오래된 역사와 뿌리를 가지고 있습니다. 그러면 우리는 진정으로 우리말을 사랑하게 되고, 또 외세의 침입에서 우리 민족을 지켜야 되겠다는 자부심을 가지게 됩니다. 따라서 이런 연구를 위해서는 국책 사업으로 몇백억, 몇천억을 들여도 아깝지 않은 사업입니다. 아니 몇조 원이 들더라도 꼭 해야 할 과제입니다.

 가나안은 시돈과 헷을 낳았습니다. 이들은 과거에 큰 나라를 이루고 문명을 발전시켰습니다. 16-18절에 보면 가나안에서 나온 족속들의 이름이 열거되어 있습니다. 간단 간단히 살펴보겠습니다.

 '여부스 족'은 원래 예루살렘에 살던 민족입니다. 예루살렘 원주민입니다. '아모리 족'은 요단강 동쪽과 서쪽에 살던 산지(山地) 사람들입니다. 넓은 의미에서는 가나안 땅 사람 전체를 가리키기도 합니다. 메소포타미아 지역에도 아모리 족이 살고 있었는데 한때는 왕성해서 수메르 왕국을 무너뜨리고 아카드 왕국을 세웠습니다. 제6대 왕인 함무라비가 유명합니다. 아모리 족은 대개 셈족으로 알려져 있으나, 여기에 보면 가나안의 후손 곧 함족임을 알 수 있습니다. 아모리 족에 대해서는 아직 불분명한 것이 많습니다.[7]

'기르가스 족'은 가나안 땅에 살던 원주민 중 하나입니다. 어디에 살았는지는 모릅니다. '히위 족'은 가나안 원주민 중 하나입니다. 세겜과 기브온에 살았습니다. '알가 족'은 페니키아에 있는 도시 아르카(Arqa)에 살던 사람들입니다. 현재 레바논의 비블로스(Byblos) 위쪽에 있습니다. '신 족'은 아마도 아르카 가까이 있는 신나(Sinna)에 살던 사람들로 생각됩니다.[8]

다음에 18절에 '아르왓 족'이 나옵니다. 이들은 오늘날 레바논 해안가의 섬에 살았습니다. 레바논에 있는 트리폴리와 라디키에 사이에 있습니다. '스말 족'은 현재 트리폴리와 아르밧 사이에 있는 도시 숨라(Sumra)에 살던 민족입니다. '하맛 족'은 구약에 많이 나오는데 수리아 하맛에 살던 사람들입니다.[9]

이들은 다 가나안의 자손들입니다. 가나안 땅과 두로와 시돈 땅, 아주 비옥하고 아름다운 땅에 살았습니다. 그 땅의 경계가 19절에 나와 있습니다. "가나안의 지역은 시돈에서부터 그랄을 지나 가사까지와 소돔과 고모라와 아드마와 스보임을 지나 라사까지였더라."고 합니다. 저 북쪽 시돈에서부터 가나안 땅 남쪽 그랄과 가사까지, 그리고 동쪽으로는 사해 바다 동쪽에 있던 소돔과 고모라, 아드마와 스보임, 라

---

7 Cf. Gispen, *Genesis*, I, 345f.

8 Aalders, *Genesis*, I, 284.

9 Aalders, *Genesis*, I, 284f.

사까지의 좋은 땅, 성경의 표현대로는 '젖과 꿀이 흐르는 땅'을 차지했습니다.

　그런데 왜 가나안 족이 저주를 받아 형제들의 종이 되었을까요? 그것은 이들이 하나님을 떠나 우상을 섬겼기 때문입니다. 바알과 바알 아몬, 아세라와 그 외 온갖 우상 신들을 섬겼습니다. 심지어 자기 자녀를 신에게 제물로 바치는 끔찍한 일도 행했습니다. 그리고 죄가 관영했기 때문입니다. 특히 성적으로 문란했습니다. 남색하는 자 곧 동성애자도 있었습니다. 그래서 결국 이들은 하나님의 진노를 받아 그 땅에서 쫓겨났습니다. 애굽에서 올라온 이스라엘 백성이 가나안 땅을 차지하고 원주민들은 주위로 쫓겨나거나 종살이했습니다.

　가나안 자손들 입장에서는 억울했을 것입니다. "왜 우리를 쫓아내느냐? 우리가 주인인데 …"라고 생각했을 것입니다. 그러나 세상 역사가 원래 그렇습니다. 세상 역사는 힘센 사람이 지배하는 것입니다. 주인이 따로 없습니다. 니므롯처럼 힘센 자, 용맹한 사람이 지배하고 다스리는 것입니다.

　그러면 가나안 족들은 영영 기회가 없는 것일까요? 영영 복을 못 받는 것일까요? 그건 아닙니다. 이스라엘 백성이 가나안 땅에 들어와서 살았지만 그들은 800여년만에 쫓겨났습니다. 북쪽 이스라엘 왕국은 주전 721년에 앗수르에 의해 멸망했습니다. 남쪽 유다 왕국은 주전 587년에 바벨론에 의해 멸망했습니다. 이스라엘 백성도 가나안 땅에서 쫓겨났습니다. 왜냐하면 하나님 앞에서 죄를 지어서 그렇습니다. 이방 신들을 섬기고 하나님의 계명을 어기고 죄들을 많이 지었을 때 하나님은 그들을 쫓아내셨습니다.

이것을 보면 하나님은 공평하시다는 것을 알 수 있습니다. 이스라엘 백성이라고 봐주시지 않습니다. 셈족이라고 봐주는 것이 없습니다. 죄를 지으면 똑같이 내쫓으신다는 것을 알 수 있습니다.

이와 마찬가지로 함족이라도, 가나안족이라도 회개하고 하나님께로 돌아오면 하나님께서 은혜 베푸시고 복을 주십니다. 구약에 이것이 수없이 예언되어 있습니다. 이사야 19장 24-25절에 보면 "그 날에 이스라엘이 애굽 및 앗수르와 더불어 셋이 세계 중에 복이 되리니 이는 만군의 여호와께서 복 주시며 이르시되 내 백성 애굽이여, 내 손으로 지은 앗수르여, 나의 기업 이스라엘이여, 복이 있을지어다 하실 것임이라."고 했습니다. 이사야 24장 15-16절에 "그러므로 너희가 동방에서 여호와를 영화롭게 하며 바다 모든 섬에서 이스라엘 하나님 여호와의 이름을 영화롭게 할 것이라. 땅 끝에서부터 노래하는 소리가 우리에게 들리기를 의로우신 이에게 영광을 돌리세 하도다."고 했습니다. 이사야 49장 12절에 보면 "어떤 사람은 시님 땅에서 오리라."고 했습니다. '시님 땅'은 중국을 의미합니다.[10]

이 예언의 말씀처럼 두로와 시돈 지역에 있던 한 가나안 여자 곧 페니키아 여인이 예수님께 나아와 은혜를 입었습니다. 흉악히 귀신 들렸

---

10 Cf. Gesenius, *Hebrew and Chaldee Lexicon*, s.v. סִינִים.

던 자기 딸이 고침받았습니다. 그리고 사도 바울은 옛날 헷족의 땅이었던 아나톨리아 중앙 곳곳을 다니며 복음을 전했습니다. 브루기아와 갈라디아 땅을 다니며 복음을 전했습니다.

그리고 애굽(이집트) 땅에도 복음이 전파되어서 한때는 세계 기독교의 중심지가 되었습니다. 주후 2세기의 알렉산드리아의 클레멘트, 3세기의 오리겐은 이집트 출신입니다. 4세기의 아타나시우스는 정통 삼위일체 교리 완성에 큰 공헌을 했는데 당시 기독교계의 존경받는 지도자였습니다. 그는 이집트 알렉산드리아의 교회 감독이었습니다.

따라서 하나님 앞에서는 유대인이나 이방인이나 차별이 없음을 알 수 있습니다. 셈족이나 함족이나 야벳족이나 누구든지 하나님의 아들 예수 그리스도 안에서 복을 받습니다. 갈라디아서 3장 14절은 "이는 그리스도 예수 안에서 아브라함의 복이 이방인에게 미치게 하시고 또 우리로 하여금 믿음으로 말미암아 성령의 약속을 받게 하려 함이라."고 했습니다.

예수님이 오신 후로 복 받는 길은 오직 하나입니다. 예수 그리스도를 믿는 것입니다. 그리스도 예수 안에서 아브라함의 복이 세상 모든 민족에게 미칩니다. 고린도후서 5장 17절에 "그런즉 누구든지 그리스도 안에 있으면 새로운 피조물이라. 이전 것은 지나갔으니 보라 새 것이 되었도다."고 합니다. 따라서 셈족이냐 함족이냐가 중요하지 않습니다. 백인이냐 흑인이냐, 황인종이냐 홍인종이냐가 중요하지 않습니다. 한국 사람이냐 일본 사람이냐 또는 중국 사람이냐 하는 것이 중요하지 않습니다. 누구든지 그리스도 예수 안에 있으면 새로운 피조물이며 하나님의 백성입니다. 따라서 전에는 비록 불교를 믿거나 유교를 믿고 엉뚱한 것을 섬겼을지라도 회개하고 예수님을 믿으면 하나님의 자녀가 되고 하나님의 복을 받게 되는 것입니다. 따라서 오늘날 우리가 복을 받고 우리나라가 발전하려면 하나님의 아들 예수님을 믿고 하나님을 섬겨야 합니다. 한 개인과 가정과 나라의 흥망성쇠가 예수님을 믿느냐 믿지 않느냐에 달려 있습니다.

사랑하는 성도 여러분,

여러분 모두, 우리 주 예수님을 잘 믿고 섬겨서 아브라함의 복이 여러분에게 주어지고, 셈족에게 약속하셨던 복이 여러분에게 임하기를 바랍니다. 그래서 이 세상에서 하나님께 복받은 자가 되고 하나님의 사랑을 온 세상에 널리 전하는 성도들이 다 되시기 바랍니다. 아멘.
(2011년 4월 3일 주일 오전)

21. 셈의 후손들 (10:21-25)

21 셈은 에벨 온 자손의 조상이요 야벳의 형이라 그에게도 자녀가 출생하였으니 **22** 셈의 아들은 엘람과 앗수르와 아르박삿과 룻과 아람이요 **23** 아람의 아들은 우스와 훌과 게델과 마스며 **24** 아르박삿은 셀라를 낳고 셀라는 에벨을 낳았으며 **25** 에벨은 두 아들을 낳고 하나의 이름을 벨렉이라 하였으니 그때에 세상이 나뉘었음이요 벨렉의 아우의 이름은 욕단이며

전에 우리가 노아의 후손 중에 야벳의 후손과 함의 후손에 대해 살펴보았습니다. 야벳의 후손은 대개 아라랏 산에서 동쪽으로 그리고 북쪽으로 올라가서 흑해 북쪽 해안을 타고 서진하여 오늘날 유럽 여러 민족의 조상이 되었습니다. 물론 그 중에는 다시 아르메니아 쪽으로 내려온 민족도 있고, 북쪽으로 가서 러시아 쪽으로 간 민족도 있습니다. 함의 후손은 아라비아와 이집트와 리비아로, 그리고 시날 평지로 갔습니다. 그리고 아라랏 서쪽에 있는 아나톨리아로 갔습니다. 또 시돈 지역으로 가기도 하고 가나안 땅에 들어와 살기도 했습니다. 가나안 일곱 족은 다 함의 후손들입니다. 이제 노아의 남은 한 아들은 셈 (Shem)입니다. 셈도 아들딸들을 낳아서 여러 민족을 이루었는데, 창

세기 10장 21-31절에 기록되어 있습니다.

우선 21절에 보면 셈에 대해 두 가지로 소개하고 있습니다. 첫째는, 에벨 온 자손의 조상이라고 말합니다. '에벨'(Eber 또는 Heber)은 셈의 후손 중 하나입니다. 셈의 아들 아르박삿의 아들인 셀라의 아들이 에벨입니다. 만일 이 사이에 생략된 세대가 없었다면 에벨은 셈의 증손자가 됩니다. 왜 셈을 소개할 때 그 증손자인 에벨의 조상이라고 말하는 것일까요? 그것은 에벨이 중요하기 때문입니다. 왜냐하면 이 에벨의 후손 중에서 아브라함이 나오기 때문입니다. 하나님은 이 아브라함을 불러서 구원의 역사를 이루어 가십니다. 따라서 하나님의 주된 관심은 아브라함에게 있는데, 이 아브라함은 에벨의 후손입니다. 그리고 에벨은 셈의 후손입니다. 그래서 셈은 에벨의 조상이라고 말하고 있는 것입니다.

다음에 보면, 셈은 야벳의 형이라고 말합니다. 대개 사람들은 셈은 첫째 형이고, 함은 둘째이고, 야벳은 셋째 곧 막내라고 생각합니다. 성경은 노아의 아들들을 말할 때에는 항상 셈, 함, 야벳의 순서로 말합니다(창 6:10; 9:18; 10:1; 대상 1:4). 물론 셈, 야벳, 함의 순서로 보는 사람들도 있고,[1] 이와 정반대로 함, 야벳, 셈의 순서로 보는 사람들도 있습니다만, 이 문제는 그냥 넘어가도록 하겠습니다.

---

1 형제들의 출생 순서와 관련하여 KJV, 화란국역(SV)과 Aalders, Gispen은 셈 → 야벳 → 함으로 본다. Cf. Aalders, *Genesis*, I, 254f. (9:24 주석 중); Gispen, *Genesis*, I, 308 (9:24 주석 중).

어쨌든 셈도 아들들을 낳았는데 그 아들들의 이름이 22절에 나와 있습니다. "셈의 아들은 엘람과 앗수르와 아르박삿과 룻과 아람이요"라고 합니다.

'엘람'(Elam)은 후에 엘람 민족의 조상이 되었으며 또한 그들이 살던 지역의 이름이 되었습니다. 엘람은 바벨론 동쪽에, 티그리스 강 하류 동쪽에 있습니다. 수사(Susa)가 그 중심 도시입니다. 북쪽에는 메대가 있고 동쪽에는 페르시아가 있습니다. 오늘날 이란 남서쪽에 있는데 이라크와의 국경이 가깝습니다. 산악 지대라 사람들이 사납고 용맹하였습니다. 이 엘람은 셈의 아들입니다. 따라서 엘람은 셈족임을 알 수 있습니다.

다음에 '앗수르'(Asshur)는 바빌론 북쪽에 있었습니다. 티그리스 강 유역인데 오늘날 이라크 북부에 있습니다. 우리나라 자이툰 군대가 주둔했던 모술이 옛날 앗수르 제국의 수도였던 니느웨 가까이에 있습니다. 중요한 것은 앗수르도 셈의 아들이요 셈족이라는 사실입니다. 성경에 보면 앗수르는 후대에 이스라엘을 괴롭히고 북쪽 이스라엘 왕국을 멸망시킨 나라입니다. 그래서 앗수르는 이스라엘의 원수였습니다. 그런데 그 앗수르가 셈족입니다.

따라서 셈족이라고 해서 무조건 다 좋은 것은 아니라는 것을 알 수 있습니다. 우리나라 사람들 중에는 한민족은 셈족이라고 하면서 좋아하는 사람들이 있습니다. 한민족(조선)은 "chosen people"이라고 엉뚱한 주장을 하기도 합니다.[2] '조선'(Chosun)과 'chosen'은 스펠링도

---

[2] 예를 들면 유석근, 『알이랑 민족』, 53.

다르고 관계없는 말입니다. 옛날에 (고)조선이 건국될 때에는 우리나라에 영어가 들어오지도 않았고, 조선이란 이름은 영어와 관계가 없습니다. 우리가 분명히 알아야 할 것은 셈족이라고 다 좋은 것은 아니라는 사실입니다. 엘람과 앗수르도 셈족입니다. 현재 아프가니스탄의 다수 부족은 파슈툰 족인데 셈족입니다. 히브리어와 비슷한 언어를 사용하고 있으며, 지방마다 원로들이 있어서 원로회의에서 중요한 것을 결정한다고 합니다. 따라서 셈족이라고 다 좋은 것은 아니라는 것을 알 수 있습니다.

다음에 '아르박삿'(Arphaxad)은 어디인지 불분명합니다. 요세푸스는 아르박삿은 갈대아 사람들이라고 합니다(*Jew. Ant.* I,vi,4).

다음에 '룻'(Lud)이 누구일까요? 대개는 소아시아의 루디아(Lydia)로 생각합니다. 루디아는 한때 부요한 왕국이었습니다. 사데가 그 중심지인데 황금이 많이 나던 곳입니다.

다음에 '아람'(Aram)은 그리스 사람들이 '쉬리아'(Suriva)라고 불렀는데 로마 사람들은 '수리아'(Syria)라고 불렀습니다. 팔레스타인과 메소포타미아 사이의 초원 지대입니다. 다메섹도 그 중 한 도시이며, 그 북쪽 지역도 아람입니다. 오늘날 요르단과 시리아가 이에 해당됩니다. 나중의 이스라엘 역사에 보면, 아람은 이스라엘 동북쪽에 있어서 늘 이스라엘을 괴롭혔습니다. 자주 쳐들어와서 죽이고 약탈했습니다. 그런데 아람도 셈족입니다. 같은 셈족끼리 서로 싸우고 괴롭혔다는 것을 알 수 있지요. 우리나라 주위를 보면, 중국 북쪽과 일본은 크게 보면 같은 북방 아시아계 종족입니다. 그런데 같은 종족끼리 다투고 싸웁니다. 멀리 있는 다른 종족이 괴롭히는 경우는 별로 없습니다. 따라서 우리는 "멀리 있는 사람들과는 사귀고 가까이 있는 사람들은 경계해야 한다." 하는 것을 알 수 있습니다.

그다음에 23절에 보면 아람의 아들들 이름이 나와 있습니다. "아람의 아들은 우스와 훌과 게델과 마스며"라고 합니다.

'우스'(Uz)는 욥의 거주지로 유명합니다. 욥기 1:1에 "우스 땅에 욥이라 하는 사람이 있었는데"라고 말합니다. 이 우스는 에돔 땅에 있었습니다. 욥의 친구들은 다 에돔에서 왔습니다. 그렇다면 우스는 가나안 땅 남쪽에 있었다는 것을 알 수 있습니다.

다음에 '훌'(Chul)은 어디에 있는지 잘 모릅니다. 요세푸스는 '훌'이 아르메니아를 세웠다고 하는데(*Jew. Ant.* I,vi,4) 알 수 없습니다.

다음에 '게델'(Gether)은 어디인지 모릅니다. 요세푸스는 '박트리아'라고 말합니다(*Jew. Ant.* I,vi,4). 현재 이란 동쪽 끝과 아프가니스탄 지역인데, 알 수 없습니다.

다음에 '마스'(Mash)는 어딘지 모릅니다. 대개 '마시우스'(Masius) 산과 관계있다고 보는데 확실치 않습니다. 마시우스 산은 아르메니아와 메소포타미아 경계에 있습니다. 현재 지명 Tur Abdin이라고 합니다.[3]

다음에 24절에 보면, 아르박삿의 후손들 이름이 간단하게 나옵니다. "아르박삿은 셀라를 낳고 셀라는 에벨을 낳았으며"라고 합니다.

---

3 Aalders, *Genesis*, I, 290; Gispen, *Genesis*, I, 357.

여기서 중요한 것은 '에벨'은 아르박삿의 자손이라는 사실입니다. 이 '에벨'에서 '히브리'란 말이 나왔습니다. '에벨'(עֵבֶר)은 목구멍에서 나는 소리로 시작하는데(히브리어 글자 '아인'), 영어로는 Eber 또는 Heber로 표기합니다. '히브리'란 말도 원래는 목구멍에서 나는 소리로 시작하는데 '이브리'(עִבְרִי)입니다. 그래서 '에벨'과 '히브리'는 원래 자음이 같습니다.

　마지막으로 25절에 보면, "에벨은 두 아들을 낳고 하나의 이름을 벨렉이라 하였으니 그때에 세상이 나뉘었음이요 벨렉의 아우의 이름은 욕단이며"라고 합니다.
　에벨의 두 아들은 '벨렉'과 '욕단'이었습니다. '벨렉'(Peleg)은 '나뉨'이란 뜻입니다. 그때 세상이 나뉘었다고 하는데 무슨 뜻일까요? 이것은 창세기 11장에 나오는 바벨탑 사건을 가리킨다고 봅니다. 홍수 후에 사람들이 동방으로 옮겨오다가 '시날 평지'를 만났는데 기름지고 좋았습니다. 그래서 그들은 벽돌을 구워서 성을 쌓고 높은 탑을 쌓았습니다. 소위 바벨탑입니다. 그들은 "우리가 흩어짐을 면하자. 우리 이름을 빛내자."고 하면서 높은 탑을 쌓았습니다. 그러자 하나님이 보시고 진노하셨습니다. "온 땅에 퍼져서 땅을 정복하라고 했건만 흩어지기 싫다고? 그러면 안 되지." 그래서 하나님이 그들의 언어를 혼잡하게 하셨습니다. 서로 말을 알아듣지 못하도록 하신 것입니다. 그래서 그들은 공사를 중단하고 온 땅에 흩어지게 되었습니다. 이때의 사건을 가리켜 여기에 "그때 세상이 나뉘었다"고 말하고 있습니다. 그래서 에벨의 한 아들의 이름을 '벨렉'이라 지었는데 '나뉨, 분리'란 뜻입니다. 이 벨렉의 후손에게서 아브라함이 나옵니다.

벨렉의 아우의 이름은 '욕단'인데 아라비아 여러 민족의 조상이 되었습니다. 그런데 어떤 사람들은 우리 한민족은 욕단의 자손이라고 주장합니다. '욕단계 선민'이라고 주장합니다. 벨렉 자손은 하나님을 대적하여 바벨탑을 쌓아 범죄했지만, 욕단은 무리를 이끌고 동쪽으로 이주하여 한반도에 도달했다고 말합니다. 그래서 한민족은 '또 하나의 선민', '감춰진 선민'이라고 주장합니다. 이스라엘이 '드러난 선민'이라면 한민족은 '감춰진 선민'이라고 주장합니다.[4]

그러나 이런 주장은 굉장한 무리가 따르며 성경에 맞지 않습니다. 성경에 '감춰진 선민'이란 것은 없습니다. 잘못된 교회나 이단들이 이렇게 주장합니다. 동방정교는 감춰진 전통을 강조합니다. 그래서 의식주의와 미신으로 흘렀습니다. 가톨릭교회도 전통의 이름으로 마리아를 숭배합니다. 이에 반해 개신교는 드러난 계시, 계시된 하나님의 말씀을 강조합니다. 한민족이 셈족 후손이란 증거도 없고 더구나 욕단 후손이란 것은 그 어디에도 없습니다.

그러나 여러분, 하나님의 나라에서 혈통은 중요한 것이 아닙니다. 우리가 혈통 때문에 구원받는 것이 아닙니다. 요한복음 1장 12-13절에 "영접하는 자 곧 그 이름을 믿는 자들에게는 하나님의 자녀가 되는 권세를 주셨으니 이는 혈통으로나 육정으로나 사람의 뜻으로 나지 아

---

4 유석근, 『알이랑 민족』, 89-139.

니하고 오직 하나님께로서 난 자들이니라."고 했습니다. 갈라디아서 3장 7절에 보면 "그런즉 믿음으로 말미암은 자들은 아브라함의 아들인 줄 알지어다."고 했습니다.

따라서 '혈통'이 아니라 '믿음'이 중요합니다. 예수 그리스도를 '믿음'으로 구원받고 생명을 얻는 것이지 셈족이라고 구원 얻는 것이 아닙니다. 또 욕단 자손이라고 복 받는 것이 아닙니다. 셈의 후손들 중에는 아라비아 족들이 많습니다. 그리고 엘람과 앗수르와 아람 등도 있습니다. 나중에 이스라엘을 침략하고 괴롭히고 멸망시킨 민족들도 있습니다. 따라서 혈통적으로 '셈족'이라는 사실은 구원과는 아무 관련이 없습니다. 하나님의 복을 받는 것과도 관계가 없습니다. 오직 하나님의 아들 예수 그리스도를 믿음으로 구원 얻고 복을 받습니다.

사랑하는 성도 여러분,

오늘날에도 그렇습니다. 어느 나라 사람이냐, 어느 민족이냐가 중요한 게 아닙니다. 한국 사람은 복 받고 일본 사람은 복을 못 받고 하는 게 아닙니다. 누구든지 예수님을 믿으면 복을 받고 은혜를 얻는 것입니다. 중국 사람도 예수님을 믿고 하나님을 섬기면 복을 받는 것입니다. 우리나라 사람도 이제 싫다고 예수님을 떠나가서 불교나 이슬람이나 다른 종교를 믿으면 복을 받지 못하는 것입니다.

오늘날 여러분이 어떤 가정에서 태어나고 어떤 부모 밑에서 태어나더라도, 복을 받고 받지 못하는 것은 자기가 하기 나름입니다. 자기 스스로 성경 말씀을 펴서 읽고, 그 말씀을 묵상하고, 그 말씀을 지켜 행하면 복을 얻습니다. 하나님의 말씀대로 하나님을 경외하고, 정직하게 의롭게 행하고, 부지런하고, 부모의 말씀을 잘 듣고 행하는 자는 복을 받아서 잘되고 형통하게 되는 것입니다. 마치 돋는 햇볕 같아서 점점 빛나서 원만한 광명에 이르게 되는 것입니다.

우리 성도 여러분, 어린이 여러분, 그리고 학생 여러분,

큐티 잘하고 있나요? 요즘 잠언의 말씀을 읽고 있는데, 그 잠언의 말씀을 잘 읽고 한 절 한 절 줄 긋고 외우고 마음에 새기면 큰 은혜가 됩니다. 그리고 그 말씀대로 행하면 복을 받고 형통하게 될 것입니다.

여러분 모두, 환경을 탓하지 말고, 부모와 가정을 탓하지 말고, 하나님의 말씀을 잘 읽고 지켜 행하여서 복을 받고 형통한 자들이 되시기 바랍니다. 뒤처지고 실패하고 낙오자가 되지 말고, 부지런하고 열심을 내어서 남들보다 잘하고 뛰어나고 형통하여서 하나님께 영광 돌리는 자들이 다 되시기 바랍니다.

우리 성도 여러분,

우리 모두에게 길이 열려 있습니다. 누구에게나 하나님의 자녀가 되고, 아브라함의 자손이 되고, 하나님의 복을 받을 수 있는 길이 열려 있습니다. 여러분 모두 하나님의 말씀을 펴서 읽고, 그 말씀대로 지켜

행함으로 큰 복을 받는 성도들이 다 되시기 바랍니다. 아멘. (2011년 5월 22일 주일 오전)

22. 욕단의 자손들 (10:26-32)

26 욕단은 알모닷과 셀렙과 하살마웻과 예라와 27 하도람과 우살과 디글라와 28 오발과 아비마엘과 스바와 29 오빌과 하윌라와 요밥을 낳았으니 이들은 다 욕단의 아들이며 30 그들이 거주하는 곳은 메사에서부터 스발로 가는 길의 동쪽 산이었더라. 31 이들은 셈의 자손이니 그 족속과 언어와 지방과 나라대로였더라. 32 이들은 그 백성들의 족보에 따르면 노아 자손의 족속들이요 홍수 후에 이들에게서 그 땅의 백성들이 나뉘었더라.

여러분, 우리 민족의 노래가 무엇인지 아시지요? 아리랑입니다. "아리랑~ 아리랑~ 아라리요. 아리랑 고개를 넘어간다." 이 노래는 우리 민족이 오래 전부터 즐겨 부르던 노래입니다. 그런데 이 '아리랑'이 무슨 뜻인지 아는 사람은 아직 아무도 없습니다. 여러 가지 견해들이 나와 있지만 만족스러운 것은 하나도 없습니다. 아직까지 설득력 있는 설명은 하나도 없습니다. 그래서 우리 민족은 뜻도 모르면서 민족의 노래 아리랑을 계속 부르고 있습니다.

그런데 최근에 유석근 목사란 사람이 아주 대담한 주장을 내놓았습니다. 총신대를 졸업한 사람인데, 2001년에 『또 하나의 선민 알이랑 민족』이란 책을 내놓았습니다. 이 책에서 그는 '아리랑'은 '알이랑'이라고 풀이했습니다. 그리고 '알'은 '하나님'이라고 주장합니다. '이랑'은 순수 우리말로 '와 함께'라는 뜻입니다. 그리고 '아라리요'는 '알알이요'로 풀이합니다. 따라서 아리랑 가사는 "하나님과 함께 하나님과 함께 하나님 하나님이요, 하나님과 함께 고개를 넘어간다."는 뜻이 됩니다. 유석근 목사는 여기서 '고개'는 파미르 고원이라고 주장합니다. 히말라야 산맥 북서쪽의 높은 고원입니다. 따라서 아리랑은 우리 한민족이 아라랏 산을 떠나 이란 고원을 거쳐 파미르 고원을 넘어 천산 산맥을 넘어 알타이 산맥을 넘어 한반도로 이동할 때 불렀던 우리 민족의 노래 곧 찬송가라고 주장합니다.

그러면 "나를 버리고 가시는 님은 십리도 못 가서 발병 난다."는 것은 무슨 뜻일까요? 지난 주일에 에벨의 아들 벨렉 때에 세상이 나뉘었다고 했지요? 셈의 후손 중에 에벨에게 두 아들이 있었는데 벨렉과 욕단입니다. 이 벨렉 때에 세상이 나뉘었다고 합니다(창 10:25). 그런데 유석근 목사는 이렇게 주장합니다. 셈의 자손들이 동쪽으로 이동하다가 이란 고원이나 중앙아시아에서 헤어졌다고 합니다. 벨렉 자손들은 서쪽으로 가서 시날 평지에 이르러 바벨탑을 쌓아 하나님께 범죄했지만, 욕단 자손은 계속 동쪽으로 이동하여 파미르 고원을 넘어 한반도에 도착했다고 합니다. 그때 서로 헤어질 때 욕단 자손이 벨렉 자손들을 향해 "나를 버리고 가시는 님은 십리도 못 가서 발병 난다."고 말했다고 합니다. 이것은 꼭 발병 나기를 바라는 뜻이라기보다도 속히 돌아오기를 바라는 마음에서 말한 것이라고 주장합니다.

이처럼 유석근 목사는 엄청난 주장을 하는데, 시간 관계상 다 말할 수는 없지만 그의 주장은 맞지 않다는 것을 먼저 말씀드립니다. 우선 '알'을 '하나님'으로 보는데 그 근거가 부족합니다. 또 이 '알'을 또 우리나라 난생설화의 '알'과 연결시키면서 '알'이 하나님이라고 주장하는데, 논리적 비약이고 학적 근거가 부족합니다. 나아가서 유석근 목사는 "욕단은 바로 단군이다"고 주장합니다. 참으로 대담한 주장이지만 잘못된 주장입니다. 욕단은 그의 자손들을 데리고 동방으로 갔다고 주장하지만, 성경에 의하면 욕단의 자손들은 아라비아에 살았고 오늘날 아라비아 여러 민족의 조상이 되었습니다.

오늘 읽은 본문에 보면 욕단의 아들들에 대해 말하고 있는데, 26-29절에 보면 열세 아들을 낳았다고 합니다. 욕단이 직접 열세 아들을 낳았을 수도 있지만, 욕단에게서 나온 민족들의 조상을 여기에 언급하고 있다고 볼 수도 있습니다. 즉, 욕단에게서 열세 민족(부족)이 나왔다는 것입니다. 여기에 나오는 열세 아들들의 이름을 보면(26-29절), 알모닷, 셀렙, 하살마 , 예라, 하도람, 우살, 디글라, 오발, 아비마엘, 스바, 오빌, 하윌라, 요밥입니다. 이들은 그로부터 말미암은 각 민족의 조상이기도 하고, 또 그 민족들이 살았던 지역 이름이 되기도 합니다.

그러면, 이들 지역은 각각 어디에 있을까요? 유석근 목사는 이들 지역은 동방에 있다고 주장하지만 구체적으로 어디인지는 말하지 않습니다. 하나도 밝히지 않고 있습니다. 사실, 밝히지 못하는 것입니다. 그러나 이들 지역은 아라비아에 있다는 것이 대부분 학자들의 견해입니다. 물론 오늘날 우리가 정확하게 그 지역을 다 알 수 있는 것은 아니지만, 아라비아에 있다는 것은 확실하다고 생각됩니다.

이들 욕단의 열세 자손에 대해 간단히 살펴보겠습니다.[1]

첫째 아들은 '알모닷'입니다. 칠십인역에는 '엘모닷'이라고 되어 있는데, '엘모닷'은 아랍어로 '하나님은 친구다'는 뜻이라고 합니다. 더 이상은 모릅니다. 어디에 있는지도 모릅니다.

둘째 아들은 '셀렙'입니다. 아랍어 silf와 연결시키기도 하는데, 그것은 '처남' 또는 '매부'라는 뜻입니다. 오늘날 예멘의 Salif 부족과 관계된다고 보기도 합니다.

셋째는 '하살마 '인데 대개 예멘의 동부 지역에 있는 '하드라마우트'(Hadramaut) 지역으로 봅니다. 인도양에 접해 있으며 산들이 많은 지역입니다. 유향과 몰약과 알로에 생산지로 유명합니다.

넷째는 '예라'인데 남아라비아에서는 '달'을 뜻한다고 합니다. 아랍 사람들은 전통적으로 '달'을 많이 숭배했습니다.

다섯째는 '하도람'인데 어디 있는지 모릅니다. 아랍 부족으로 생각됩니다. '사바'(Saba) 비문에 이 이름이 나온다고 합니다. 예멘 쪽에 있다고 생각됩니다.

여섯째는 '우살'인데 아랍인들의 전승에 의하면 '우살'은 '사나'(Sana)의 옛 이름이라고 합니다. '사나'는 오늘날 예멘의 수도입니다.

---

[1] 아래의 설명은 W. H. Gispen과 G. Ch. Aalders의 주석을 많이 참조하였다.

일곱째는 '디글라'인데 아랍어로 '종려나무'를 뜻한다고 합니다. 따라서 '디글라'는 종려나무(야자수)가 있는 오아시스로 생각됩니다. 예멘의 항구도시 아덴 동쪽에 Daklan이란 지명이 있는데 이 지명과 관계된다고 보기도 합니다.

여덟째는 '오발'인데 알려진 게 없습니다. 어떤 학자는 '바누 으발'(Banū-'bal) 족과 관계된다고 봅니다. 예멘에 있는 부족이라고 합니다.

아홉째는 '아비마엘'인데 알려진 게 없습니다. 아마도 그 뜻은 "나의 아버지는 신"이라고 봅니다.

열째는 '스바'(Sheba)입니다. 앞에 함의 자손들 중에 '스바'가 있었는데(7절. 라아마의 아들), 여기서는 셈의 후손으로 나옵니다. 동명이인으로 생각됩니다. '스바'란 이름의 민족이 둘 있는데, 여기의 스바 족은 오늘날 예멘에 있다고 생각됩니다.

열한 번째는 '오빌'(Ophir)인데 금 생산지로 유명합니다. 어딘지는 불분명합니다. 크게 두 가지 견해가 있는데, 하나는 페르시아 해안의 오늘날 오만 북부 지역에 Hapir 또는 Apir에 있었다고 보는 견해입니다. 엘람족이 건너와서 식민지를 건설했는데, 나중에 욕단 자손에 편입되었다고 봅니다(Prof. Van Gelderen). 다른 하나는 아라비아 반도 남서쪽 해안에 있는 도시 Asir로 보는 견해입니다(Prof. W. H. Gispen). 어쨌든 금이 많이 나는 지역으로 아라비아에 있습니다.

열두 번째는 '하윌라'로 앞에서도 나왔습니다(7절). 함의 자손 중 구스의 자손으로 나왔었는데 여기서는 다른 하윌라입니다. 동명이인으로 생각됩니다. 여기서는 남아라비아의 Haulan 지역을 가리킨다고 보기도 합니다(Gispen).

마지막 열세 번째는 '요밥'입니다. 남아라비아의 어떤 부족의 조상으로 생각되는데, 남아라비아에 '유하이밥'이라는 부족이 있다고 합니다.

이렇게 해서 욕단의 자손 열세 명을 간단히 살펴보았는데, 여기서 알 수 있는 것은 무엇입니까? 이들은 다 아라비아에 있다는 것입니다. 주로 남아라비아에 있습니다. 예멘 지역과 그 부근에 있습니다. 그러니까 유석근 목사가 주장하듯이 이들이 동방으로 갔다는 것은 근거가 없다는 것을 알 수 있지요? 이들은 욕단을 따라 한반도에 간 것이 아닙니다. 곧, 단군 자손들이 아니라 아라비아에서 여러 민족들의 조상이 되었습니다. 주로 남아라비아, 오늘날 예멘 지역에 가서 살았습니다.

그러고 보니 여러분도 예멘에 한번 가보고 싶지요? 예멘은 아라비아 남동쪽 끝에 있는 큰 나라입니다. 한반도보다 더 큽니다. 전에는 남예멘과 북예멘으로 나뉘어 있었는데 통일이 되어서 한 나라입니다. 수도는 '사나'인데 내륙 지역에 있습니다. 항구로 유명한 것은 '아덴'입니다.

이 예멘 사람들 상당수는 그 족보를 따져 보면 셈의 후손들입니다. 욕단 후손들이 많습니다. 예멘 내륙 지역으로 가면 현지 부족들이 옛날 방식으로 살아가는 모습을 볼 수 있는데, 사람들이 저녁에 모여서 횃불을 피워 놓고 둘러앉아서 노래 부르고 춤춘다고 합니다. 그런데 가슴에 칼을 하나씩 차고 다닌다고 해요. 작은 칼을 칼집에 넣어서 가슴에 차고 다니는데, 그렇게 하는 게 예의라고 해요. 마치 넥타이를 매듯이 그렇게 해야 정장이라고 합니다. 그래서 사람들이 다 칼을 차고 다니는데, 저는 그게 무서워서 예멘에 가는 게 좀 꺼려집니다. 그러나 도시에서는 괜찮겠지요. 그런데 도시에서는 가끔 알 카에다의 테러가 일어나기도 합니다. 어쨌든 우리가 예멘에 가면 욕단 자손들을 많이 만날 수 있을 것입니다. 욕단을 오늘날 아랍 사람들은 '콱탄'(Qachtan)이라고 말한다고 합니다.

이 욕단 자손이 살았던 지역이 어디인지 성경은 말해 줍니다. 30절에 보면 "그들의 거하는 곳은 메사에서부터 스발로 가는 길의 동편 산이었더라."고 합니다. 여기에 보면 '메사'와 '스발'이라는 지명이 나옵니다. '동편 산'이라는 말도 나옵니다.

그러면 '메사'(Mesha)가 어디 있느냐? 여기에는 몇 가지 견해가 있습니다. 먼저 유브라데와 티그리스 강 하구 부근에 있는 페르시아 만의 '메세네'(Mesene)로 보는 견해가 있습니다. 옛날에 '메세네'라는 작은 왕국이 있었다고 합니다. 한편 구약학자 델리취(Delitzsch)는 유브라데 강 경계에서부터 페르시아만까지 펼쳐져 있는 '시리아 사막'이라고 봅니다. 다른 견해는 아카바만과 페르시아만 사이 길의 중간쯤에 있는, 아라비아 부족의 이름인 '맛사'(Massa)에서 찾습니다. 하지만 확실한 것은 하나도 없습니다. 따라서 우리는 '메사'가 어디에 있는지 알 수 없습니다.

그런데 유석근 목사는 다음과 같이 주장합니다. 여기 '메사'는 이란 북동부에 있는 '메샷'(Meshhad)이라고 주장합니다.[2] 투르크메니스탄과의 국경 가까운 곳에 '마쉬하드'(Mashhad)라는 도시가 있는데 바로 이곳이 '메사'라고 주장하는 것입니다. 그러나 '메사'와 '마쉬하드'는 발음과 철자가 많이 다릅니다. 그러나 유석근 목사는 자기 주장에 아무 근거도 제시하지 않습니다. 대신에 그는 아라비아에는 산지가 없다고 주장합니다. 이 욕단 자손들의 거하는 곳은 30절에 보면 "메사에서부터 스발로 가는 길의 동편 산이었더라."고 말하는데, 아라비아에는 사막뿐이고 특별한 산지나 산맥이 없다고 주장합니다.[3]

여러분, 이 말이 사실일까요? 아닙니다. 아라비아 반도 서쪽에 얀부와 제다 동쪽에 거대한 산지가 있습니다. 해안을 따라 굉장히 긴 산맥이 이어집니다. 그리고 예멘도 전체가 산지입니다. 서쪽에서 남쪽으로, 다시 동쪽으로 이어지는 거대한 산지입니다. 하드라마우트(Hadramaut) 일대는 기다란 산지입니다. 한반도보다 더 긴 산지입니다. 지도나 구글 맵 위성 사진을 보면 금방 확인할 수 있습니다. 그런데도 유석근 목사는 아라비아에 특별한 산맥이나 산지가 없다고 주장합니다.

다음에 '스발'이 어디냐? 알기 어렵습니다. '스발'(Sephar)에 대해 학자들은 대개 다음과 같이 봅니다. 아라비아 남동쪽에 있는 Zafar인데 오늘날에는 Dofar라고 불린다고 합니다(Aalders). 그런데 유석근 목

---

[2] 유석근, 『알이랑 민족』, 105.

[3] 유석근, 『알이랑 민족』, 99.

사는 '시베리아'라고 주장합니다. 남북 만주 및 시베리아를 아우르는 말이라고 합니다.[4] 그러면서 '스발'은 '새벌' 곧 새 땅, 새 벌판이란 뜻이라고 합니다. 여기서 유석근 목사는 히브리어와 우리말을 끼워 맞추기 하는 것을 알 수 있습니다. 히브리어의 '스'와 우리말의 '새'는 전혀 관계가 없습니다. 히브리어의 '파르'와 우리말의 '벌'과도 관계없는데 끼워 맞추기식 해석을 하고 있습니다.

어쨌든 '스발'(스파르)이 어디냐 하는 것은 알기 어렵습니다. 요세푸스의 『유대 고대사』란 책에 보면 이렇게 말합니다. "이들은 인도의 코펜 강과 그 주위의 세리아(Seria)에서부터 거주하였다."(Jew. Ant. I, 147) 그 책의 각주[5]에 보면, '세리아'는 아마 중국 북서쪽일 것이라고 설명해 놓았습니다. 글쎄요 … 이 문제는 그냥 놔둡시다. '스발'이 어디냐 하는 것은 아직 밝혀지지 않았습니다. 아마도 아라비아 반도 남쪽, 예멘의 동쪽 해안 지역에 있는 Hadramaut에 있을 가능성이 크다고 생각되지만 확실하지는 않습니다.

어쨌든 이들 욕단 자손들은 셈족입니다. 셈의 후손인 에벨의 아들 욕단의 자손들입니다. 이들 셈족들은 아라비아에 많이 살고 있습니다. 아라비아 남단, 예멘 부근에 많이 살고 있습니다. 따라서 아라비아 사람들은 다 함족이라고 보는 것은 잘못이라는 것을 알 수 있습니다. 아라비아 사람들 중에도 셈족이 많습니다. 함족도 있고 셈족도 있습니

---

4 유석근, 『알이랑 민족』, 117.

5 H. St. J. Thackeray의 주(p. 72 각주 f).

다. 그래서 오늘날 히브리어를 연구할 때 아랍어가 많이 도움 됩니다. 히브리어와 아랍어는 밀접한 관계에 있습니다. 문법도 거의 같고 단어들도 비슷합니다. 글자가 영 달라서 전혀 다른 언어인 것처럼 보이지만 사실은 같은 셈족어입니다.

그런데 오늘날 이스라엘과 아랍 사람들이 늘 싸우고 있습니다. 전쟁과 테러가 끊이지 않습니다. 미국은 이스라엘을 지원하고, 아랍 사람들은 (일부가) 알 ooo를 지원합니다. 아랍 사람들은 미국을 엄청 미워하고, 미국 사람들은 아랍 사람들을 미워합니다. 9. 11 테러를 일으킨 알 ooo를 찾아서 끝까지 복수하려고 하고 있습니다. 그래서 이라크를 침공하고 아프가니스탄을 침공했습니다. 4주 전에 드디어 알 ooo의 지도자 오oo 빈 oo을 찾아서 죽였습니다(2011. 5. 1). 그는 사우디 아라비아 사람입니다. 그의 아버지는 원래 예멘 출신인데, 사우디 아라비아에 가서 건설업을 하여 돈을 많이 벌었다고 합니다. 지금도 예멘에는 알 ooo 지지 세력이 많습니다.

그런데 예멘에는 셈족 후손들이 많이 살고 있습니다. 크게 보면 이스라엘과 같은 민족입니다. 같은 민족끼리 서로 싸우고 죽이고 사생결단의 싸움을 하고 있는데, 알고 보면 같은 셈족끼리 서로 싸우는 것입니다. 민족적으로 보면 유럽과 미국은 야벳족입니다. 서양 백인은 야벳족으로 봐야 합니다. 종교 때문에 셈족 편에 섰는데, 알고 보면 철천지원수처럼 여기는 알 ooo도 그 지도자들 대부분은 셈족입니다.

따라서 오늘날 우리는 혈통을 따지면 안 된다 하는 것을 알 수 있습니다. 혈통과 지역을 따지고, 민족을 따지고 나라를 따져서 차별하고 미워하면 안 된다 하는 것을 알 수 있습니다. 사도 바울은 말하기를, "너희는 유대인이나 헬라인이나 종이나 자주자나 남자나 여자 없이 다 그리스도 예수 안에서 하나이니라."고 했습니다(갈 3:28). 예수님은 말씀하시기를, "너희 원수를 사랑하라."고 하셨습니다(마 5:44).

사랑하는 성도 여러분,

따라서 우리는 다른 지역 사람들도 사랑하고, 다른 나라 사람들도 사랑하고, 원수도 사랑하도록 해야 하겠습니다. 혈통이나 지역을 따지지 말고, 내 사람 네 사람 편 가르지 말고 내 자식과 다른 사람 자식을 너무 구별하지 말고, 모두 다 노아의 자손이고 아담의 자손임을 생각하고 세상 모든 사람을 사랑하고 돌보는 넓은 마음을 가져야 하겠습니다. 그래서 세상의 모든 사람을 사랑하셔서 독생자를 보내 주신 하나님의 넓은 사랑을 본받아 넓은 마음으로 살아가는 성도들이 다 되시기 바랍니다. 아멘. (2011년 5월 29일 주일 오전)

23. 바벨 탑 사건 (11:1-9)

1 온 땅의 언어가 하나요 말이 하나였더라. 2 이에 그들이 동방으로 옮기다가 시날 평지를 만나 거기 거류하며 3 서로 말하되 자, 벽돌을 만들어 견고히 굽자 하고 이에 벽돌로 돌을 대신하며 역청으로 진흙을 대신하고 4 또 말하되 자, 성읍과 탑을 건설하여 그 탑 꼭대기를 하늘에 닿게 하여 우리 이름을 내고 온 지면에 흩어짐을 면하자 하였더니 5 여호와께서 사람들이 건설하는 그 성읍과 탑을 보려고 내려오셨더라. 6 여호와께서 이르시되 이 무리가 한 족속이요 언어도 하나이므로 이같이 시작하였으니 이 후로는 그 하고자 하는 일을 막을 수 없으리로다. 7 자, 우리가 내려가서 거기서 그들의 언어를 혼잡하게 하여 그들이 서로 알아듣지 못하게 하자 하시고 8 여호와께서 거기서 그들을 온 지면에 흩으셨으므로 그들이 그 도시를 건설하기를 그쳤더라. 9 그러므로 그 이름을 바벨이라 하니 이는 여호와께서 거기서 온 땅의 언어를 혼잡하게 하셨음이니라. 여호와께서 거기서 그들을 온 지면에 흩으셨더라.

오늘날 전 세계에는 약 7천 개의 언어가 있다고 합니다. 이 중에서 제일 많은 사람들이 쓰는 언어는 중국어입니다. 중국 본토에 약 13억

5천만 명이 사용하고 있고, 또 대만과 홍콩, 싱가포르, 그리고 세계 곳곳의 화교들이 사용하고 있습니다. 하지만 세계에서 가장 널리 통용되는 언어는 영어입니다. 영국과 아일랜드, 미국, 캐나다, 호주, 뉴질랜드, 남아공 등 영어를 모국어로 쓰는 나라가 약 5억 명 정도 되고, 그다음에 인도와 말레이시아, 홍콩, 필리핀 등 공용어로 쓰는 나라가 10억 이상입니다. 그래서 전 세계에서 약 20억명 가까이 일상생활에서 영어를 사용하고 있습니다. 그 외에도 학교에서 배워서 영어를 어느 정도 이해하고 소통하는 사람들까지 합하면 전 세계의 수많은 사람들이 영어를 사용하고 있습니다.

그 외에 스페인어와 포르투갈어, 불어, 독어, 일본어, 한국어, 말레이어, 인도네시아어 등이 있고, 또 아랍어, 힌디어, 벵골어, 네팔어, 미얀마어, 타이어 등도 있습니다. 아직 문자가 없는 언어들도 많이 있고 불과 수십 명이 쓰는 언어도 있습니다.

왜 이렇게 언어가 많을까요? 여기에 대해 성경은 바벨탑 사건 때문이라고 말합니다. 원래는 온 세계의 언어가 하나였습니다. 본문 1절에 보면 "온 땅의 언어가 하나이요 말이 하나이었더라."고 합니다. 바벨탑 사건 이전에는 언어가 하나였습니다. 온 세상 사람들이 하나의 언어를 사용했습니다. 참 편리했겠지요? 외국어를 배울 필요가 없었습니다. 골치 아프게 영어와 중국어를 공부할 필요가 없었습니다. 물론 한국어도 없었습니다. 그냥 전 세계의 언어가 하나였습니다. 그때는 아직 사람들이 땅에 널리 퍼지지 않았으며, 아마 중동 지역에만 살았을 것입니다.

이들이 쓰던 언어는 노아와 노아 자손들이 쓰던 말이었습니다. 이것은 또한 옛날에 아담과 하와가 쓰던 말이었습니다. 수천 년 동안 말이 변하지 않고 한 언어로 내려왔습니다. 노아 홍수 때 노아 가족 여덟 명만 빼고 다 죽었지만 그들이 쓰던 언어는 살아남았습니다. 노아와 그의 자손들을 통해 언어가 보존된 것입니다.

그러다가 언어가 나뉘는 중요한 사건이 발생했는데, 바로 바벨탑 사건입니다. 2절에 보면 "이에 그들이 동방으로 옮기다가 시날 평지를 만나 거기 거류하였다."고 합니다. 여기서 '동방으로'란 말의 히브리어 원어는 '믹케뎀'(מִקֶּדֶם)인데, 문자적으로는 '동방으로부터'(from the east)이지만(KJV, RSV, ESV 등) 또한 '동방으로'(eastward)란 의미로 사용되기도 합니다.[1] 창세기 13장 11절에서는 똑같은 표현이 '동쪽으로'란 의미로 사용되었습니다.[2]

어쨌든 노아 자손들이 인구가 많아져서 동쪽으로 이동하다가 시날 평지를 만났습니다. 시날 평지는 바빌론 지역, 남부 바빌론 지역을 가리킵니다(창 10:10). 현재 이라크 남부 지역에 해당합니다. 당시 사람들은 넓은 평야 지대를 발견하고는 좋아했습니다. "와~ 넓고 비옥한 땅이다. 살기 좋다." 그래서 그들은 거기서 집을 짓고 살았는데, 거기서 그들은 벽돌을 발명했습니다.

---

1 Cf. Gesenius, *Lexicon*, s. v. קֶדֶם ; Aalders, *Genesis*, I, 301-302.

2 또한 창 12:8; 2:8 참조. Luther, NIV, 대부분의 주석가들.

벽돌을 발명한 것은 인류 문명에 있어서 큰 진전을 가져왔습니다. 전에는 돌과 나무로 집을 지었습니다. 그러니 높이 짓는 데에는 한계가 있습니다. 그러다가 시날 평지에서 벽돌을 발명하였습니다. 진흙에 볏짚 같은 것들을 섞어서 불에 구우니 아주 단단한 게 만들어졌습니다. 이제는 원하는 모양으로, 원하는 크기로 만들 수 있으니 건축술에 획기적인 발전이 있었고 문명이 크게 발전하게 되었습니다.

3절에 보면 "서로 말하되 자, 벽돌을 만들어 견고히 굽자 하고 이에 벽돌로 돌을 대신하며 역청으로 진흙을 대신하고"라고 했습니다. '역청'은 아스팔트 같은 것인데 찐득찐득합니다. 그래서 벽돌과 벽돌을 붙이는 풀 역할을 합니다. 또 '역청'은 방수제 역할을 하기도 했습니다.

그리고는 사람들이 그 벽돌을 가지고 성을 쌓고 높은 탑을 쌓았습니다. "또 말하되 자, 성읍과 탑을 쌓아 그 탑 꼭대기를 하늘에 닿게 하여 우리 이름을 내고 온 지면에 흩어짐을 면하자 하였더니"(4절). 그들은 성읍을 쌓고 또 높은 탑을 쌓았습니다. 주후 1세기의 유대 역사가 요세푸스에 의하면, 바벨탑 쌓는 일을 주도한 사람은 '니므롯'이라고 합니다(cf. 창 10:8-12). 니므롯은 사람들을 선동하여 높은 탑을 쌓았다고 합니다. 왜냐하면 또다시 홍수가 날까 봐 두려워했기 때문이라고 합니다.[3] 대홍수의 공포가 아직도 사람들을 지배하고 있었다는 것을 알 수 있습니다. 그러나 우리는 이 바벨탑 쌓는 일을 주도한 사람이 니므롯인지 누구인지는 알 수 없습니다.

---

3 Josephus, *Jew. Ant.* I,113-119.

그들이 바벨탑을 쌓은 목적은 "우리 이름을 내고 온 지면에 흩어짐을 면하자."는 것이었습니다. "우리 이름을 내고"는 교만을 말합니다. "우리 기술이 이렇게 좋다, 우리의 능력이 이렇게 대단하다"는 것을 자랑하는 것입니다. 마치 어떤 건설회사가 두바이에서 세계에서 제일 높은 건물인 '부르즈 두바이'를 짓고 자랑하는 것과 같습니다. 요세푸스의 기록에 의하면, 니므롯은 이렇게 말했다고 합니다. "만일 하나님이 또다시 홍수를 내려 땅을 멸하려 한다면 하나님께 복수하겠다."[4] 참으로 대단한 교만입니다.

그러자 하나님이 진노하셨습니다. 5절에 보면 "여호와께서 사람들이 건설하는 그 성읍과 탑을 보려고 내려오셨더라."고 합니다. 여기서 '내려오셨다'는 것은 인간적인 표현으로 볼 수 있습니다. 사람들이 이해하기 쉽게 인간적인 표현을 사용하신 것으로 볼 수 있습니다. 하나님은 하늘에 게셔도 모든 것을 다 아시지만 인간적인 표현으로 내려오셨다고 하신 것입니다.

여호와 하나님은 이렇게 말씀하셨습니다. "여호와께서 이르시되 이 무리가 한 족속이요 언어도 하나이므로 이같이 시작하였으니 이후로는 그 하고자 하는 일을 막을 수 없으리로다."(6절) 또 "자, 우리가 내려가서 거기서 그들의 언어를 혼잡하게 하여 그들로 서로 알아듣지 못하게 하자 하시고"(7절). 여기서 '우리'라고 한 것은 삼위일체 하나님을 나타냅니다. 하나님은 '나 홀로'가 아니라 '우리'입니다. 그리고 삼위

---

4 Josephus, *Jewish Antiquities*, I,iv,2.

하나님 사이에 '의논'이 있었다는 것을 알 수 있습니다.

하나님은 "그들의 언어를 혼잡하게 하여 그들로 서로 알아듣지 못하게 하자."고 하셨습니다. 그래서 시날 평지에서 탑을 쌓던 사람들의 언어가 혼잡하게 되었습니다. 예를 들어 "돌 가지고 와!" 하면 나무 가지고 오고, "물 가지고 와!" 하면 술 가지고 오고 … 이렇게 말이 서로 다르니 헷갈렸습니다. "볏짚 가지고 와!" 하면 '베개' 가지고 오고 … 그래서 도무지 탑 쌓는 일을 할 수가 없었습니다. 그래서 결국 탑 쌓는 일이 중단되고 말았습니다. 말이 안 통하니 공사를 할 수가 없는 것입니다.

우리나라 건설업체들이 중동에서 공사를 많이 하고 있는데, 옛날과 달라서 건설 인부들은 거의 다 외국인을 쓴다고 합니다. 인도, 파키스탄, 벵골, 우즈벡 등에서 온 근로자들이 일하고 있습니다. 한국 사람들은 그들을 통솔하는 반장, 팀장을 하고 있습니다. 실제로 벽돌을 쌓고 못질하고 용접하는 것은 대개 외국인 근로자들이 하고 있습니다. 그래서 우리나라 건설업이 앞으로 발전하려면 어떻게 해야 하는가? 이에 대해 전문가들은 크게 두 가지를 말합니다.

첫째는 원천 기술을 확보해야 한다. 원자력 발전소를 지을 때 또는 석유화학 플랜트를 지을 때 원천기술, 핵심 설계 기술을 확보하는 것이 중요하다고 합니다. 물론 현재 우리나라 업체가 상당한 기술을 확보하고 있습니다만, 핵심 설계 기술은 미국이나 프랑스에서 사 가지고 오는 경우가 많다고 합니다. 따라서 원천 기술을 확보하고 개발해야 한다고 합니다. 그다음에 중요한 것은 외국어 실력이라고 합니다. 우선 영어를 기본적으로 잘해야 합니다. 그래서 인도 사람, 벵골 사람, 우즈벡 사람들에게 "내일 아침 5시 기상! 배관 용접 공사한다. 반드시 안전모 쓰고, 얼굴 가리개 착용할 것!"이라고 말할 때 전부 영어로 해야 합니다. 그래야 외국인 근로자가 알아듣지 한국말로 하면 못 알아 듣습니다. 또 잘못한 사람에게 호통칠 때에도 영어로 해야 합니다. 영어를 모르면 "You …" 다음에 말이 안 나옵니다. 그러니 이제는 영어를 모르면 중동 건설 현장에도 못 갑니다. 옛날에는 영어를 몰라도 중동에 가서 돈 벌어 왔는데, 요즘은 영어 모르면 아예 중동에 가지도 못합니다.

하나님이 시날 평지에 내려가서 사람들의 언어를 혼잡케 하셨습니다. 그러자 사람들은 말이 안 통해서 공사를 중단했습니다. 그래서 바벨탑은 미완성으로 중단되고 말았습니다. 그래서 그곳 지명을 '바벨'이라고 불렀습니다. '바벨'은 '혼잡, 혼란'(confusion)이란 뜻입니다. 물론 '바벨'은 히브리어가 아니고 그보다 더 오래된 언어입니다. 아마 최초의 언어였을 것입니다. 히브리어로 '바벨'(בָּבֶל)도 혼란이라는 뜻인데 동사 '발랄'(בָּלַל, 혼란하게 하다)에서 온 것으로 생각됩니다.[5]

'바벨'은 아주 오래된 도시입니다. 고대 바빌론 제국의 수도였습니다. 지금은 이라크 남부 지역에 폐허로 남아 있습니다. 바그다드에서 남쪽으로 약 100km 지점에 있는데, 바벨 도시 안의 북편에 에-테멘-

---

5 Gesenius, *Lexicon*, s.v. בָּבֶל; Aalders, *Genesis*, I, 306.

안키(E-temen-anki)란 유적지가 있습니다. 유브라데 강 동편에 있는데, 알렉산더 대왕이 다시 건축하려고 준비하다가 일찍 죽는 바람에 시작하지 못하고 지금 폐허만 남아 있습니다. 옛날에 여기서 사람들이 탑을 쌓다가 하나님의 개입으로 언어가 혼란하게 되어서 탑 건설 공사를 중단하고 지면에 뿔뿔이 흩어지게 되었습니다. 그래서 오늘날 전 세계의 언어가 다르고 의사소통이 안 되고, 또 사람들은 외국어를 배운다고 고생하게 되었습니다.

그러면 왜 바벨탑을 쌓은 것이 잘못이었을까요? 무엇이 잘못되었을까요? 왜 하나님이 바벨탑 공사를 중지시키셨을까요? 그것은 당시 사람들의 교만 때문입니다. 4절에 "성읍과 탑을 쌓아 대 꼭대기를 하늘에 닿게 하여 우리 이름을 내고"라고 했는데, 이것은 인간의 교만을 보여 줍니다. 하나님의 이름을 내어야지 자기 이름을 내고자 하면 교만입니다. 잠언 16장 18절에 "교만은 패망의 선봉이요 거만한 마음은 넘어짐의 앞잡이니라."고 했습니다. 시날 평지에 모인 사람들은 "탑을 높이 쌓아서 하늘에 닿게 하고 우리 이름을 내자!"고 했습니다. 이것은 하나님께 대한 반역이며 죄악입니다.

여러분, 타이타닉 호 아시지요? 1912년에 영국 사람들이 4만 6천톤이나 되는 초호화 여객선을 만들어 놓고서 자랑했습니다. "이 배가 침몰하는 일은 결코 없을 것이다." 그러나 출항 며칠 후 2,200명을 태운 타이타닉 호는 빙산에 부딪혀 침몰하고 말았습니다. 1,500명이 사망하고 말았습니다. "결코 침몰하는 일은 없을 것"이라고 오만하게 자랑하던 배는 빙산에 부딪혀 침몰하고 말았습니다. 인간의 능력을 자랑하고 자기의 이름을 내고자 하는 자는 이처럼 무너지고 맙니다.

미국은 20세기에 들어와서 세계 최강국이 되었습니다. 특히 2차 세계대전 후에는 아무도 미국을 넘볼 수 없게 되었습니다. 한동안 소련이 경쟁하다가 무너졌습니다. 그래서 미국 사람들은 "우리는 세계 제일의 초강대국이다."고 자랑합니다. "세계 어느 나라도 미국을 공격할 수 없다. 감히 미국을 공격할 나라는 없다. 그래서 미국이 좋다. 미국은 뭐든지 넘버 원이다." 그래서 프라이드가 대단했습니다. 그랬는데 2001년 9월 11일, 미국의 심장부인 뉴욕의 세계무역센터 빌딩이 폭삭 내려앉았습니다. 세계 경제의 심장부가 공격당한 것입니다. 그때부터 미국은 알 카에다와 힘겨운 전쟁을 계속하고 있습니다. 언제 끝날지 모르는 전쟁, 승리가 보장되어 있지 않은 전쟁을 계속하고 있습니다. 이 전쟁을 위해 엄청난 비용을 쏟아붓고 있는데, 자칫하면 이 때문에 미국이 부도날지도 모릅니다. "미국은 달러를 계속 찍어내기 때문에 부도나는 일은 결코 없을 것"이라고 말하지만 모릅니다. 두고 봐야 압니다. 하나님은 교만한 사람을 싫어하십니다. 야고보는 "하나님이 교만한 자를 물리치시고 겸손한 자에게 은혜를 주신다."고 했습니다(약 4:6).

여러분, 학교에서도 자기가 잘났다고 자랑하는 사람 있지요? 잘난 척하는 사람이 있습니다. "이번 시험 잘 쳤다. 백 점 맞았다."고 자랑하는 학생이 있는데, 나중에 보면 80점도 안 되고 엉망입니다. 뭐가 틀렸는지도 모르니까 다 맞았다고 생각하고 자랑하는 것입니다. 이런 학생은 주제 파악을 좀 해야 합니다. 자기 자신을 알아야 합니다.

그다음에 보면, 당시 사람들은 하나님의 명령에 불순종했습니다. "우리 이름을 내고 온 지면에 흩어짐을 면하자."고 하는 것은 우리끼리 똘똘 뭉쳐서 잘 살자는 것입니다. 그러나 하나님은 홍수 후에 노아에게 "생육하고 번성하여 땅에 충만하라."고 하셨습니다(창 9:1). 하나님이 처음에 사람을 창조하셨을 때에도 "생육하고 번성하여 땅에 충만하라. 땅을 정복하라. 지배하라."고 하셨습니다(창 1:26-28). 그런데 시날 평지에 모인 사람들은 "우리 흩어지지 말자. 우리끼리 여기서 똘똘 뭉쳐서 살자."고 했습니다. 하나님의 명령에 거역한 것입니다. 하나님께 대한 불순종입니다. 이것이 죄입니다.

오늘날에도 하나님의 명령에 거역하고 불순종하는 사람들이 많습니다. 서울의 어떤 교회는 교인이 너무 많아서 수천억 원을 들여서 교회당을 새로 짓고 있습니다. 왜 그렇게 합니까? 물론 자기들 나름대로 사정이야 있겠지만, 크게 보면 "우리 흩어지지 말자. 우리끼리 똘똘 뭉쳐서 큰 교회 하자."는 것입니다. 교인이 많아져서 3만 명이 되고 5만 명이 되어서 교회당이 비좁으면 교회를 분리해서 강동에도 하나 세우고 강북에도 하나 세우고, 이렇게 나누어 주면 될 텐데 기어이 수천억 원을 들여서 큰 교회당을 새로 짓는 것은 "우리 흩어지지 말자. 우리끼리 모여서 재미있게 신앙생활 하자. 우리 이름을 크게 내자."는 것입니다. 어떻게 보면 옛날에 시날 평지에서 바벨탑을 쌓은 사람들과 같습니다.

우리 성도 여러분,

우리는 자꾸만 흩어져야 합니다. 자꾸만 새 땅으로 가서 온 세상을 다스리고 지배해야 합니다. 우리 한국 교회도 우리나라 안에서만 만족하고 우리끼리만 은혜받고 잘 살자고 하면 안 됩니다. 그러면 바벨탑을 쌓은 사람들처럼 하나님의 벌을 받을 수 있습니다.

지난 주간에 우리 신학대학원에서 목회대학원 강의가 시작되었습니다. 이번 주까지 두 주간 동안 목사님들을 상대로 하는 재교육(연장 교육) 프로그램입니다. 여름이라서 그런지 지난 겨울보다 적게 왔습니다. 50여명이 등록해서 수업받고 있는데 지난 겨울에는 90여명이 왔습니다. 지난 겨울에는 중국에 있는 조선족 지도자들이 12명 왔습니다. 자기 스스로 돈을 내어서 비행기 타고 와서 강의를 들었습니다. 이번에도 조선족 지도자들이 왔는데 스무 명이 왔습니다. 지난 겨울보다 더 많이 왔습니다. 지난 겨울에 왔던 우루무치에서 사역하는 조선족 지도자가 또 왔습니다. 우루무치는 신짱 위구르에 있는데, 중국 북서쪽의 사막 가운데 있는 큰 도시입니다. 실크로드의 중간 요충이며 천산산맥이 시작되는 곳입니다. 옛날에 손오공이 지나갔던 곳이라고 하며 화염산이 있다고 합니다. "비행 삯이 얼마 드느냐?"고 물어보니 꽝저우(廣州)로 해서 빙 둘러오면 12시간 걸리는데 60만원에 온다고 합니다. 그런데도 자기 스스로 돈 내고 배우러 왔어요. 참 대단합니다. 목회대학원은 원래 졸업한 지 오래되는 한국 목사들을 위해 개설한 프로그램인데, 가까이 있는 한국 목사들은 많이 안 오고 생각지도 않았던 중국의 조선족들이 많이 옵니다. 참 신기합니다.

그런데 이게 하나님의 섭리라고 생각됩니다. 복음은 자꾸 이동합니다. 복음은 한 나라에만 머무는 것이 아니라 자꾸 새로운 곳으로 이동합니다. 예루살렘에서 시작된 복음은 로마 제국 전체로 퍼지고, 유럽으로 퍼지고, 이어서 미국으로 전파되고, 우리나라에 전파되었습니다. 지금은 중국에 많이 전파되고 있으며, 중국에서도 서부 내륙 지역으로 전파되고 있습니다. 이처럼 복음은 자꾸만 이동합니다.

따라서 우리도 한 자리에만 머물러 있으려 하면 안 됩니다. 한국의 대형 교회들은 어찌하든지 자기 교인들이 흩어지는 것을 막으려고 대형 버스들을 많이 동원하고 교회당을 크게 짓고, 그것도 모자라서 화상 예배를 통해 지방에 있는 교회들도 서울에 있는 큰 교회의 지교회로 만듭니다. 교회도 프랜차이즈화하는 것입니다. 참 문제입니다. 이런 것은 잘못된 것입니다. 마치 옛날에 시날 평지에서 바벨탑을 쌓던 사람들과 같습니다. "우리 이름을 내고 온 지면에 흩어짐을 면하자!" 하는 것과 같습니다. 그렇게 하면 결국 하나님이 개입하셔서 흩어 버리십니다. 그래서 인간의 바벨탑은 무너지고 폐허가 되고 맙니다.

사랑하는 성도 여러분,

우리는 자기 이름을 내기 위해 하는 모든 교만을 버려야 합니다. 자기 이름을 내기 위해, 자기 이름을 높이기 위해 하는 모든 행동들, 자기 교회만 위하고 자기 나라만 위하고 자기 가정만 위하고 자기만 잘 살겠다고 하는 모든 이기적이고 교만한 것들을 버려야 합니다.

　하나님은 교만한 자를 물리치시고 겸손한 자에게 은혜를 베푸십니다. 우리는 오직 하나님의 이름을 높이고 하나님의 영광만 드러내고 하나님의 말씀에 순종하는 자 되어야 합니다. 자기 이름을 내기 위한 바벨탑은 무너지고 맙니다.

　그러므로 사랑하는 성도 여러분,

　여러분 모두, 바벨탑을 쌓은 사람들의 어리석음을 본받지 말고 오직 하나님의 이름을 내고, 겸손히 하나님의 말씀에 순종하여 나아가는 성도들이 다 되시기 바랍니다. 그래서 하나님이 우리를 기뻐하시고, 우리를 통해 하나님의 뜻을 이루는 겸손한 성도들이 다 되시기 바랍니다. 아멘. (2011년 6월 19일 주일 오전)

24. 셈의 후예 (11:10-26)

10 셈의 족보는 이러하니라 셈은 백 세 곧 홍수 후 이 년에 아르박삿을 낳았고 11 아르박삿을 낳은 후에 오백 년을 지내며 자녀를 낳았으며 12 아르박삿은 삼십오 세에 셀라를 낳았고 13 셀라를 낳은 후에 사백삼 년을 지내며 자녀를 낳았으며 14 셀라는 삼십 세에 에벨을 낳았고 15 에벨을 낳은 후에 사백삼 년을 지내며 자녀를 낳았으며 16 에벨은 삼십사 세에 벨렉을 낳았고 17 벨렉을 낳은 후에 사백삼십 년을 지내며 자녀를 낳았으며 18 벨렉은 삼십 세에 르우를 낳았고 19 르우를 낳은 후에 이백구 년을 지내며 자녀를 낳았으며 20 르우는 삼십이 세에 스룩을 낳았고 21 스룩을 낳은 후에 이백칠 년을 지내며 자녀를 낳았으며 22 스룩은 삼십 세에 나홀을 낳았고 23 나홀을 낳은 후에 이백 년을 지내며 자녀를 낳았으며 24 나홀은 이십구 세에 데라를 낳았고 25 데라를 낳은 후에 백십구 년을 지내며 자녀를 낳았으며 26 데라는 **칠십** 세에 아브람과 나홀과 하란을 낳았더라.

오늘 읽은 본문은 셈의 후예를 다루고 있는데 족보 이야기입니다. 어떤 사람은 "족보 이야기는 재미없어. 지루하다."고 합니다. 사실, 설교하는 사람도 족보 부분을 다룰 때에는 힘듭니다. 무엇을 어떻게 설교해야 할지 난감합니다. 지난 주일에 다룬 바벨탑 사건 같은 경우는 설교하기가 쉽습니다. 왜냐하면 스토리가 있고 분명한 교훈이 있기 때문입니다. 그러나 족보 본문은 스토리도 없고 그냥 "낳고 낳고"만 반복됩니다. 그래서 재미가 없습니다. 왜 이런 걸 성경에 기록해 두었나 하는 생각이 들 수도 있습니다.

그러나 여러분, 성경에 필요 없는 것은 하나도 없습니다. 꼭 필요한 것만 기록되어 있습니다. 족보도 필요해서 기록된 것입니다. 성경에 족보가 왜 필요할까요? 무엇보다도 성경은 '역사'(歷史, history)를 기록하고 있기 때문입니다. 역사는 사실입니다. 사실(事實)은 실제로 사람들이 태어나서 살다가 죽은 것을 말합니다. 지어낸 이야기가 아닙니다. 만일 성경이 가공의 이야기나 소설과 같은 것이라면 역사는 중요하지 않습니다. 그러면 족보는 필요 없습니다. 그러나 성경은 실제 역사이기 때문에, 진짜 이 세상에 있었던 사실들을 기록하기 때문에 족보를 기록하고 있습니다. 아브라함은 누구에게서 태어났는지, 그 부모가 누구이고 그 조상이 누구인지를 간단히 기록하고 있는 것입니다.

오늘 읽은 본문에 보면 '셈의 후예'가 기록되어 있는데, 아브라함까지 10대가 기록되어 있습니다. 셈, 아르박삿, 셀라, 에벨, 벨렉, 르우, 스룩, 나홀, 데라, 아브라함, 이렇게 총 10대가 기록되어 있습니다.

우선 10절에 보면 "셈의 후예는 이러하니라. 셈은 일백 세 곧 홍수 후 2년에 아르박삿을 낳았고 아르박삿을 낳은 후 오백년을 지내며 자녀를 낳았으며"라고 말합니다. 여기서 '후예'(톨레도트)는 계보를 의미합니다(창 2:4; 5:1). '셈'은 노아의 아들인데, 홍수 후 2년에 아르박삿을 낳았다고 합니다. 여러분이 잘 아시다시피 노아가 600세 되던 해에 홍수가 있었습니다. 홍수 후 2년에 셈이 일백 세가 되었다고 하니까 홍수가 날 때 셈은 98세였음을 알 수 있습니다. 그러니 노아가 502세 되던 해에 셈이 태어났습니다.

 노아는 아마도 오랫동안 결혼하지 않고 총각 전도사로 말씀을 전했을 것입니다.[1] 그러나 한 사람도 회개하지 않았으며 전도의 열매가 없었습니다. 그 당시 사람들이 그만큼 완악했다는 것을 알 수 있습니다. 그래서 하나님께서 진노하셔서 홍수로 이 땅을 쓸어버리겠다는 말씀을 하시자 노아는 "안 되겠다. 이래서는 안 되겠다."고 생각했을 것입니다. 그래서 결혼하기로 결심하고 20년 후에 결혼해서 자녀를 낳았다고 생각됩니다. 그래서 자기 아내와 세 아들과 세 며느리를 전도해서 총 8명이 하나님을 믿었습니다. 홍수 후에 노아의 아들 셈은 일백 세에 아르박삿을 낳았습니다. 그 외에 아들딸들도 낳았지만, 여기에는 대표적으로 한 사람만 기록하고 있습니다.

---

1 벧후 2:5은 개역한글판과 개역개정판에 '의를 전파하는 노아'라고 되어 있지만 원문 표현을 직역하면 '의의 전파자 노아'(Νωε δικαιοσύνης κήρυκα)가 된다. 원문의 순서를 살려서 번역하면 '노아 (곧) 의의 전파자'이다. 이것은 노아는 '의를 전파하는 자'의 신분으로서 그러한 삶을 살았음을 나타낸다. 120년 동안 방주를 지으며 준비하는 행위 자체가 하나님의 의와 심판을 증거하는 것이었다. 그 외에도 노아는 말과 행동으로 하나님의 의와 심판을 증거했을 것이다.

그런데 12절에 보면, 아르박삿은 35세에 셀라를 낳았다고 합니다. 상당히 일찍 낳은 것을 볼 수 있습니다. 노아는 500세가 넘어서 자녀를 생산하고, 그 아들 셈은 100세에 자녀를 생산한 것에 비하면 상당히 일찍 아이를 낳은 셈입니다. 왜일까요? 그때는 자녀를 생산하는 일이 대단히 중요했기 때문입니다. 속히 땅에 인구를 퍼뜨려야 했습니다. 그러니까 자녀를 생산하는 것이 중요한 사명이었습니다. 그래서 14절에 보면 "셀라는 30세에 에벨을 낳았고"라고 말하고, 16절에 보면 "에벨은 34세에 벨렉을 낳았고"... 등으로 말합니다. 24절에 보면 "나홀은 29세에 데라를 낳았고"라고 말합니다. 당시로서는 최연소 자녀 생산 기록입니다. 26절에 보면 "데라는 70세에 아브람과 나홀과 하란을 낳았더라."고 합니다. 다시 정상화되고 있는 것을 볼 수 있습니다.

그런데 여기 연도와 관련하여 어려운 문제가 있습니다. 본문의 기록에 의하면, 홍수 때부터 아브라함의 출생까지 292년밖에 경과하지 않았습니다. 아브라함의 출생은 주전 약 2,165년경으로 계산됩니다.[2] 출애굽 연대(주전 약 1,445년경)로부터 계산해서 올라가면 대략 이런 연도가 나옵니다. 그러면 여기에 292년을 더하면 노아 홍수 연대는 주전 2,457년이 됩니다. 상당히 이르다는 생각이 듭니다. 물론 우리나라의 고조선 건국 연대가 주전 2,333년이라고 하는데(확실한 것은 아니지만 그런 기록이 있음), 이때는 중국에서 요나라 때입니다. 그러나 요

---

2 Gispen, *Genesis*, I, 385. 그가 근거로 제시한 성경 구절은 왕상 6:1; 출 12:40; 창 47:9; 25:26; 21:5이다.

나라 역사도 불확실하고 고조선 역사도 불확실합니다. 아직 연구할 게 많습니다. 어쨌든 노아 홍수 연도로 2,457년경은 불가능한 것은 아닙니다. 홍수 후 120여년이 지난 후에 고조선이 건국되었다면, 그것은 가능할 수도 있는 이야기입니다. 그러나 확실히 알 수는 없습니다.

그런데 '70인역'이라는 성경이 있습니다. 히브리어 구약 성경을 헬라어로 번역한 것인데, 70명의 학자들이 번역했다고 해서 '70인역'(Septuagint)이라고 합니다. 이 70인역에 보면, 창세기의 이 부분 본문에 연도가 다르게 나옵니다. 우선 아르박삿이 바로 셀라를 낳은 것이 아니라 '가이난'을 낳고, 그 가이난이 '셀라'를 낳은 것으로 되어 있습니다. 아르박삿이 가이난을 낳은 것은 135세라고 합니다. 가이난이 셀라를 낳은 것은 130세라고 합니다. 그리고 셀라가 에벨을 낳은 것은 30세가 아니라 130세이고, 에벨이 벨렉을 낳은 것은 34세가 아니라 134세라고 되어 있습니다. 이렇게 해서 자녀를 낳은 나이에 100이 더해져 있습니다. 그러면 홍수 때부터 아브라함 출생 때까지 1,072년이 경과하게 됩니다. 제법 시일이 지났습니다. 다른 한편, 유대 역사가 요세푸스의 『유대 고대사』란 책에 보면 70인역과는 조금 다르게 993년이 경과한 것으로 되어 있습니다. 이렇게 되면 노아 홍수 연대가 주전 3,000년 이전으로 거슬러 올라갑니다.[3] 그러나 학자들은 70인역이나 요세푸스의 기록은 노아 홍수 연대가 너무 빠른 문제를 피

---

3 Cf. Aalders, *Genesis*, I, 314-16; Gispen, *Genesis*, I, 385f. Cf. W. H. Gispen, "Chronologie," in *Bijbelse Encyclopaedie*, 102-104.

하기 위해 의도적으로 100씩 더한 것으로 봅니다.[4]

그러나 우리는 알 수 없습니다. 우리는 대개 히브리어 본문이 옳다고 보는데, 그 사본들이 내려오다가 분실되기도 하고 와전되기도 했습니다. 원래의 원본은 없어졌습니다. 또 어떤 학자들은 셈에서 아브라함까지의 족보 중에 생략된 족보들이 있다고 합니다. 성경에 보면 족보를 기록할 때 다 기록하는 것이 아니라 아들을 뛰어넘고 바로 손자에게로 또는 증손자에게로 이어지는 경우도 많습니다. 히브리어에서 '아들(벤)'이란 말은 손자를 뜻할 수도 있고, 증손자나 현손을 뜻할 수도 있습니다. 그냥 '자손'이란 뜻입니다. 예를 들어 예수님을 '다윗의 자손'이라고 말하는데, 원문에는 그냥 '다윗의 아들'로 되어 있습니다.

그러나 오늘 읽은 본문에 보면, 누가 몇 세에 누구를 낳고, 또 누구는 몇 세에 누구를 낳고 … 이렇게 계속 이어지기 때문에 생략된 족보가 있다고 보기가 어렵습니다. 불가능한 것처럼 보입니다. 그러나 그럼에도 불구하고 학자들은 여기에 생략된 족보가 있다고 봅니다.[5] 또 어떤 학자는 노아 홍수와 아브라함 출생까지 약 2,400년 정도 경과했다고 봅니다. 그래서 노아 홍수 연도를 주전 약 4,565년경으로 봅니다.[6] 우리나라의 박윤선 박사는 노아 홍수 연도를 주전 1만년경으로 봅니

---

4 Aalders, *Genesis*, I, 316.

5 Aalders, *Genesis*, I, 317. Aalders는 다음과 같은 해결책을 제시한다. 성경에서 "N이 Q를 낳았을 때 몇 살이었다"는 것은 "N이 아들을 낳았을 때 몇 살이었으며 그 아들의 자손에서 나중에 Q가 나왔다"는 의미로 본다.

6 Gispen, "Chronologie," 104.

다.[7]

제가 볼 때 노아 홍수 연도는, 세계에 퍼진 홍수 설화로 볼 때, 그렇게 오래된 것 같지는 않습니다. 주전 3천 이전에는 역사 기록이 (거의) 없습니다. 대략 주전 2천년~3천년 사이에 수메르의 점토판 기록들이 나타나고 그 이전에는 거의 없습니다. 따라서 그 이전의 역사는 매우 불확실합니다. 고고학자들이나 인류학자들이 인류의 역사가 몇만 년, 몇십만 년 또는 몇백만 년 되었다고 말하는 것은 추측일 뿐 확실한 근거가 없습니다. 소위 방사성 동위원소 측정에 의한 연도 계산이란 것도 몇천 년이 넘어가면 불확실합니다. 따라서 최초의 인류는 150만 년 전에 호주에서 생겨났느니, 또는 백만 년 전에 아프리카에서 생겨났느니 하는 것은 근거가 약합니다. 그저 세상 학자들이 그렇게 주장한다는 것으로만 생각하면 되며 믿을 것은 못 됩니다. 확실한 것은 주전 3천 년 이전으로 가면 역사 기록이 거의 없다는 것입니다. 문자가 나타나고 왕들의 통치가 있고 역사 기록이 있는 것은 주전 3천 년 이후입니다.

다음으로 생각할 것은 인간의 수명에 관한 것인데, 노아 홍수 후에 인간의 수명이 짧아지기 시작합니다. 노아는 950세까지 살았습니다. 오래 산 것을 알 수 있습니다. 셈은 600세를 살았고, 아르박삿은 438세, 셀라는 433세, 에벨은 464세, 벨렉은 239세를 살았습니다. 벨렉에 와서 수명이 대폭 짧아지는 것을 볼 수 있습니다. 거의 절반으로 줄어들었습니다. 벨렉 이후 사람들은 단명했습니다. 벨렉의 아들 르우는

---

7 박윤선, 『창세기 출애굽기』, 142.

239세를 살았고, 스룩은 230세, 나홀은 148세를 살았습니다. 나홀에 와서 수명이 많이 줄어든 것을 볼 수 있습니다. 그러나 그의 아들 데라는 205세를 살아서 다시 좀 회복된 것을 볼 수 있습니다. 따라서 인간의 수명은 노아 홍수 후에 점차적으로 짧아지다가 벨렉 때에 확 짧아집니다. 200세 남짓으로 짧아졌습니다.

왜 이렇게 인간의 수명이 줄어들었을까요? 어떤 사람들은 노아 시대의 홍수 때문에 오존층이 파괴되었기 때문이라고 합니다. 또는 기후 변화가 일어났기 때문이라고 주장하기도 합니다. 그러나 노아 홍수 후에도 한동안 400세 이상을 살았습니다. 그러다가 벨렉 때에 수명이 절반으로 줄었습니다. 왜 그랬을까요? 벨렉 때에 무슨 일이 있었습니까? 창세기 10장 25절에 보면 "그때에 세상이 나뉘었다."고 합니다. 곧, 바벨탑을 쌓다가 하나님의 진노를 사서 흩어졌습니다. 당시 사람들은 "우리 이름을 내고 온 지면에 흩어짐을 면하자."고 하면서 바벨탑을 쌓았습니다. 그러자 하나님은 그들의 언어를 혼잡케 하셨습니다. 공사는 중단되고 사람들은 온 지면에 흩어지게 되었습니다. 이처럼 하나님을 향하여 반역을 일으키고 불순종하고 난 후에 인간의 수명이 절반으로 줄어든 것을 볼 수 있습니다.

우리 성도 여러분, 오늘날도 그렇습니다. 오늘날도 사람이 죄를 많이 지으면 수명이 짧아집니다. 하나님을 안 믿고 죄짓는 생활을 하면 수명이 짧아집니다. 사람이 병들고 아픈 것은 대개 절제하지 못해서 그렇습니다. 술 마시고 담배 피우고 하는 데서 위암, 폐암, 간 질환, 심장 질환 등이 많이 생깁니다. 규칙적인 생활을 안 하고 무절제한 생활을 하는 데서 병이 생기는 것입니다. 그래서 병원에 가면 의사가 물어 봅니다. "규칙적인 생활을 합니까?" "술 담배를 합니까?" 왜냐하면 이런 것이 건강에 중요하기 때문입니다.

또 음식을 골고루 먹지 않고 편식하면 건강이 나빠집니다. 어떤 사람은 무슨 채소에는 비타민 뭐가 많이 들었고, 무슨 과일에는 비타민 뭐가 많이 들었고 등등 따지면서 골라 먹는데, 골치가 아픕니다. 그냥 골고루 먹으면 됩니다. 이것 저것 가리지 말고 골고루 먹으면 건강하게 됩니다. 고기가 맛있다고 고기만 먹으면 병이 납니다. 피자가 맛있다고 피자만 먹으면 병이 납니다. 탕수육이 맛있다고 매일 탕수육을 시켜 먹으면 나중에 얼굴이 시커멓게 되고 안 좋게 됩니다. 그래서 욕심을 부리면 오래 못 살아요. 맛있는 것이 있으면 나눠 먹는 사람은 오래 삽니다. 왜냐하면 편식하지 않고 골고루 먹게 되기 때문입니다.

잠언 10장 27절에 "여호와를 경외하면 장수하느니라."고 했습니다. 따라서 매주일 예배를 잘 드리고, 하나님 말씀을 잘 듣고 기도하고, 착하게 살면 오래 살게 됩니다. 부모님 말씀을 잘 듣고 순종하면 오래 살게 됩니다. 제5 계명에 "네 부모를 공경하라. 그리하면 너의 하나님 나 여호와가 네게 준 땅에서 네 생명이 길리라."고 했습니다. 늘 하나님 앞에 엎드려 기도한 모세는 120세를 살았습니다. 신명기 34장 7절에 보면 "모세가 죽을 때 나이 120세였으나 그 눈이 흐리지 아니하였고 기력이 쇠하지 아니하였더라."고 하였습니다. 모세처럼 욕심을 버리고 하나님을 의지하고 기도하는 사람, 그리고 늘 걸어 다니는 사람은 오래 산다는 것을 알 수 있습니다.

　다음으로 우리가 본문에서 생각할 것은 셈의 후손들의 족보는 결국 아브라함에게로 연결된다는 사실입니다. 하나님은 아브라함을 중요하게 보시기 때문에, 이 아브라함이 누구의 자손인가 하는 것을 말하기 위해 여기에 족보를 간단히 기록한 것입니다. 이 족보는 결국 아브라함을 위한 것입니다. 아브라함이 누구에게서, 어디서 나왔는가를 말해 주는 족보입니다.

　왜 아브라함이 중요합니까? 아브라함은 '믿음의 조상'이기 때문입니다. 창세기 12장부터는 아브라함 이야기가 전개됩니다. 그다음에는 이삭, 그다음에는 야곱, 그다음에는 요셉에 대한 이야기입니다. 이들은 다 믿음의 족장들입니다. 하나님은 이 복잡한 세상에서 '믿음'을 귀하게 보신다 하는 것을 알 수 있습니다. 이 세상에는 사람들이 많고, 저마다 자녀들을 낳고, 먹고 살고 있지만, 또 집을 짓고 도시를 건설하고 과학기술 문명을 발전시키고 있지만, 그 가운데서 하나님은 믿음을 귀하게 보신다는 것을 알 수 있습니다. 하나님을 믿는 아브라함과 그의 자손들을 귀하게 보시고 복 주신다 하는 것을 알 수 있습니다.

　오늘날 세상도 복잡하고 어지럽게 돌아가고 있습니다. 과학기술이 엄청 발전하고 있습니다. 각종 전자 제품들이 쏟아지고 3D TV가 나오고 있습니다. 또 각종 휴대폰이 나와서 언제 어디서나 통신이 가능합니다. 요즘은 스마트폰 경쟁이 치열합니다. 애플과 삼성전자가 지금 사활을 건 특허 전쟁을 벌이고 있습니다. "삼성전자가 애플 기술을 베꼈다," "애플이 삼성전자 기술을 베꼈다"고 하면서 서로 법적 싸움을 벌이고 있습니다. 급기야 애플은 "삼성전자 갤럭시 S를 전부 폐기 처분하라."고 한국 법원에 소송을 냈습니다. 이처럼 세상은 참 어지럽습니다.

  유럽은 지금 재정 위기가 계속 진행 중입니다. 그리스 사태가 어떻게 될지 궁금합니다. 외국에서 꾼 돈을 갚지 못해 부도 위기에 몰려 있습니다. 그런데도 그리스 국민들은 파업하고 데모하고 있습니다. 금 모으기 대신에 금 사재기를 한다고 해요. 나라 살릴 생각은 안 하고 자기 개인의 이익을 챙기려고 야단입니다. 다음엔 혹 스페인과 이탈리아도 위기에 빠질 것인가? 심지어 벨기에와 영국도 위기에 빠질 것인가? 우리는 알 수 없습니다.

  이런 가운데서도 하나님이 중요하게 보시는 것은 무엇일까요? 그것은 '믿음'이고 '복음 전파'입니다. 이 세상에서 사람들이 과연 하나님을 믿고 있는가? 얼마나 잘 믿고 있는가? 복음이 전파되고 있는가? 이런 것을 하나님은 중요하게 보십니다. 예수님이 말씀하시기를 "이 천국 복음이 모든 민족에게 증거되기 위하여 온 세상에 전파되리니 그제야 끝이 오리라."(마 24:14)고 하셨습니다. 복음이 온 세상에 전파되어야 끝이 옵니다. 우리나라에도 아직 예수님을 믿지 않는 사람들이 많이 있습니다. 일본에는 예수님을 믿는 사람들이 너무 적습니다. 신도(神道)와 불교와 여러 우상 신들을 믿다가 외롭게 죽어 갑니다. 참 불쌍합니다.

그러나 중국에서는 예수님을 믿는 사람들이 많아지고 있습니다. 아주 열심입니다. 지난 주일에 말씀드렸습니다만, 우리 신학대학원에서 목회대학원 하계 강좌가 있었습니다. 총 50여명이 참석했는데 그 중에서 중국에서 온 조선족이 20명이었습니다. 자기 돈 내고 비행기 타고 와서 강의를 들었습니다. 가까이 있는 한국 목사들은 별로 오지 않았는데, 멀리 있는 중국 조선족들이 많이 왔습니다. 이것이 지금 일어나고 있는 일입니다.

하나님은 바로 이런 현상에 관심을 가지고 계십니다. 세상은 지금 스마트폰이 어떻다, 특허 소송이 어떻다, 반값 등록금 투쟁이 어떻고, 저축은행 사태가 어떻고 하지만, 하나님은 이 가운데서도 '복음'이 어떻게 전파되고 있는가? '믿음'이 어떻게 전수되는가? 이런 것에 관심을 가지고 계십니다. 이것이 바로 성경이 우리에게 가르쳐 주는 것입니다. 노아 홍수 후에, 그리고 바벨탑 사건 후에도 많은 사람들이 이 세상에 태어나서 살다가 죽었지만, 하나님은 그 가운데서도 셈의 후손들, 그 가운데서도 특히 믿음의 조상 아브라함을 귀하게 보시고, 그 아브라함을 통해 구원의 역사를 이루어 가시는 것을 볼 수 있습니다.

사랑하는 성도 여러분,

오늘날 여러분은 무엇을 중요하게 여기고 무엇을 위해 살아가십니까? 그저 먹고 자고, 먹고 자고, 또 그저 TV 보고, 스마트폰 만지고 …

이런 것들은 의미가 별로 없습니다. 그런 것은 하나님이 보실 때 중요하지 않습니다. 하나님이 중요하게 보시는 것은 '믿음'입니다. 예수님이 말씀하셨습니다. "그러나 인자가 올 때에 세상에서 믿음을 보겠느냐?"(눅 18:8) 예수님이 다시 오실 때에 세상에서 믿음을 보기 원하십니다. 믿음 있는 자를 찾으십니다.

그리고 하나님은 '복음 전파'를 귀하게 보십니다. 일본에도 복음이 전파되고, 중국에도 복음이 전파되고, 또 북한에도 복음이 전파되는 것을 귀하게 보시고, 주의 깊게 관찰하고 계십니다.

그러므로 사랑하는 성도 여러분,

여러분 모두, 이처럼 하나님이 귀하게 보시는 복음 전파를 위해 기도하고 힘쓰는 성도들이 되시기 바랍니다. 그리고 이 세상에서 하나님을 잘 믿고 섬기는 성도들이 되시기 바랍니다. 복잡한 세상에서도 하나님은 믿음을 귀하게 보신다는 것을 생각하고 하나님을 믿는 믿음으로 사는 여러분이 되시기 바랍니다. 그래서 믿음의 조상 아브라함을 본받아 하나님의 이름을 부르며 믿음으로 살다가, 후에 천국에 가서 아브라함과 함께 영원한 복락을 누리는 성도들이 다 되시기 바랍니다. 아멘. (2011년 6월 26일 주일 오전)

25. 갈대아 우르를 떠난 데라 가족(11:27-32)

27 데라의 족보는 이러하니라. 데라는 아브람과 나홀과 하란을 낳고 하란은 롯을 낳았으며 28 하란은 그 아비 데라보다 먼저 고향 갈대아인의 우르에서 죽었더라. 29 아브람과 나홀이 장가들었으니 아브람의 아내의 이름은 사래며 나홀의 아내의 이름은 밀가니 하란의 딸이요 하란은 밀가의 아버지이며 또 이스가의 아버지더라. 30 사래는 임신하지 못하므로 자식이 없었더라. 31 데라가 그 아들 아브람과 하란의 아들인 그의 손자 롯과 그의 며느리 아브람의 아내 사래를 데리고 갈대아인의 우르를 떠나 가나안 땅으로 가고자 하더니 하란에 이르러 거기 거류하였으며 32 데라는 나이가 이백오 세가 되어 하란에서 죽었더라.

이제 드디어 끝에 도달했습니다. 무슨 끝입니까? 창세기 제1막의 끝입니다. 창세기는 크게 아브라함 이전과 이후로 나누어 생각할 수 있습니다. 1장부터 11장까지는 아브라함 이전 역사를 다루고, 12장 이후는 아브라함 이후 역사를 다룹니다. 물론 아브라함 이전은 노아 홍수 이전과 이후로 나누어 생각할 수 있습니다. 노아 홍수 이전은 다시 인간의 타락 이전과 타락 이후로 나누어 생각할 수 있습니다. 어쨌든 창세기 12장부터는 아브라함 이야기가 전개됩니다. 그 후에는 이삭 이 야기, 야곱 이야기가 나오고, 그리고 요셉 이야기로 이어집니다. 오늘 읽은 본문은 아브라함 이야기가 시작되기 전의 마지막 부분입니다.

오늘 읽은 본문은 데라의 가족 이야기입니다. 아브라함의 아버지 데라와, 아브라함의 형제들과 조카들이 누구인지 소개하고 있습니다. 마치 소설책을 펴면 그 소설에 등장하는 주요 인물이 누구인지 앞에 먼저 소개하는 것과 같습니다. 그러나 창세기는 소설이 아니고 실화입니다. 논픽션(non-fiction)입니다. 실제 역사(history)를 기록한 책입니다. 그러면 주요 등장인물이 누구일까요?

우선 데라가 등장합니다. 아브라함의 아버지이기 때문입니다. 그에게서 난 아들들, 딸, 조카들이 앞으로 전개될 역사에서 중요한 역할을 합니다. 앞의 26절에 보면 "데라는 70세에 아브람과 나홀과 하란을 낳았더라."고 합니다. 이 말은 70세 되던 해에 세 쌍둥이를 낳았다는 말이 아닙니다. 70세부터 낳기 시작해서 세 아들을 낳았다는 말입니다. 70세에 첫아들을 낳고, 그 후에 또 두 아들을 더 낳았다는 말입니다.

그리고 26절과 27절의 말씀을 보면 아브라함이 장남인 것처럼 보이지만 아닙니다. 아브라함이 중요하기 때문에 제일 먼저 등장하는 것입니다. 아마도 제일 끝에 나오는 '하란'이 장남일 가능성이 큽니다. 그러면 데라는 70세에 하란을 낳았습니다. 그리고 아브라함은 그로부터 60년이 지나서 데라의 나이 130세에 태어났을 가능성이 큽니다. 왜냐하면 데라가 하란에서 죽고 나서 아브라함이 가나안 땅으로 들어왔는데(행 7:4) 그때 아브라함의 나이 75세였다고 말하기 때문입니다(창 12:4). 데라의 나이 130세에 아브라함을 낳았다면, 데라가 205세에 죽을 때(32절) 아브라함의 나이는 75세가 됩니다.

　어쨌든 데라는 아브라함과 나홀과 하란을 낳았는데, "하란은 롯을 낳고 그 아비 데라보다 먼저 본토 갈대아 우르에서 죽었다."고 합니다(27하, 28절). 롯은 아브라함의 조카인데 나중에 아브라함이 가나안 땅으로 갈 때 데리고 갔습니다. 애굽에 내려갈 때에도 조카 롯을 데리고 갔는데 나중에는 싸워서 갈라섭니다. 그래도 아브라함은 조카 롯을 위기에서 건져 주고 도와줍니다. 미워도 조카입니다. 조카는 삼촌을 미워해도, 삼촌은 조카를 미워할 수 없습니다. 왜냐하면 일찍 죽은 형 하란의 아들이기 때문입니다. 만일 아브라함과 하란의 나이 차이가 60세라고 보는 것이 맞다면, 조카 롯과 아브라함의 나이 차이는 별로 나지 않았을 것입니다. 만일 하란의 나이 70세에 롯을 낳았다고 한다면, 롯은 아브라함보다 열 살 어렸을 것입니다. 나이가 비슷했다고 볼 수 있습니다. 이것은 앞으로 전개되는 아브라함과 롯 사이의 관계를 이해하는 데 도움이 됩니다.

　그런데 하란은 아들 롯과 딸 밀가와 이스가를 낳고 일찍 죽었습니다. 이것이 또 중요한 역할을 합니다. 하란은 몇 살에 죽었을까요? 모릅니다. 성경에 안 나와 있습니다. 아브라함이 갈대아 우르를 떠날 때의 나이를 대략 65-70세로 보면 하란은 125-130세 이전에 죽었다고 볼 수 있습니다. 어쨌든 그 당시에 이 정도 나이에 죽은 것은 일찍 죽은 것이었습니다. 하란은 아들 롯과 딸 둘을 남겨 놓고 일찍 죽었습니다. 하란의 아내 이름은 나타나지 않는데, 남편이 죽자 어디로 갔는지 또는 죽었는지 모릅니다. 그래서 성경에 이름이 기록되어 있지 않습니다.

하란의 딸 밀가는 삼촌인 나홀과 결혼했습니다. 나홀은 하란의 동생이고 아브라함의 형입니다. 그런데 조카 밀가와 결혼했습니다. 옛날에는 이처럼 가까운 친척끼리 결혼하는 일이 흔히 있었습니다. 그러나 오늘날에는 법으로 금지되어 있습니다. 밀가의 동생 이스가는 어찌 되었는지 그 후로 기록이 없습니다. 아마도 그 지역의 이방인 남자와 결혼해서 떠나갔을 가능성도 있습니다. 어쨌든 아브라함은 혼자 남은 롯, 고아와 같은 롯을 거두었습니다. 삼촌인 아브라함이 돌봐주고 보호해 주었습니다.

여기서 생각할 것은 데라의 가족은 원래 갈대아 우르에 살았다는 사실입니다. 28절에 보면 "하란은 그 아비 데라보다 먼저 본토 갈대아 우르에서 죽었더라."고 합니다. 여기서 '본토(몰레데트)'란 말은 태어난 곳, 고향을 뜻합니다.[1] '갈대아 우르'는 갈대아 사람들의 우르란 뜻입니다. 후에 이곳 '우르'(Ur)에 갈대아 사람들이 들어와서 많이 살았기 때문에 '갈대아 우르'라 불리게 되었습니다. '우르'은 그냥 도시란 뜻입니

---

1 '몰레데트'(מוֹלֶדֶת)는 '낳다'는 뜻의 동사 '얄라드'(יָלַד)에서 온 명사로서 출생, 기원, 고향의 뜻을 가지고 있다(cf. Gesenius).

다. 수메르어 '우루'(Uru)는 도시란 뜻을 가지고 있습니다.[2]

갈대아 우르가 어디일까요? 현재 이라크 남부에 있습니다. 남부 유전 지대인 바스라(Basra)에서 서쪽으로 약 170-180km 떨어진 지점에 위치해 있습니다. 안-나시리야(An-Nasiriyah)에서 남서쪽으로 약 20여km 떨어진 지점에 있습니다. 우르는 옛날에 수메르의 중심 도시 중 하나였습니다. 대단히 발전한 도시 국가였습니다.

참고로 아브라함이 살던 때는 우르 제3 왕조 시대에 속한다고 합니다. 아브라함이 태어난 연도는 약 2,165년경으로 추정되는데,[3] 수메르의 마지막 부흥기였습니다. 우르 사람들은 달(月) 신(神)인 '신'(Sin) 또는 '난나'(Nanna)를 섬겼다고 합니다. 그 외에도 많은 신들을 섬겼는데, 예를 들면 하늘 신 '안'(An)과 땅의 신 '키'(Ki), 대기의 신 '엔릴'(Enril) 등 신들의 수가 수백이 되었습니다.[4] 이름도 다 못 외울 정도입니다. 데라 가족은 아마도 우르 도시 외각에서 반유목민 생활을 하고 살았을 것입니다.[5] '반유목민'(semi-nomad)이란 농사도 짓고 소와 양들도 치는 사람들을 말합니다. 데라 가족은 농사도 지으면서 목축업을 겸하는 생활을 하였을 것입니다.

---

2 W. H. Gispen, *Genesis*, II (Kampen: J. H. Kok, 1979), 17. 이에 해당하는 히브리어는 '이르'(עִיר)이다.

3 Gispen, *Genesis*, II, 7.

4 우르 제3왕조에 대해서는 주동주, 『수메르 문명과 역사』, 119-25를 보라. 수메르의 신들에 대해서는 이 책 40-45를 보라.

5 Gispen, *Genesis*, II, 18.

그러던 어느 날 데라의 아들 하란이 죽었습니다. 데라보다 먼저 죽었습니다. 데라가 205세를 살았다고 했잖아요? 하란이 언제 죽었는지는 모르지만 아무리 늦어도 130세 이전에 죽었을 것입니다. 데라에게는 큰 충격이었습니다. 큰 아들 하란이 아내와 아들 하나, 딸 둘을 남겨 놓고 죽었습니다. 자식이 죽으면 부모 가슴에 묻는다는 말이 있잖아요? 하란의 죽음은 데라의 가슴에 큰 상처를 남겼습니다.

왜 죽었는지, 어떻게 죽었는지는 나와 있지 않습니다. 병으로 죽었을 수도 있고, 사고로 죽었을 수도 있습니다. 또는 갈대아 우르의 원주민들과 갈등 때문에 싸우다가 죽었을 수도 있습니다. 데라는 원래 수메르인이 아니고 유브라데 강변 하란 지역(현재 터키 동남부)에 살던 아람 사람이었다고 생각하는 학자도 있습니다.[6] 왜냐하면 창세기 12장 1절에 보면, 하나님이 아브라함에게 이렇게 말씀하시기 때문입니다. "너의 본토 친척 아비 집을 떠나 내가 네게 지시할 땅으로 가라." 이 말씀은 아브라함이 갈대아 우르를 떠나 하란 땅에 있을 때 주신 말씀입니다. 아버지 데라가 죽고 나서 주신 말씀입니다. 따라서 여기서 "너의 본토 친척 아비 집"은 하란을 의미합니다.

창세기 24장에 보면, 아브라함이 나이 많아 늙었을 때 자기 아들 이삭을 위해 아내를 구하는 장면이 나옵니다. 그때 아브라함은 자기 종에게 이렇게 말합니다. "내 고향 내 족속에게로 가서 내 아들 이삭을 위하여 아내를 택하라." 여기서 '내 고향 내 족속'은 하란 땅을 의미합니다. 그러니까 아브라함에게 있어서 고향은 가나안 땅 북쪽에 있는

---

6 Gispen, *Genesis*, II, 18.

하란입니다. 아람 지역입니다. 밧단 아람으로 불리기도 합니다. 우리나라 시인 이은상 씨의 노래 중에 "가고파"란 노래가 있습니다(홍난파 작곡). "내 고향 남쪽 바다~ 그 파란 물~ 눈에 보이네." 그런데 아브라함에게 있어서 고향은 하란이었습니다. 그래서 아브라함이 "가고파"를 부른다면 아마도 "내 고향 북쪽 하란~ 그 넓은 땅~ 눈에 보이네."라고 했을 것입니다.

그러니까 데라 가족은 어쩌면 원래 하란 땅에 살다가 갈대아 우르 땅으로 이사했을 가능성이 있습니다. "우리도 도시에 가서 한번 살아보자. 상하수도 시설도 되어 있고, 돈도 잘 벌고, 자녀 교육도 시킬 수 있는 발전된 도시로 가서 살자." 당시 수메르 도시에는 학교가 있었습니다. 부유층 자녀들만 학교에 다닐 수 있었습니다. 학교에 가면 교장이 있는데 '학교의 아버지'라 불리었습니다. 선생은 '큰 형'이라고 불리었습니다. 또 '채찍을 가진 사람'이 있었는데 규율을 담당하는 선생으로 생각됩니다. 지각하거나 숙제를 안 하면 매를 맞았습니다. 또 뛰어다니거나 소란을 피우면 매를 맞았습니다. 학생들은 늘 매의 공포 가운데 지냈습니다. 이들이 주로 하는 공부는 쐐기문자(설형문자)인 수메르어를 점토판에 새기고 암송하는 것이었습니다. 이 공부를 마치면 필경사가 되거나 제사장 또는 왕궁 관리가 되었습니다.[7]

그래서 데라는 큰맘 먹고 갈대아 우르로 이사했을 것입니다. 이민을 간 것이지요. 처음에는 좋았을 것입니다. 촌 동네에 살다가 도시생활

---

7 새뮤얼 노아 크레이머, 『역사는 수메르에서 시작되었다』, 박성식 옮김 (서울: 가람기획, 2009), 23-30.

을 하니 너무 좋았어요. 그런데 우상숭배가 심했습니다.

그런데 뜻밖에도 데라의 아들 하란이 죽었습니다. 엄청난 충격이었습니다. 마치 나오미가 양식을 따라 모압 땅에 갔다가 10년만에 자기 남편과 두 아들이 죽어버린 것과 같습니다. 잘 살아 보겠다고 이방 땅에 갔다가 낭패를 당한 것입니다.

이와 마찬가지로 데라가 아들 하란을 잃고 큰 슬픔에 잠겨 있는데, 어느 날 하나님이 데라의 아들 아브라함에게 나타나서 말씀하셨습니다. 사도행전 7장에 보면, 스데반의 설교 중에 이 부분이 나옵니다. "우리 조상 아브라함이 하란에 있기 전 메소보다미아에 있을 때에 영광의 하나님이 그에게 보여 이르시되 네 고향과 친척을 떠나 내가 네게 보일 땅으로 가라 하시니"(행 7:2-3) 메소보다미아 곧 갈대아 우르에 있을 때 하나님이 아브라함에게 나타나셨습니다. "네 고향과 친척을 떠나 내가 네게 보일 땅으로 가라." 아브라함에게는 갈대아 우르가 원래 고향이었을 것입니다. 아브라함은 아마도 갈대아 우르에서 태어났을 것입니다.

아브라함에게서 이 말을 들은 데라는, 안 그래도 우르에 와서 살다가 큰 아들 하란을 잃고 상심해 있던 차에, 그리고 고향 생각이 간절하던 차에 결심하게 되었습니다. "그래. 돌아가자. 갈대아 우르를 떠나자." 31절에 보면 "가나안 땅으로 가고자 하더니"라고 되어 있습니다. 처음에는 데라와 온 가족이 하나님의 말씀을 따라 가나안 땅으로 가려고 나섰는데, 하란 땅에 와서 주저앉았다고 생각됩니다.

데라는 고향 땅에 돌아오니까 너무 좋고 마음이 편했습니다. 사람은 나이 들면 고향에 돌아가고 싶어 합니다. 데라는 하란 땅에 오자 더 이상 가지 않고 거기 머물렀습니다. 나이도 많았고 고향을 떠나기가 싫었을 것입니다. 그러자 아브라함도 더 이상 갈 수 없었습니다. 나이 든 아버지를 버리고 갈 수는 없었던 것입니다. 아무리 하나님의 명령을 받았다고 하지만, 부모를 버리고 갈 수는 없었습니다. 하나님의 명령을 무시한 것이 아니라 기다렸습니다. 이걸 보면 아브라함은 효자라는 것을 알 수 있습니다. 부모를 잘 섬기는 효자였습니다.

여러분, 아브라함은 믿음의 조상이기 이전에 효자였습니다. 요즘 우리나라에는 믿음이 좋다고 하면서 부모를 안 섬기는 사람들이 있습니다. 부모에게 효도하지 않으면서 하나님을 잘 믿는다고 떠드는 사람들이 있는데 이는 잘못된 것입니다. 눈에 보이는 부모에게 효도하지 않으면서 눈에 보이지 않는 하나님을 섬긴다는 것은 잘못된 것입니다. 아브라함은 먼저 부모에게 효도했습니다. 아버지 데라를 잘 모셨습니다. 믿음의 사람이기 이전에 효자였습니다.

여러분, 부모에게 효도하고 잘 섬기면 좋은 아내를 얻게 됩니다. 여자의 경우엔 좋은 신랑을 얻게 될 것입니다. 아브라함의 아내 사라는 천하의 절세미인이었습니다. 본명은 '사라이'였습니다. 우리말 성경에는 '사래'로 되어 있습니다. 사래는 아브라함 자신의 말에 의하면, 아브라함의 이복누이라고 합니다(창 20:12). 데라가 결혼한 또 다른 아내의 딸이었습니다. 아브라함보다 9살 아래였습니다. 어려서부터 아브라함을 '오빠, 오빠' 하면서 따랐는데, 나중에는 '주인님'이라고 불렀습니다(벧전 3:6). 착하고 순종하는 여인이었습니다.

착한 사람 효자에게는 이런 착하고 아름다운 여인을 아내로 주신다는 것을 알 수 있습니다. 천하의 효자인 이삭도 아리따운 리브가를 아내로 얻었습니다. 어머니 말씀을 잘 들은 야곱도 라헬이라는 아름다운 여자를 아내로 얻었습니다. 어쨌든 이런 것들을 보면 효자는 아름다운 아내를 얻는다 하는 것을 알 수 있습니다. 최소한 믿음의 족장들의 경우에는 그러합니다.

그래서 데라와 그의 아들들과 며느리들, 조카들, 이렇게 온 가족이 갈대아 우르를 떠나 하란 땅으로 갔습니다. 유브라데 강을 쭉 따라 상류 지역으로 올라갔습니다. '하란'(Haran, Charan)은 유브라데 강 상류 지역에 있습니다. 그 한 지류인 '발리흐'(Balich) 강 서편에 있는 평원입니다. 현재는 터키 동남부 지역에 있습니다. 거기에 '샨르 우르파'(Şanlı Urfa)라는 도시가 있습니다. 거기서 버스를 타고 남쪽으로 45km쯤 가면 하란이 나옵니다. 우르파에 가면 아브라함의 출생지 유적지가 있다고 합니다. 우르파의 데르가흐 지역에 있는데, 거기에 메블리드 할릴 자미(사원)가 있는데 그 안에 아브라함의 출생지가 있다고 합니다. 이슬람 유적지가 되어서 순례객들이 많이 찾아옵니다. 왜냐하면 이슬람에서도 아브라함은 그들의 조상이기 때문입니다. 그런데 아브라함이 과연 거기서 태어났는지는 의문입니다. 이런 유적지들 중에는 나중에 꾸며낸 게 많습니다. 믿기 어렵습니다. 아브라함은 갈대아 우르가 고향입니다(창 15:7; 느 9:7; 행 7:2). 확실히 알 수는 없지만 거기서 태어났을 가능성이 높습니다.

그러나 데라는 원래 하란 사람이었을 가능성이 있습니다.[8] 그렇다면 데라는 결국 자기 고향으로 돌아간 것입니다. 일리가 있습니다. 데라는 하란에 돌아온 후에 더 이상 가나안 땅으로 가려고 하지 않았습니다. 거기서 머물다 죽었습니다. 그리고 하란 지역도 달(月) 신을 섬기고 있었습니다. 우르도 달 신인 '난나'를 섬겼습니다. 이처럼 종교적으로 신(神)이 같으니 덜 이질적이었을 것입니다. 그러니 하란에서 우르로 이주한 것도 이해가 됩니다. 무엇보다도 창세기에 보면, 아브라함과 그의 친척들은 다 아람 사람으로 불리고 있습니다(창 25:20; 28:5). 유브라데 강 상류의 밧단 아람이 그들의 고향이라고 말해집니다(창 25:20; 28:2, 5, 6; 31:18). 따라서 하란 땅이 원래 고향임을 말해 줍니다.

어쨌든 데라는 수메르 사람들이 살던 문명화된 도시 갈대아 우르에서 재미를 보지 못하고 하란 땅으로 (돌아)갔습니다. 아들 하란을 잃은 슬픔에 잠겨 있을 때, 막내아들 아브라함에게 나타나신 하나님의 명령에 따라 갈대아 우르를 떠나게 되었습니다. 그러나 데라는 하란에 머물고 말았습니다. 절반의 순종이었습니다. 하나님의 말씀에 순종하

---

8 U. Cassuto(*A Commentary on the Book of Genesis*, 히브리어에서 번역)에 의하면 데라 가족은 원래 북메소포타미아의 하란 근처에 살았으며 거기서 갈대아 우르로 이주하였다고 본다(in Gispen, *Genesis*, II, 18).

여 갈대아 우르를 떠나기는 했지만 가나안 땅에 들어가지는 않았습니다. 절반의 순종으로 끝났기 때문에 데라는 '믿음의 조상'이라는 칭호를 얻지 못했습니다. 이에 반해 착한 아들 아브라함은 하나님의 말씀에 온전히 순종하여 가나안 땅에 들어갔기 때문에, 하나님의 약속하신 복을 받고 '믿음의 조상'이라 불리게 되었습니다.

사랑하는 성도 여러분,

오늘날 여러분은 누구와 같습니까? 절반의 순종을 한 데라와 같습니까? 온전히 순종한 아브라함과 같습니까? 아니면 일찍 아버지를 잃고 욕심을 부리다가 낭패를 당한 롯과 같습니까? 아니면 한 번 이름이 나오고 더 이상 나오지 않는 이스가와 같습니까? 우리가 하나님의 말씀에 전적으로 순종하여 나아갈 때, 하나님은 우리가 알지 못하는 크고 놀라운 복을 준비해 놓고 기다리시는 줄로 믿습니다.

여러분 모두, 아브라함처럼 갈 바를 알지 못하지만 오직 하나님의 말씀에 순종하여 믿음으로 나아가는 성도들이 되시기 바랍니다. 부모에게 효도하고 부모를 잘 섬기고, 또한 하나님을 잘 섬겨서 하나님의 복을 크게 받아 누리는 성도들이 되시기 바랍니다. 그래서 믿음의 조상 아브라함을 본받아 이 세상에서 하나님의 이름을 부르며 하나님의 영광을 드러내는 성도들이 다 되시기 바랍니다. 우리 주 예수 그리스도 안에서 아브라함의 복이 여러분 모두에게 충만하기를 빕니다. 아멘. (2011년 7월 3일 주일 오전)